백만 불의 마무리 기법

국립중앙도서관 출판시도서목록(CIP)

백만 불의 마무리 기법 / 지은이: 백만 불 원탁회의 생산성
향상센터 ; 옮긴이: 김선호 -- 파주 : 서울출판미디어, 2007
   p. ;   cm

원서명: Million dollar closing techniques
원저자명: Million Dollar Round Table Center for Productivity

ISBN   978-89-7308-145-5 03320

326.165-KDC4
658.85-DDC21   CIP2007003551

백만 불 원탁회의(MDRT) 시리즈 01

금 융 전 문 가 를 위 한

백만 불의
마무리 기법

백만 불 원탁회의 생산성향상센터 지음
김선호 옮김

Million
Dollar

Closing Techniques

서울출판미디어

이 책은 더 높은 목표를 달성하려는 영업전문가를 대상으로 한다. 『백만 불의 마무리 기법』이라고 책 제목을 정한 것은 세계적으로 가장 유명한 영업 조직인 「백만 불 원탁회의(MDRT: Million Dollar Round Table)」에서 핵심 정보를 직접 뽑아냈기 때문이다. 영업의 세부 사항을 논의하기에 앞서 백만 불 원탁회의를 알아보자.

1927년에 32명의 생명보험 영업전문가가 영업 아이디어를 공유하려고 테네시 주 멤피스에서 만났다. 이들은 각자의 노하우를 공유하면 전문성을 높일 수 있을 것으로 기대했다. 오늘날 이 모임은 40개국 약 19,000여 명의 회원이 참여한 국제 조직으로 성장했고 생명보험뿐만 아니라 금융 서비스 전반으로 영역을 넓혔다.

백만 불 원탁회의는 전 세계적으로 주목의 대상이다. 수십 명의 초라한 모임에서 세계적으로 유명한 영업조직으로 성장했다. 이러한 성장의 비밀은 무엇일까? 비밀은 바로 핵심 가치를 장기간에 걸쳐 개발했고, 이 가치에 따라 행동함으로써 가치를 지속적으로 키우고 발전시켰다는 점이다. 이렇게 해서 현재와 같은 훌륭한 조직으로 성장했다. 이 책과 백만 불 원탁회의를 소개하는 가장 좋은 방법은 이러한 가치를 명확히 설명하고 이 가치를 통해 직업적 잠재력과 인간적 잠재력을 100% 실현할 수 있는 방법을 알려주는 것이다.

백만 불 원탁회의의 가장 중요한 가치는 직업과 인간 측면에서 생산성이다. 백만 불 원탁회의는 영업 분야에서 가장 높은 표준으로 제시된 생산 수준에 도달한 사람의 모임으로 설립됐다. 이 생산 수준은 현재 세계적으로 상위 6%에 해당하는 영업전문가로 대표된다. 백만 불 원탁회의의 생산성 수준은 가입 자격이 되는 기초 수준(MDRT), 기초 수준보다 3배 높은 수준(COT: Court of the Table), 기초 수준보다 6배 높은 수준(TOT: Top of the Table)으로 3원화되었다. 이 유명한 영업 조직의 철학은 "큰 꿈을 꾸어라"와 "이 꿈을 실현하자"이다.

모티머 애들러(Motimer Adler) 박사는 1962년에 백만 불 원탁회의에 인간의 생산성 개념을 도입했다. 애들러 박사는 모든 사람 특히 성공

한 사람의 내재적 욕구를 백만 불 원탁회의 회원에게 이해시키려고
노력했다. 또한 더 많은 회원이 의미 있는 삶을 살도록 내부적 요소
와 외부적 요소 모두를 성취하도록 자극했다. 결국 애들러 박사는 백
만 불 원탁회의의 시대가 무르익었다는 사실을 제시했다. 백만 불 원
탁회의 회원은 이미 영업의 성공만으로는 충분하지 않다고 깨닫는
수준까지 도달했다. 삶은 생계를 위해 하는 영업을 모두 합한 것 이
상의 의미가 있다는 것이다. 자신의 존재 이유가 하는 일보다 더 중
요하게 되었다. 단순한 생존에는 삶의 몇몇 측면만 필요하지만, 잘살
려면 삶의 많은 다른 측면이 필요하다고 애들러 박사는 말했다. 현재
백만 불 원탁회의는 삶의 중요한 7가지 요소 사이의 균형을 의미하
는 '완전한 인간 개념(Whole Person Concept)'을 채택했다. 7가지 요소는
건강, 가족, 정신, 교육, 재무, 봉사 그리고 경력이다. 완전한 인간은
자신의 삶에서 7가지 요소가 균형과 일관성을 유지하도록 평생 추구
하면서 인간의 잠재력을 완전히 개발하기 위해 끊임없이 노력하는
사람이다.

백만 불 원탁회의의 전임 회장인 고 그랜트 타가트(Grant Taggart)는 완전한 인간 개념을 다음과 같이 잘 표현했다. "개인적으로 보면 재산을 취득하고 돈을 버는 것이 중요하지만, 그게 가장 중요하다고 생각하지는 않습니다. 누군가 말했듯이 성공은 한 마디로 황금도 아니고 용감한 몇몇 행동을 하는 것도 아닙니다. 지금 벌고 있는 돈이나 짓고 있는 집은 우리가 죽으면 아무 의미가 없습니다. 그러나 죽고 난 후에도 다른 사람의 마음속에 살아 있는 사람은 성공한 사람입니다." 이러한 철학을 통해 백만 불 원탁회의 영업전문가는 현재와 같이 성공할 수 있었다.

백만 불 원탁회의 모든 회원이 소중히 여기는 또 다른 가치가 나눔과 돌봄의 정신(sharing and caring spirit)이다. 1927년 최초 모임 때 탄생된 이 정신은 조직의 상징이 되었다. 백만 불 원탁회의는 회원이나 회원의 고객, 그리고 회원이 소속된 회사를 위해 지식을 나누는 풍부한 전통을 갖고 있다. 서로에 대한 이타적 관심이야말로 백만 불 원탁회의 회원이 갖는 진짜 독특하고 긍정적인 자질이다.

'탁월함에 헌신(commitment to excellence)' 또한 조직에 널리 퍼진 가치이다. 세계적으로 최고의 영업 회의인 연례 회의야말로 이 가치가 가장 잘 드러난 행사이다. 이 회의에 참석하기 위해 수많은 백만 불 원탁회의 회원이 자신이 버는 연간 수입의 10% 이상을 사용한다는 점이 이 회의에 대한 최고의 찬사이다. '탁월함에 헌신'의 또 다른 증거는 매년 1,200명 이상의 회원이 조직에 적극적으로 봉사한다는 점과 백만 불 원탁회의의 전문 인력이 전 세계적으로 타 영업조직의 모델이라는 점을 들 수 있다. 탁월한 성과는 백만 불 원탁회의의 최소한의 표준이 되었다.

　백만 불 원탁회의 회원인 마셜 월퍼(Marshall Wolper)는 동료에게 "자신이 생각하는 것 이상이 되어라"고 하면서 새로운 가치를 제시했다. 그의 기본 전제는 다음과 같다. "아는 것이 적기 때문에 새로운 시장에 접근하길 두려워해서는 안 된다. 우리는 책을 통해 항해하는 법을 배울 수 없다. 직접 뛰어들어 최선을 다해야 한다. 그 일을 직접 하면서 배울 수 있고, 새로운 영업 노력을 기울여 열심히 일하면서 성장할 수 있다."

알렉 매켄지(Alec McKenzie) 박사는 시간경영 철학을 통해 조직에 다음과 같은 중요한 가치를 제공했다. "시간이 충분히 남는 사람은 아무도 없다. 그러나 모든 사람은 24시간이라는 충분한 시간을 갖고 있다." 매켄지 박사는 백만 불 원탁회의 회원에게 시간을 낭비하는 요소와 권한위양의 중요성을 가르쳤다. 영업전문가가 시간경영을 실무에 적용시키면 자신의 시간을 자신이 가장 잘하는 일, 즉 가망고객과 고객의 문제점을 발견하고 해결책을 창출하는 만남에 집중해서 쓸 수 있다. 백만 불 원탁회의의 영업전문가는 기본적으로 문제해결사이다.

백만 불 원탁회의 회원에게 강화된 가치가 목표 설정의 중요성이다. 회원은 먼저 일과 삶에서 원하는 것이 무엇인지 안 다음, 이 목표를 달성하도록 시야를 넓혀야 한다. 목표 설정은 영업전문가에게 달릴 수 있는 운동장이며 성장을 측정할 수 있는 지표이다. 백만 불 원탁회의 회원은 마음으로 인지하면 달성할 수 있다는 사실을 안다. 이들은 '큰 꿈'을 꾸며 이 꿈을 실현하기 위해 목표를 설정한다.

백만 불 원탁회의는 모든 활동에서 전문가답게 행동하는 전문성의 가치를 강조한다. 신규 회원은 전문가적 기술을 배우고 숙달시켜야 한다. 백만 불 원탁회의 영업전문가는 자신이 누구인지도 잘 알고 자신이 하는 일에도 정통해야 한다고 굳게 믿는다.

이외에도 많은 가치가 있지만, 백만 불 원탁회의에서 강조하는 마지막 하나가 회원은 정도를 걸어야 하며, 법률적이나 윤리적으로 정당한 행위 그 이상을 솔선수범해야 한다는 것이다. 회원은 항상 옳은 일만을 해야 한다. 옳은 일을 하면 후회가 없고, 삶의 모든 측면에서 정도를 걸어야만 옳은 일을 하는 것이라고 굳게 믿는다.

이러한 모든 가치의 결정체는 무엇인가? 간단히 말해 놀라운 마무리 성공이다. 마무리 성공을 위해 필요한 사항이 앞으로 배우고 익힐 내용이다.

CONTENTS

제3장　마무리 기법

문제가 생기기 전에 문제를 해결할 수 있는 열두 가지

제4장 반대의견의 예상과 처리

제5장 마무리에 도움이 되는 표현

제 1 장

마무리란 무엇인가?

마무리(closing)란 영업전문가가 가망고객을 바로 구매하도록 만드는 모든 행위를 말한다. 백만 불 원탁회의 영업전문가는 마무리를 다양한 시각으로 바라본다. 신뢰를 구축하는 것, 판매 제안의 마지막 과정, 고객을 교육하거나 문제를 해결하는 것이 모두 마무리이다. 그러나 마무리의 핵심은 늘 똑같다. 즉 가망고객으로 하여금 우호적인 의사결정을 내리도록 만드는 것이다. 모든 마무리 기회에서 중요한 영업전문가와 가망고객 사이의 신뢰 교환을 논의하면서 이 장을 시작한다.

판매란 우리와 가망고객 사이의 미묘하고 복잡한 상호작용의 결과이다. 미묘하다고 한 것은 숨겨진 반대의견이라든가 실질적인 의사결정자가 누구인가와 같은 표면적인 것과 실질적인 것의 차이를 예리하고 민감하게 분석해야만 하기 때문이다. 복잡하다고 한 것은 숫자상의 비용과 숨겨진 비용, 현재와 미래의 경제 상황, 사람의 감정, 사고 그리고 열망이 상호 연관된 기술적이고 개인적인 요소가 얽혀 있기 때문이다. 마무리란 여러 가지 면에서 동질적이지만 중요한 부분에서는 상당한 차이가 있는 둘 또는 그 이상 사람 사이의 상호 작용이다. 우리와 가망고객은 서로에 대한 제한된 정보나 상호 이해를 저해할 수 있는 편견과 선입관을 지닌 채 판매 대화를 하게 된다. 반면 판매 대화는 장기간 상호 만족스러운 관계 형성을 위한 첫걸음이기도 하다.

이러한 미묘하고 복잡한 상호 작용으로 가망고객은 자기 자신이나 우리에게 도움이 되는 구매 결정을 내리기도 하고, 반대로 이 과정에 개입하지 않았지만 자기가 좋아하는 다른 영업전문가로부터 상품을 구입해 상품 판매에 따른 수수료가 다른 이에게 넘어가기도 한다. 판매 노력의 성공과 실패는 여러 요인이 작용한다. 가장 심오하고 미묘한 요소가 우리와 가망고객 사이에 관계로 형성된 신뢰라는 다리이다.

전문가와의 관계에서 핵심은 신뢰이다. 우리는 법이나 회계 그리고 금융에 대해 전문가의 조언을 받는다. 전문가의 조언을 듣는 것이 우리 이익을 위해 가장 좋다고 믿기 때문이다. 문제에 봉착하거나 무엇을 해야 할지 모를 때, 또는 전문가의 도움을 받으면 우리 삶이 좀 더 윤택해질 수 있다고 느낄 때 전문가의 도움과 조언을 위해 상담을 갖는다. 전문가가 높은 존경을 받는 것은 신뢰할 수 있고, 의존할 수 있고, 그들로부터 힘과 용기를 얻을 수 있기 때문이다.

한 조사 자료에 따르면 복수의 사람이 문제해결 과정에 참여할 때 상호 간 신뢰 수준에 따라 결과가 많은 차이가 난다고 한다. 상호 간 신뢰가 높으면 관련성 깊은 생각이나 느낌의 교환이 많아져 문제나 목표가 더 명확해진다. 또한 문제해결 노력에 대한 개인적 만족도가 높아지고 도출된 결론을 행동으로 옮기기 쉽다. 이 조사 자료의 결론은 영업에도 직접 적용된다. 가망고객과 전문적인 신뢰의 다리를 구축하는 것이 효과적인 영업 전략이다.

상호 신뢰: 핵심 요소

신뢰 구축 전략

신뢰를 구축하는 확실한 전략이 있다. 이 전략을 통해 결혼생활, 부모와 자식 관계, 사업, 전문적 상담 관계 등에서 효과적으로 신뢰를 쌓을 수 있다. 올바른 전략을 선택하려면 신뢰의 특성을 이해할 필요가 있다.

- 신뢰는 감정이다. 깨지기 쉽다. 신뢰를 쌓는 데는 오랜 시간과 노력이 필요하지만 무너지는 것은 한순간이다.
- 신뢰는 정도의 차이가 있다. 사람에 따라 신뢰감이 높을 수도 있고 반대로 낮을 수도 있다.

- 신뢰는 상황에 따라 달라진다. 어떤 상황에서는 신뢰가 높은 사람도 다른 상황에서는 낮을 수 있다.
- 신뢰는 관련된 일에 따라 달라진다. 어떤 일에는 신뢰가 높은 사람이라도 다른 일에서는 낮을 수 있다.
- 신뢰는 시간에 따라 달라진다. 어떤 때에는 신뢰가 높은 사람이라도 다른 때에는 낮을 수 있다.
- 신뢰는 소속된 집단에 따라 달라진다. 어떤 집단에 속해 있는 사람을 다른 집단에 속해 있는 사람보다 더 신뢰할 수 있다.
- 신뢰는 복잡하다. 신뢰 수준이 그다지 높지 않은 가운데 신뢰를 쌓거나 재구축할 때 소요되는 미묘하고 아주 인간적인 행위를 살펴보면 복잡함을 알 수 있다.

시작은 나부터

신뢰를 쌓는 가장 기초적인 전략은 나부터 시작해야 한다. 다른 사람이 우리를 신뢰하게 만들 순 없다. 사실 우리를 믿어도 된다고 고객을 설득할수록 고객은 우리를 믿질 않는다. 고객은 의아해하면서 "왜 그렇게 믿어달라고 합니까?"라고 물을 것이다. 판매 관계는 두 사람, 즉 영업전문가와 가망고객으로 구성된다. 이 두 사람 중 어느 한쪽도 관계나 판매 노력의 최종 결과를 좌지우지하지 못한다. 영업전문가가 통제할 수 있는 것은 자기 자신뿐이다. 그러나 자기 자신에 대한 통제권이야말로 어떤 관계에서도 강력한 요소로 작용한다.

우리 자신에 대한 신뢰를 높임으로써 신뢰 구축을 시작할 수 있다. 우리를 신뢰한다는 것이 어떤 의미가 있는가? 메리엄 웹스터 대학용 사전(10판)에서 신뢰를 "어떤 사람에 대한 성격, 능력, 강점 또는 진실 등을 확실히 의지하는 것"으로 정의하고 있다. 우리 자신을 신뢰한다는 것은 옳다고 생각하는 바를 확실하게 할 것이라고 느끼는 것이다. "옳은" 일이란 아주 사적인 용어이다. 우리가 옳은 일이라 생각하는 것이 우리의 신뢰를 정의할 때 한 부분이 될 수 있을까? 자기에 대한 신뢰감을 높이는 방식으로 어떻게 신뢰 구축의 첫 번째 전략을 실행할 수 있을까?

답은 간단하면서도 복잡하다. 우리가 갖고 있는 기본적 가치에 따라 일관성 있게 행동하기만 하면 된다는 점에서 간단하다. 그러나 이러한 가치가 무엇인지 정의하고 분류하는 데 많은 육체적·정신적 노력이 필요하다는 점에서 복잡하다. 가치란 값어치가 있다고 믿는 개인적 본질의 총체이다. 가치에는 옳고 그름에 대한 원칙, 중요하고 소중하다고 생각하는 행위, 가장 바람직한 물질적 소유가 포함된다. 상호 충돌하는 가치관을 갖고 있는 사람도 많다. 이럴 경우 전체 가치관 시스템에 입각하여 완전히 일관성 있게 행동하기란 불가능하다. 가치관의 틀을 정의하고 나열해본 사람이라면 잠재적인 가치관의 충돌을 쉽게 발견할 수 있다. 그리고 이 충돌을 해소하기가 얼마나 어려운지 잘 안다. 자기에 대한 신뢰감이 높은 사람은 개인적 가치관이 명확하고 이러한 가치에 따라 일관성 있게 살고자 하는 결심이 확고할 가능성이 높다.

자기 자신에 대한 신뢰감이 높은 영업전문가는 자기가 판매하는 상품이나 제공하는 서비스의 가치를 굳게 믿으며, 자신을 필요로 하는 고객을 찾는 데 높은 가치를 둔다. 영업전문가라도 자신이 굳게 믿는 것에 "아니오"라는 말을 듣기 좋아하지 않지만, 자신에 대한 믿음이 있기 때문에 약속을 거부하거나 필요한 행동을 거절하는 가망고객이야말로 문제가 있는 사람임을 깨닫는다. 거절을 자신의 부적절성이나 무능력으로 받아들이는 영업전문가야말로 문제가 있는 사람이다.

자신에 대한 신뢰가 높은 영업전문가는 의사결정자를 누구로 할지 결정할 수 있는 직설적인 질문을 할 수 있다. 가망고객을 발굴하였으나 판매 상황으로 전환하지 못하고 쩔쩔매는 동료를 쉽게 도울 수 있는 것도 바로 높은 신뢰감이다. 가망고객에게 제안서를 제공했지만 실제 판매는 가망고객이 개인적으로 좋아하는 다른 사람에게 넘어가면 손실도 크고 좌절감도 깊다. 이러한 잠재적 문제를 해결할 수 있는 확실하고 전문적인 방법은 가망고객에게 판매 과정상 설명 단계의 초기에 이 문제를 직접 제기하는 것이다.

늘 진솔하라

일관성 있게 행동하는 사람은 신뢰할 수 있다. 예측 가능하게 행동하는 사람은 믿을 수 있다. 최소한 상대적이라도 예측 가능하게 행동하는 사람과는 친구가 될 수 있다. 가족이나 직장 동료가 어떤 상황에 있는지 알면 편안함을 느낄 수 있다. 이들이 대부분의 상황에서 어떻게 반응할지 알기 때문이다. 그러나 현재와 같이 급변하고 난기

류 같은 세상을 살아가기 위해서는 고지식하게 일관성을 유지하면 유연성이 부족해 곤란해진다. 세계적으로 유명한 심리학자이자 심리 치료사인 칼 로저스(Carl Rogers)는 신뢰 관계를 구축하는 데 고지식하게 일관성을 유지하기보다 "늘 진솔한 게" 더 중요하다고 말했다. 보통 사람은 삶의 단계를 거치면서 기분이 변하거나 관심사가 달라지거나 느리지만 어쩔 수 없이 가치관이 변하기 마련이다. 늘 진솔한 사람은 이러한 변화를 인식하고 개방적으로 된다. 개방성이란 개념은 신뢰라는 개념과 분리될 수 없다. 로저스는 성실성을 "완전한 정직, 솔직함이며 어떤 종류의 속임수, 편의, 인위, 천박함이 배제된 것"이라고 했다. 진정한 영업전문가는 성실한 사람으로 보이길 원한다. 성실한 사람이 되려면 자기 공개를 적절하게 해야 한다.

적절한 자기 공개

자기 공개는 위험할 수도 있지만, 이것 없이는 신뢰가 형성되지 않는다. 자신이 믿거나 가치를 두는 것 그리고 느끼는 걸 꾸밈없이 공개하는 사람에게는 높은 신뢰가 쌓인다. 그러나 속내를 속속들이 드러내다보면 약점이 노출되는 위험이 있다. 어떤 고객은 상대의 솔직한 이야기를 듣는 걸 싫어하고 이렇게 자기 자신을 공개하는 사람을 거부할지도 모른다. 우리는 모든 사람에게서 다 사랑받을 수 있는 존재도 아니며, 그렇게 하는 것이 바람직하지도 않다. 이렇게 하면 우리의 정체성은 사라지고 말 것이다. 반대로 주변 여건이나 상황을 고려하지 않고 "자기 마음대로 하거나" 또는 자신에 대해 아무에게나 모든 걸 말하는 것도 현명하지 못한 일이다. 자기 자신을 완전히 폐쇄적으로 만들거나 반대로 완전히 공개하는 것 모두 극단적이며 효과가 떨어진다. 균형 감각이 중요한데 어떻게 균형을 유지할 수 있을까? 어느 정도 정직하고 어느 정도 공개해야 할까? 전문가로서 신뢰 관계를 가장 효과적으로 발전시키려면 어느 정도로 자기를 공개하는 게 적절할까?

적절한 자기 공개는 효과적이고 신뢰도 높은 전문적 관계를 형성하는 데 필요한 요소이다. 적절하다는 것은 주어진 특정 상황에 맞거나 적당한 것을 의미한다. 사업상 영업전문가가 가망고객에게 접근하는 방법은 제3자의 강력한 소개나 개척전화(cold call)이다. 첫 번째 접근방법에서 영업전문가는 가망고객의 신뢰를 소개자를 통해 "빌려"올 수 있다. 그러나 이 신뢰는 일시적이다. 믿을 만한 친구나 동료로부터 소개를 받았어도, 가망고객은 "이 낯선 영업전문가를 정말 신뢰할 수 있을까?"를 확인하기 위해 시험과 탐색 과정으로 재빨리 이동한다. 개척전화에서는 가망고객이 영업전문가에 대해 평소 갖고 있던 신뢰 수준과 동일한 수준을 나타낼 수밖에 없다.

개척전화로 가망고객을 발굴하려면 영업전문가는 험한 길을 걸을 것을 각오해야 한다. 먼저 영업전문가는 판매 제안을 준비하는 데 필요한 정보를 받아낼 수 있을 만큼 충분한 신뢰를 가망고객에게 쌓아야 한다. 다음으로 가망고객이 제안을 거부할 수 없을 정도로 신뢰를 더 강화시켜야 한다. 어떤 상황에서도 영업전문가가 적절하게 자기를 공개하면 영업전문가와 가망고객의 관계에서 신뢰가 높아진다.

적절한 자기 공개란 무엇인가? 영업전문가의 사생활과 관련된 개인적 문제나 걱정거리를 공개하면 부적절하다는 것은 상식적으로 판단할 수 있다. 가망고객의 일과 삶에서 중요한 문제나 현안에 집중해야 한다. 영업전문가는 판매 대화를 나누는 동안 생각하고 믿고 느끼고 가치판단을 하게 된다. 이러한 자기 자신을 숨기려 하면 많은 노력이 필요하고 부정직한 면을 드러내게 된다. 자기 자신을 전혀 드러내지 않아도 부적절하며, 자기의 지나온 삶을 숨기려 해도 가망고객에게 들키게 된다. 사적인 것은 전혀 드러내지 않고 고객의 가치, 감정, 열망, 공포, 목적, (상담사의 제안에 대한) 거부감과 같은 친밀한 정보를 얻으려고 노력하거나 입증하려는 전문 상담사를 모방하라고 조언하는 사람도 있다. 상담사는 "전문적" 상담을 할 때 다음과 같이 하도록 배웠다. ① 고객에게 개인적 반응이나 느낌 그리고 판단을 보이지 않도록 주의하여야 한다. ② 상담 과정 내내 중립적 또는 비판단적 태도를 유지하여야 한다. 그러나 이러한 소위 임상적 접근방법을 가망고객이나 고객은 무관심이나 냉정함으로 받아들일 수 있다. 더 진보된 견해에 따르면 영업전문가가 자기 자신을 공개한 만큼만 가망고객도 공개한다고 한다. 개방성이 크고 속임수가 적고 숨기는 것이 적은 사람과는 좀 더 자유롭게 대화할 수 있다는 사실은 상식적으로도 알 수 있다.

사업가나 고위직 임원에 대한 판매 심리학은 개인 판매와 비슷하다. 의사결정 과정은 가망고객과의 관계에서 창출된 감성적 영향이나 공감 정도에 많이 좌우된다. 대기업이나 전문가 집단에 판매할 때는 가망고객과 판매자 사이에 불신이 높고 인적 고리가 약하기 때문에 더 많은 질문을 하고 숫자에 의존할 가능성이 높다. 그러나 이러한 상황에서도 거래하는 당사자는 사람과 사람이다. 비록 표출되지 않거나 인식되지 않았더라도 감정은 의사결정에 많은 영향을 미친다. 이러한 상황에서 판매자가 더 공개적이면 의사결정과 관련된 감성적 요소나 숫자를 더 잘 파악할 수 있다. 효과적인 판매 전략은 숫자 정보뿐만 아니라 감성 정보를 근거로 해야 한다.

영업전문가, 관리자, 부모, 배우자, 그리고 관계의 신뢰 수준을 높이려는 모든 사람은 자신의 감성을 개방하면 다음과 같은 네 가지 장점을 갖출 수 있다. ① 좀 더 진실한 사람이 될 수 있다. ② 좀 더 인간적인 사람이 될 수 있다. ③ 다른 사람의 모범이 될 수 있다. ④ 다른 사람이 더 개방적이 될 수 있도록 할 수 있다.

사전적 의미에서 진실하다는 것은 "받아들일 가치가 있거나 또는 따를 수 있거나 사실에 근거했기 때문에 믿을 수 있는 것"으로 정의된다. 성공한 사업가는 현실주의자이다. 그들은 희망이 아니라 사실에 근거해 탁월한 의사결정을 한다. 그들은 단순한 회의론자가 아니라 세상 돌아가는 이치에 대한 지식과 인식을 갖기 위해 의심을 품는 심오한 회의론자이다. 전형적인 사업가 가망고객은 환상에서 진실을 찾아내고 장삼이사의 무리에서 인재를 선발한 오랜 경험을 갖고 있다. 사업가가 늘 올바른 판단을 하지는 않지만 진실되지 않은 감성이나 허위 능력으로 판매하려고 하는 사람은 정확히 판단한다. 영업전문가가 자신이 느낀 것 이상으로 가망고객에게 열성적이거나 개인적 관심을 보이면 속임수라는 토대 위에 신뢰 관계를 쌓으려고 하는 것과 같다. 특히 스쳐가는 사이가 아니라 수년간에 걸쳐 장기적인 판매 관계를 맺으려는 영업전문가는 진실성을 통해서만 고객의 신뢰를 얻을 수 있고 고객과 거래할 수 있을 것이다.

어떤 직업적 관계도 판매자와 구매자의 입장이 바뀔 수 있기 때문에 인간적인 요소가 필요하다. 판매, 경영 또는 가족 일에서 비인간적이거나 기계적인 접근만 하면 신뢰가 낮아질 뿐만 아니라 생산성이나 인간의 성장에 도움이 되지 않는다. 관리자, 상담사, 배우자, 부모 등 우리는 개인의 역할에 따라 자기 불신, 자신감, 우울, 기쁨, 혼란, 확신과 같은 수많은 감정을 체험한다. 사람마다 느낌에 차이가 있지만 여러 가지 측면에서 비슷한 점이 많다. 우정에 근거한 개인 간 관계와 신용에 근거한 사업적 관계는 관심 분야나 가치가 유사하다는 공유된 느낌을 줄 수 있다. 기본적인 인간적 니즈나 느낌 그리고 열망을 서로 잘 인식하는 것보다 더 나은 관계 형성 방법은 없다.

영업전문가는 고객이나 동료 또는 가족의 모범이 될 수 있다. 우리는 모범을 보이는 사람으로부터 힘과 용기를 얻는다. 특히 영업전문가가 스트레스나 불확실성에 잘 대처할 때는 더욱 그렇다. 영업전문가가 자기 공개를 하지 않으면 본인이 갖고 있을지도 모를 모범요소를 고객에게 알릴 수 없다. 반대로 보통 사람으로서의 스트레스나 좌절, 사소한 우울이나 혼란을 겪은 이야기를 털어놓으면, 고객은 이러한 장애를 어떻게 극복할 수 있는지 배울 수 있고 이를 통해 고객은 값진 간접 경험을 쌓을 기회를 갖게 된다.

자기 공개를 많이 할수록 타인도 자기 공개를 많이 하도록 자극받는다는 점이 더 큰 장점이다. 판매, 상담, 경영에서 가망고객이나 환자 또는 부하직원의 생각, 느낌, 의혹을 잘 알수록 일에 도움이 된다.

잘 아는 사람과는 더 잘 일할 수 있다. 자기 공개가 높은 전문가는 자신이 상대하는 사람도 비례하여 더 공개적으로 되는 경향이 있다는 것을 안다.

훌륭한 경청자가 되어야 할 이유

경청 능력은 사업적 신뢰라는 다리를 쌓는 데 도움이 된다. 대부분의 사람은 상대방이 자기 이야기를 잘 듣고 있는지 아니면 듣는 척하고 있는지에 민감하다. 탁월한 경청자 두 사람이 대화를 하면 어떤 일이 벌어질까? 침묵만 흐르는 상황이 전개될 거라고 상상하는 사람은 경청에 대해 잘못 알고 있다. 훌륭한 경청자는 상대방이 방금 한 이야기로 많은 이야기를 한다. 서투른 경청자도 많은 이야기를 하지만 주제와 동떨어진 다른 이야기이거나 또는 상대방이 한 말이나 느낌과는 전혀 다른 엉뚱한 이야기이다. 훌륭한 경청자는 상대방이 한 말과 하지 않은 말 그리고 말하고 싶어 하면서도 방법을 몰라 하지 못한 말이 무엇인지와 상대방의 느낌을 듣는다.

다음과 같은 네 가지 전문가다운 경청으로 신뢰를 쌓을 수 있다.

1. 가망고객이나 고객이 이야기하는 핵심을 강조한다.
2. 중요한 사안에 대화를 집중한다.
3. 상대방이 마음속에 품고 있는 열망과 의혹을 더 많이 드러내도록 격려한다.
4. 상대방의 말을 이해했다는 사실을 보여준다.

훌륭한 경청은 상대방이 한 말을 포함해서 말해야 하지만 단순히 반복하는 것으로는 부족하다. 탁월한 경청은 상대방이 방금 한 말을 예시하는 사례를 생각할 수 있을 정도여야 한다. 상대방이 기뻐서 "예, 그게 바로 제가 말하고자 한 요지입니다"라고 말할 수 있어야 한다.

경청할 때는 소통이 되고 있다고 확인할 수 있는 피드백이 있어야 한다. 얼굴에 어떤 감정 변화도 없고 심지어 가끔가다 고개를 끄덕이거나 "음"조차 말하지 않는 사람과 이야기를 하는 것은 무척이나 당혹스러운 일이다. 훌륭한 경청자는 얼굴로 반응을 보인다. 진정한 경청자는 다른 한 사람을 알게 됨에 따라 당혹감, 걱정, 기쁨 그리고 열정을 얼굴에 나타낸다. 금융상담사가 사업주나 전문가와 같은 회의적인 가망고객을 만나도 양쪽 다 상대방을 이해하고 배워야 하는 과정이 필요하다. 효과적으로 문제를 해결하려면 이 과정이 필요하다. 양쪽 다 직업적으로 훌륭한 경청자이지만, 재무상담사가 자신의 경청 능력을 통제하는 것이 바람직하다. 탁월한 경청자는 다른 사람도 더 잘 경청할 수 있도록 만든다는 증거가 많다. 경청을 잘하면 신뢰 관계가 강화된다.

책략을 쓰지 마라

책략이란 적이나 상대방을 속이거나 의표를 찌르기 위한 계략이나 속임수를 말한다. 제2차 세계대전 당시 노르망디 상륙작전 직전에 연합군은 노르망디에 상륙할 때 적의 저항을 줄이기 위해 독일군에게 거짓 정보를 흘렸다. 실생활에서는 특히 적대적 관계에 있는 타인으로부터 이득을 얻으려고 책략을 사용한다. 다른 사람을 지배하거나 승 아니면 패만 있는 상황에서 승자가 되려고 진실의 일부만 이야기하고 아첨하고 가장하고 속인다. 만약 영업인 또는 잠재적 구매자에 의해 판매 관계가 적대 관계로 간주되면, 영업인의 "과대 선전"이나 구매자의 거절에 책략이 부분적으로 사용될 수 있다. 만약 판매 관계를 전문적이나 심리적인 동반관계로 생각하면 절대 책략을 사용해서는 안 된다. 다수의 사람 사이에서 협력을 통해 창출될 수 있는 고도의 신뢰가 책략으로 생길 수 없기 때문에 최상의 결과가 나오지 못하는 폐해가 생긴다.

배려 능력을 키워라

남을 배려하는 것이 직업인 모든 사람이 자기의 고객이나 환자 또는 학생을 진정으로 돌보는 것은 아니다. 오히려 대부분의 다른 직업을 가졌거나 사업을 하는 사람이 고객이나 일반 대중을 배려한다. 우리가 하는 일이 배려하는 직업인가라고 자문하면, 대부분이 그렇다고 크게 대답할 것이다. 만족한 고객이 긍정적 반응을 보일 뿐만 아니라 친구나 동료를 소개해줄 때 영업전문가는 자신의 직업에 새롭게 신념을 갖는 경험을 한다.

배려하다 보면 상처를 입기 쉽다. 대부분의 인간관계에서 피할 수 없는 실망의 고통이나 거절의 괴로움을 줄이려면 다른 사람에게 감정적이고 심리적인 몰입을 하지 말아야 할지 모른다. 그러나 불편함을 겪지 않고 사랑이나 우정을 나눌 수 없다. 외로움은 질병과 같이 삶의 질을 떨어뜨린다. 우리 모두는 가끔 외로움을 느끼지만 대개 개인적 노력을 통해 극복한다. 어떤 사람도 우리를 대신해 외로움을 해결할 수 없다. 우리 스스로 해결해야만 한다. 사랑이나 배려는 개인적 반응이기 때문에 타인에게 받는 이러한 감정을 어느 정도의 수준으로 할 것인지는 각자 정해야 한다.

전문가로서 신뢰의 모델이 돼라

신뢰란 둘 또는 그 이상 사람 사이에 공유된 감정으로 말이 아니라 행동으로 만들어진다. 말만 갖고 우리를 믿게 하려는 노력은 역효과를 불러오기 쉽다. 왜 그렇게 믿어달라고 하는지 의아해할 것이다. 신뢰는 미묘하고 깨지기 쉽다. 신뢰는 천천히 쌓이지만 무너지는 것은 한순간이다. 신뢰는 살아가는 데 절대적으로 필요한 전략을 활용하면 쌓이지만, 책략을 쓰면 파괴된다. 랄프 왈도 에머슨의 다음 말을 음미해보라. "당신의 품성이 천둥처럼 울리고 있기 때문에 품성과 다른 말은 들을 수 없다."

신뢰 관계를 형성하기 위해 우리가 할 일은 우리 자신에 대한 믿음을 키우면서 우리가 누구인지 진솔하게 공개하고 경청하고 책략 대신 배려 능력을 키우는 것이다. 신뢰를 키우기 위한 이러한 행위는 우리가 통제할 수 있고 또 우리 자신의 삶의 방식으로 삼을 수 있다. 말보다는 자신의 사람 됨됨이를 통해 우리는 신뢰를 더 많이 쌓을 수 있다. 신뢰를 기금에 쌓인 돈으로 생각해보자. 신뢰기금에서 돈을 인출해 고객과의 관계나 조직, 국가 그리고 세계를 위해 쓸 수 있다. 모범을 보이거나 자신이 허용한 수준까지 개방성을 높임으로써 이 기금을 늘릴 수 있다. 신뢰기금에 저축하면 개인적 성장도 이루어진다. 그러나 신뢰기금에서 인출만 하면 기금이 줄어들 뿐만 아니라 우리 자신도 빈약해진다.

백만 불 원탁회의 회원이 되려면 기준이 되는 금액을 달성해야 할 뿐만 아니라 리더십이 별도로 요구된다. 백만 불 원탁회의 회원이 된 사람은 리더십의 자질이 있다는 것이지 리더십의 잠재력이 100% 발휘되고 있다는 것은 아니다. 효과적으로 리더십을 발휘하려면 많은 것을 위양해야 하지만, 신뢰는 위양되어서는 안 된다. 신뢰를 위양할 순 없다. 신뢰는 우리가 일상적으로 모범을 보여야 하는 일이다. 자신에 대한 걱정을 최소화하고 타인에 대한 배려를 최대화할 때 인간 성장의 원칙을 실천하게 되고 신뢰의 다리를 구축하는 데 개인적 노력을 기울이게 된다. 이것이 바로 자기 자신과 우리와 연관된 다른 사람에 대한 우리의 궁극적 책임이다.

마무리는 끝이 아니다

판매 과정 중 마무리처럼 완전히 잘못 알고 있고 철저히 무시된 것은 없다. 친해지고 판매에 우호적인 분위기를 만들고 과정을 충실히 따르고 가망고객의 문제에 정통하려고 부러우리만큼 관심을 집중한 영업전문가도 마무리의 의미를 이해하지 못해 자주 실패한다. 자기의 상품에 존경할 만한 열의를 갖고 있는 영업전문가도 강력한 마무리의 화룡점정을 하는 법을 몰라 자신의 열망을 판매로 승화시키지 못한다.

마무리란 무엇인가? 대부분의 업계 사람은 마무리를 포장된 상품이나 영수증을 기다리는 손님에게 건네주면서 금전등록기의 올바른 자판을 치거나, 환하게 미소짓거나 "고맙습니다"라고 말하는 것으로 생각한다. 어떤 사람은 새로운 가망고객이나 새로운 주문 그리고 새로운 마무리를 하기 전에 구매자에게 구입해주어 고맙다는 감사편지 정도로 생각한다. 또는 법적 서류인 계약서에 서명하는 것 그 이상도 그 이하도 아니라고 생각하기도 한다. 이러한 사람은 마무리를 짧은 순간으로 생각한다. 마무리를 전에 했던 상담 그리고 향후 진행될 관계 형성과 미래 판매로 연계시키는 사람은 거의 없다. 즉 영업전문가는 대부분 마무리를 끝으로 생각한다.

마무리는 끝도 아니고 새로운 시작도 아니다. 마무리는 끊임없는 과정 중에 있는 하나의 절정이다. 고객의 니즈와 문제점 그리고 재무 상황을 파악하기 위해 죽어라고 노력한 다음에 단 하나의 판매를 위해 근시안적으로 마무리를 해야 할까? 최종적이고 진정한 가치 있는 우리의 목표는 지속적으로 판매가 이루어질 수 있는 영원한 고객을 얻는 것이다.

판매 상품이 보험과 같이 무형이든 아니면 반짝이는 다이아몬드와 같이 유형이든, 판매 저변에 깔린 마무리의 심리는 동일하다. 영업전문가는 확신을 갖는 강력한 논리적 근거나 이유 그리고 회사, 상품, 상표 그리고 자기 자신의 성실성과 같이 그들이 대표할 수 있는 모든 것을 조합해서 상담을 하면서 판매를 하려고 한다. 모든 논리적 논의는 판매를 설정하고 설정된 판매를 마무리하기 위해 진행된다.

그러나 논리 하나만으로는 부족하다. 논리는 이성만 자극할 뿐이다. 감정이 행동을 자극한다는 이론에 주목할 필요가 있다. 고객의 지갑을 열려면 감정을 자극하는 단계가 필요하다. 니즈가 충족되거나 단지 새로운 물건을 소유한 데서 오는 기쁨의 감정은, 고객이 돈에 대해 관대하거나 인색한 것에 상관없이 그들이 수표에 서명하거나 힘들게 모은 현금과 현금으로 상징되는 안정성과 분리될 때 느끼는 어려움보다 커야만 한다.

"가망고객의 머리뿐만 아니라 가슴에도 호소하라." 이 문구를 통해 지난 세월 어렵고 곤혹스러웠던 판매를 새롭게 볼 수 있을 것이다. 가능하면 언제나 고객의 배우자나 자녀의 행복과 판매를 연결시켜 고객의 가슴에 호소하라. 지금 논의 중인 상품을 구매했을 때 사랑하는 사람이 살아가면서 느낄 행복과 고마움을 생각해보라고 고객에게 제안하는 것이 구매자의 저항을 가장 빠르게 없앨 수 있다.

백만 불 원탁회의 영업전문가가 말한 다음 예를 통해 이러한 호소형식을 판매에 활용할 수 있는 방법을 알 수 있다. 이와 비슷한 호소를 다른 영업현장에도 적용할 수 있다. 설득력으로 타인이 행동하도록 확신을 주려는 이러한 경험은 어떠한 상황에서도 적용 가능하다. 판매란 다른 사람에게 아이디어, 사고, 상품 또는 서비스를 구매하도록 설득하는 노력일 뿐이다.

단체보험 영업 초창기에 상당히 유명한 회사의 부사장으로 최근 승진한 고객과 편한 장소에서 점심을 갖곤 했었습니다. 그는 수년간 각고의 노력 끝에 업계에서도 널리 알려진 인물로 성장했으며, 앞으로도 성장 가능성이 높은 분입니다. 그러나 그 날 그는 아주 불안해했습니다. 몇 가지 질문을 통해 전날 오후 뉴욕에 오기 전에 불쾌하고 혼란스러운 경험을 한 것을 알게 되었습니다.

　　일주일 전 15년간 근무했던 30대 후반의 종업원 존 씨가 사망했습니다. 부인과 자녀에게 아무런 예고도 없이 갑자기 죽었습니다. 건강엔 아무 문제도 없었던 사람이었습니다. 대부분의 봉급생활자와 마찬가지로 존 씨는 미래의 일과 삶에 대한 기대만 있을 뿐 저축해놓은 것은 거의 없었고 생명보험에도 가입하지 않았습니다.

　　제 앞에 앉아 있는 분은 임원실에 있는 여타의 경영진보다 더 동정적이고 인도적인 사람이었습니다. 회사의 종업원에 관심이 높은 그였기에 당연히 존 씨도 잘 알고 있었습니다. 둘은 수년간 매일 아침인사를 하면서 미소를 나누었고 존 씨의 부서 앞에서 제조문제를 이야기하곤 했으며, 수년간 회사 성탄기념일에는 덕담을 주고받던 사이였습니다.

　　그러던 존 씨가 어느 날 아프더니 하루 만에 죽어버렸습니다. 직장동료 모두 너무 젊은 나이에 세상을 떠난 존 씨의 비극에 마음 아파했습니다. 장례가 끝난 후 며칠 지난 어제 오후 존 씨의 미망인이 고객의 사무실을 방문했습니다. 존 씨의 부인은 어머니로서 가장으로서 그리고 미망인으로서의 삶의 무게를 지탱할 준비가 전혀 되어 있지 않았습니다.

존 씨의 부인은 현재 돈 한푼 없으며 자녀가 너무 어려 일하러 나갈 수도 없고 더욱이 도움을 받을 수 있는 친부모나 시부모도 없다고 했습니다. "제 남편은 수년간 부사장님을 위해 일했습니다"라고 그녀는 애원했습니다. "분명 제 남편에게 빚진 거나 도움을 받은 적이 있을 겁니다. 우리 가족이 굶어 죽도록 모른 척하실 수는 없습니다. 제 남편은 신망 높은 종업원이었습니다. 그는 회사를 위해 열심히 일했고, 누가 회사 불만이라도 얘기하려고 하면 마치 자기 회사처럼 변호하였습니다. 두통이나 감기로 병가를 내야 하는 상황에서도 제 남편은 늘 출근했습니다. 제 남편은 부사장님께 충성을 다해야 한다고 생각했습니다." 이런 식으로 이야기가 되다가 마침내 피할 수 없는 결론에 도달하게 되었습니다. "우리 가족을 실망시키진 않으시겠죠, 부사장님?"

제 고객은 책상 맞은편에 앉아 미망인의 이야기를 들었습니다. 도움을 요청한 미망인의 하소연에 도움을 주겠다고 대답했습니다. 제 고객은 미망인이 요청한 도움이 적절하지 않고 회사 입장에서도 이러한 개인적 문제를 무계획적으로 해결해주는 것이 바람직한 종업원 복리후생 정책도 아니라는 것을 알면서도 어쩔 수 없었습니다.

이 이야기를 들으면서 판매 완결에 이보다 나은 분위기는 없을 것이라고 깨달았습니다. 고객에게 해결책은 하나, 그것도 유일하게 하나밖에 제시할 수밖에 없는 이와 같은 상황보다 더 좋은 분위기는 없을 것입니다. 젊은 미망인과 앞으로 아버지 없이 살아야 할 자녀의 슬픔을 줄일 수 있는 것은 세상에 아무것도 없습니다. 그러나 현실적이고 실제적인 물질적 어려움은 미리 준비한 보험을 통해줄일 수 있습니다.

이 예시에서는 영업전문가가 해야 할 감정적 호소가 이미 형성되었기 때문에 냉정한 논리적 논의가 뒤따르면 된다.

이제 역할을 바꾸어 영업전문가가 구매자의 입장이 되어 판매 과정을 공정하게 지켜본 경험을 살펴보자. 영업전문가의 친구가 새 차를 사기 위하여 영업전문가와 같이 가자고 하였다. 친구는 사고자 하는 차의 가격대를 정해 놓았고 각 제조사의 모델에는 장점과 단점이 모두 다 있다는 것을 알기 때문에 어느 유명한 제조사의 지역 전시장에 직접 가기로 하였다. 전시장에 들어서자 전시된 차와 마찬가지로 눈부시게 빛나는 판매원이 다가와 두 사람의 대화에 끼어들었다.

자동차 판매원은 처음에는 독백처럼 자신이 판매하고 있는 제조사의 장점만 집중적으로 이야기했다. 몇몇 안전장치를 아주 기술적인 말로 풀어 설명했다. 다른 차와 비교하면서 유체구동장치, 동력조향장치, 충격완화장치, 연비 등을 설명하면서, 이런 어려운 용어를 고객이 이해하고 있어 대단하게 생각한다고 아첨했다.

인상 깊은 논의는 훌륭한 판매 심리학에 기초해야 한다. 즉, 논리적인 확신을 강화할 뿐만 아니라 반박의 여지가 전혀 없어야 한다. 이 자동차 판매원이 만약 이야기하는 중 실수가 있었더라도 새로운 차의 특징을 너무나 잘 알고 있기 때문에 심각한 반론을 제기할 고객은 아무도 없었을 것이다.

다음 순간 판매의 논점이 미묘하고도 점진적으로 변화하기 시작했다. 그가 예상했듯이 이성에 대한 소구가 성공하자, 다음으로 감정에 호소하기 시작했다. 고객의 머리를 정복한 다음 가슴을 정복하고자 했다. "결혼하셨습니까?"라고 묻고 고객이 긍정하자 그는 소유했을 때의 자부심이나 자동차의 편리성, 그리고 골프장에 이 차를 끌고 갔을 때 경험할 수 있는 품위와 성공의 느낌에 대해 열렬히 이야기했다.

"이 차를 집에 몰고 가서 부인을 놀라게 하시는 게 어떠신지요?", "아니면 부인을 여기에 나오시게 해서 함께 최종 결정을 내리시는 건 어떠신지요?"라고 물었다. 판매에 대한 저항은 또 다시 낮춰졌다. 친구는 자기 부인은 아무런 의사 결정에 참여하지 않은 채 구매한 것에 놀라기보다 자신이 선택해서 구매하길 좋아한다고 말했다. 자동차 판매사원은 고객의 이야기에 놀라운 인내심을 보였다. 판매원은 고객의 부인에게 전화를 하여 사람을 보내 부인을 전시장으로 모셔오도록 할 수 있다고 말했다. 또한 구매하시려는 차로 부인을 모셔올 수도 있다고 했다.

즉시 그가 말한 대로 일이 진행되었다. 잠시 후에 부인은 자기 남편이 구매하려고 결심한 차를 타고 오고 있었다. 부인이 도착하기 전까지 판매 이야기가 계속되었다. 그러나 강조하는 바가 달라졌다. 거래가 거의 마무리됨에 따라 관찰자인 영업전문가는 자신이 자주 사용하던 "구매 여부가 아니라 어떤 것을 구매할 것인가(not whether, but which)"의 기법이 사용되고 있음을 알아차렸다.

저항의 마지막 요소가 사라진 것처럼 보이는 판매의 결정 순간에는 상담의 강조점이 바뀌어야 한다. 이때는 고객에게 더 이상 "예 또는 아니오"와 같은 선택 사항이 제시되어서는 안 된다. 고객에게 구매 여부를 묻는 질문을 해서도 안 된다. 이 순간에는 고객이 지금 당장 당신한테 구매할 것이라고 가정해야 한다. 따라서 고객에게 다음과 같이 물어야 한다. "어떤 것을 더 좋아하십니까?" 즉, 판매하는 상품이나 서비스의 성질에 따라 색깔이나 가격대 그리고 형태를 선택하도록 하여야 한다. 구매 여부에서 어떤 것을 구매할 것인가로의 화제 전환이 거의 눈치챌 수 없을 정도로 부드럽게 이루어져야 한다. 질문은 이제 구매 여부가 아니라 어떤 것을 더 좋아하는가로 바뀌게 된다. 선택 사항이 너무 많으면 몇 가지로 좁혀서 제안할 필요가 있다. 선택 사항이 너무 많으면 고객은 혼란스러워하고 구매를 포기하는 정도는 아니더라도 구매를 늦추는 경향이 있다.

매혹적인 계기판을 바라보는 친구를 보면서, 관찰자는 자신의 판매 철학의 한 부분인 "구매 여부가 아니라 어떤 것을 구매할 것인가?"라는 기법이 사용되는 것을 알았다. 자동차 판매원은 "어떤 색깔을 좋아하십니까?"("어떤 색깔을 구매하려고 하십니까?"가 아니다)라고 물었다. 이런 식으로 질문을 하면 고객을 쫓아내지도 않고 고객에게 방어심리도 생기지 않게 할 수 있다. 고객마다 각자 자신이 선호하는 것이 있고, 자신의 선호도를 말하면서 구매하려는 행동에 좀 더 가까워진다. 최종적으로 검은 차를 좋아한다고 말했는데, 이는 검은 차가 준비되어야 한다는 것을 의미하기도 한다. 부인이 도착하자마자 친구는 자동차에 대해 열심히 떠들었고, 취향이 비슷하여 곧 검은색 차를 구입하는 데 찬성했다. 판매는 끝나고 서명된 수표가 건네졌다. 친구와 부인은 새 차에 만족했고 영업전문가 또한 이런 탁월한 마무리를 지켜볼 수 있어 행복했다.

여성 핸드백을 판매하는 도매회사의 영업이사에 대한 또 다른 이야기가 있다. 이 여성이 취급하는 핸드백은 기존 제품보다 월등히 좋은 최상품이었다. 중요한 타 지역 구매자에게 시현한 제안 설명을 한 번만이라도 본다면 영업전문가로서 거장이 하는 일을 알 수 있을 것이다.

제일 먼저 논리적으로 설명한다. 그녀는 모든 제품을 진열해놓고 각각의 핸드백에 대해 특징이나 장점, 우수한 가공 기술 그리고 스타일을 주의 깊게 하나하나 제시한다. 그런 다음 지역의 규모나 고객 유형에 따라 구매시장의 특징을 고려해서 고객에게 가장 매력적인 핸드백 유형을 제시한다.

그녀는 핸드백이 부피가 크지 않으면서도 내부 공간이 넓다는 것을 보여준다. 다음으로 부드럽고 질기면서 오래가는 외피 가죽과 견고하고 섬세한 소재로 만든 내부에 관심을 집중시킨다. 우연히 핸드백이 열리는 것을 방지하는 안전장치를 실연해 보인다. 논리에서 감성으로 이동하는 것과 동일하게 실용적 측면에서 미적 측면으로 대화가 점진적으로 바뀐다. "이 핸드백은 상류층을 위한 모델로 출퇴근이나 외출할 때 모두 유용합니다. 어떤 색상에도 잘 어울리며 치마를 입거나 바지를 입거나 다 잘 어울립니다."

마침내 판매의 절정에 다다르면 "구매 여부가 아니라 어떤 것을 구매할 것인가?"를 그녀의 방식으로 부드럽게 소화한 마무리로 미끄러져 들어간다. 물론 지금까지 어떤 과정을 거쳐 판매 상담을 했느냐에 따라 마무리는 약간씩 다를 수 있다. "직사각형 핸드백을 좋아하십니까 아니면 정사각형 핸드백이 더 날렵하게 보입니까?" 그녀는 구매자에게 질문을 하거나 작은 것과 큰 것 중 선택하도록 하면서 필수품만 넣고 다닌다면 작은 것이 더 나을 것이라고 제안할 것이다.

이 영업전문가가 판매를 마무리하는 이쯤에 마무리의 기본 원칙과 정의를 살펴보자. 마무리란 개인이 상품이나 서비스를 생각하는 것을 넘어 구매하려고 취하는 행동이다. 보험업계에서는 청약서에 서명을 하고 초회 보험료를 내는 과정이다. 백화점에서는 판매 전표에 서명하고 지급 방법을 알려주는 것이 된다. 아니면 단지 "이걸 사지"라고 하면서 현금이나 카드로 계산하는 것이 된다.

마무리 시점까지 판매자와 가망고객은 필요한 뭔가에 대해 이야기를 계속한다. 이제 행동이 일어났다. 한 번 판매가 이루어지면 취소하기가 불가능한 것은 아니지만 마무리 후에는 상대적으로 취소하는 일이 거의 없다. 구매자가 마음이 바뀌면 아직 전달되지 않은 상품이나 서비스가 취소된다. 비록 전달되었어도 반환되지만 이러한 경우는 그리 많지 않다. 반품이 자유로운 상점은 예상과 달리 반품되는 상품 비율이 아주 낮다.

마무리란 구매자가 판매를 실행하고 합법화하기 위해 취하는 단계이다. 이는 긍정적이고 적극적인 단계이다. 말하기를 좋아하거나 미루기를 잘하거나 토론이나 조사에 잘 빠지는 사람은 어떤 마무리도 싫어한다. 이들은 어떤 일을 해야만 하는 것, 특히 그 일이 계약을 체결하거나 돈을 지출해야 하는 일이라면 더욱 더 싫어한다. 이들도 뭔가를 좋아하며 그것을 원하고 또 구매한 것을 갖고 있지만, 이들

마음은 행동하도록 몰리지 않게 늘 새로운 탈출구를 찾는다.

이러한 사람은 계속 반대의견을 제기하지만 반대의견은 단지 위장일 뿐이다. 고객에게 판매를 시도해본 적이 없거나 고객에게 후퇴하거나 재고할 수 없다는 강한 인상을 남긴 적이 없는 영업전문가는 다음 기회로 도약하기 위해서 결정을 얻어내야만 한다.

이러한 고객에게는 "아니오라는 답변을 들을 준비가 되어 있습니다"라고 말해주어야 한다. 영업전문가가 더 이상 미루고 망설이는 것을 인내할 수 없다는 것을 깨달아야 고객은 계약을 체결하기 위해 펜을 들거나 또는 상담을 끝내려고 할 것이다.

이때까지 판매 과정이 제대로 이루어져 가망고객이 거부를 하면 영업전문가보다 자신이 더 큰 손실을 볼 것이라고 깨달아야만 마무리가 된다. 위 사항을 명확히 파악하려면 수년 전 위대한 영업전문가가 고객이 "예"라고 했음에도 불구하고 판매 마무리에 실패한 이야기를 살펴보기로 하자. 이 영업전문가는 당시 매년 수백만 불의 보석을 판매하는 유명한 카르티에의 고위직 임원인 줄스 글리슨(Jules Gleason)이었다. 그가 카르티에 파리점에서 근무하던 젊은 시절에 사파이어 반지를 원하는 인도 토후(土侯)를 만나러 간 적이 있었다. 글리슨은 마침 판매하기 좋은 보석을 갖고 있었다. 이 보석은 한때 프랑스 왕관에 박혔던 타원형의 150캐럿짜리 원석으로 가격이 4만 불이나 되었다. 토후가 기다리는 호텔에 도착해서 토후와 배석자(감정사)에게 보석을 보여주었다. 두 인도인이 인도어로 이야기하는 동안 초조하게 결정이 내려지길 기다렸다. 토후가 반지를 구매하겠다는 말을 했다. 글리슨은 가격을 말하려 했으나 갑자기 제지당했다. 그가 들은 이야기는 토후가 반지를 산다는 것뿐이었다. 가격은 언급되지도 않았다.

이때 글리슨은 약간의 추가 정보를 주는 것이 좋을 것이라 생각했다. 한때 이 반지가 루이 14세 프랑스 왕이 끼었다는 사실을 알면 토후가 좋아할 것이라고 통역자에게 말했다. 이 사실이 전달되자 토후는 잠시 생각하더니 배석자에게 무뚝뚝하게 뭐라고 한마디 했다. 배석자는 이렇게 통역했다. "주문은 취소되었습니다."

줄스 글리슨은 깜짝 놀라면서 토후가 왜 마음을 바꿨는지 물어보았지만 토후가 목이 잘리고 싶지 않다고 했다는 말만 들었다. 실패를 보고하기 위해 상점에 돌아왔을 때, 피에르 카르티에(Pierre Cartier)는 글리슨에게 이 반지는 '태양 왕 루이 14세 대왕'이 한때 소유했던 것이라고 말했으면 틀림없이 판매했을 거라고 말해주었다(역자 주: 토후는 태양 왕 루이 14세와 단두대에서 처형된 루이 16세를 혼동한 것임).

판매의 마무리: 영원한 관계

마무리를 잘하는 비결은 없다. 비록 판매 과정과 마무리를 분리한 채 신비로운 존재이거나 기적과 같은 활동의 결과라고 쓴 자료가 많지만, 이러한 견해는 명백히 사실이 아니다. 완벽한 판매를 위해 구축한 판매 제안의 건전성에 직접 비례하여 마무리에 기울인 노력이 보상받는다.

판매 제안은 가망고객의 이익이라는 관점에서 만들어져야 한다. 가망고객의 반대의견을 적절하게 처리하면서 그들의 욕구가 일깨워지고 그들의 신념이 지켜져야 한다. 이러한 단계를 거쳐야만 마무리 기법은 효과적이고 확실하게 적용된다.

판매 과정의 다른 단계를 거치지 않으면 판매는 마무리로 넘어가지 않는다. 고객의 욕구와 욕망을 만족시켜줄 수 있는 정직한 가치 이야기로 구성된 확고한 기반을 구축하면 마무리할 수 있다. 영업전문가가 구매자를 자기 마음대로 좌지우지하는 데서 마무리가 나오는 것이 아니다. 마무리란 고객을 처음 만난 이후 생긴 모든 것의 논리적 정점이다.

영업전문가는 구매자가 구매를 결심하도록 돕는 데 노력을 기울여야 한다. 여러 개 중 어떤 하나에 선호를 확실히 표현하는 사람은 의사결정을 내리고 있는 중이라는 사실을 알 수 있다. 이러한 결정은 경쟁품의 무리 중 하나를 선택하는 행위보다 고차원이다. 상품은 고객의 돈을 차지하기 위해 업계와 상관없이 모든 상품과 경쟁해야 한다. 소비자가 한 상품을 받아들이면 다른 상품을 포기해야 한다. 이 때문에 구매자는 판매 마무리나 결정의 순간으로 가길 꺼린다.

수많은 심리적 순간

노력한 영업전문가는 어떤 마무리 기법을 사용하기 전에 적절한 판매 이야기를 하는 것이 중요하다고 말한다. 이거야말로 유일무이

한 성공적 마무리의 "비결"이라고 한다. 하나가 아닌 수많은 "심리적 순간"을 판매를 마무리하는 데 활용할 수 있다고 한다. 가망고객이 적절한 판매 이야기를 들었다고 믿을 때 마무리를 하려고 하는 이유이기도 하다. 경험을 통해 노련한 영업전문가는 가망고객이 마무리를 받아들일 때 특정한 표시를 표출하는데 이는 대개 몸짓으로 나타난다는 것을 안다. 조용히 제안을 듣고 있는 가망고객이 특정 판매 제안 때 동의의 표시로 고개를 끄덕이거나 먼저 봤던 견본에 다시 손을 내밀기도 한다.

때때로 진정한 반대의견을 다시 이야기할 수 있는데 이는 가망고객이 받아들일 준비가 되었다는 신호로 볼 수 있다. 이때는 회사에서 제공하는 보증이나 회사의 광고 내용과 똑같은 제품인지에 대해 심각한 의문이 있을 경우이다. 반대의견을 말하는 고객은 실제 "내 의견에 답해주면 구매하겠다"고 하는 것이다. "이게 최곤데" 또는 "시장에 출시된 제품 중 최고인 것 같은데"와 같은 고객의 언급은 마무리의 신호이다.

물론 영업전문가는 다양한 마무리 시도 방법을 알고 있다. 마무리 시도 방법은 가망고객의 마음에 어떤 주저함이 있는지 알아내기 위해 만들어졌다는 사실을 명심해야 한다. 이러한 기법을 통해 고객에게 판매할 수 있는 방법을 찾아낼 수 있지만, 경험을 통해 "지금 마무리하라!"와 같은 고객의 신호를 읽는 것이 중요하다. 이러한 신호는 그 사이에 "주의"라는 신호와 함께 한 번 이상 표시된다.

마무리를 향한 우리의 태도는 확신과 기대로 가득 차야 한다. 우리의 말과 행동 하나하나는 판매 마무리를 통해 만족한 고객을 얻었다는 최종 결과가 나올 때 보일 수 있는 완벽한 자신감을 보여야 한다. 이러한 태도가 가망고객에게 전달되면 혹시라도 숨어 있던 의심이 사라지게 될 것이다. 열정과 같이 자신감도 전염되기 때문에, 판매를 만들어 내는 사람 즉 진정한 영업전문가처럼 보고, 느끼고, 생각하라.

우리의 태도는 우리의 수입과 회사의 수익을 결정하기 때문에 중요하다. 가망고객의 이익을 위해 어떤 일을 했건 상관없이 고객의 이익을 충족시키는 판매가 이루어지지 않거나 주문서에 주문이 기입되지 않거나 수금이 되지 않으면 상업적 가치가 없다. 성공적인 영업전문가란 믿을 만한 계약 체결자라고 정의할 수 있다.

판매 마무리 기법

마무리할 때 어떤 기법을 선택할 것인가는 스스로 결정해야 한다. 가망고객별로 효과가 있는 하나의 기법만을 충실히 따르려고 분류하여 시도하는 "사례별 접근법"은 창조적인 판매에 도움이 안 된다. 영업전문가는 유연성과 적응력이 높아야 한다. 영업전문가는 둘 또는 그 이상의 기법을 유용하게 조합시키는 사람이다. 이들이 하나의 마무리 기법을 사용할 것인가 아니면 조합해서 사용할 것인가에 대한 최종 선택은 이들이 만나고 있는 가망고객의 특성과 판매 내용에 따라 달라진다.

자주 사용되는 판매 마무리 기법은 다음과 같다.

- 가정 기법
- 선택 기법
- 격려 기법
- 주문요청 기법
- 보고 기법
- 비교와 대조 기법

가정 기법

이 기법을 통해 가망고객이 현재 논의 중인 제품을 살 것이라고 100% 확신하며 판매가 중지될 여지가 털끝만큼도 없다는 사실을 암시할 수 있다. 중요한 구매 문제가 해결되었다고 확신하기 때문에 주문장을 작성하는 것과 같은 행동을 하려고 하는 것이다. 만약 마무리가 안 되었다면 가망고객이 이러한 행동을 저지할 것이다. 자기 자신에 대한 자신감이 높아야 이 기법을 성공적으로 사용할 수 있다. 제안할 때 가망고객이 그 제품을 이미 소유한 것처럼 묘사해야 한다.

다음 사례를 통해 이 기법이 어떻게 사용되었는지 알 수 있다. 중소제조업의 총무담당 관리자가 복사기 전시장에서 특정 복사기를 찾고 있었다. 영업전문가는 대화를 나누면서 보통 용지부터 고급 용지까지 어떤 종류의 용지라도 복사할 수 있으면서 복사 용지당 가격이 가장 저렴한 것을 장점으로 소개했다. 이 과정에서 영업전문가는 원본과 복사본을 구분하기 힘들 정도로 정밀한 복사기가 바로 필요하다는 사실을 알았다. 영업전문가와 가망고객이 각자 관심사를 이야기하는 대화를 살펴보자.

> **영업전문가**: "그리고 이 복사기는 정밀도가 아주 높기 때문에 원본인지 복사본인지 확인하려면 서너 번을 봐야 할 것입니다."
>
> **가망고객**: "글쎄요, 내가 염두에 두고 있는 게 그 점인데……"
>
> **영업전문가**: "정밀한 복사를 해야 할 일이 있다고 아까 말씀하셨습니다. 월요일까지 그런 복사기를 드릴 수 있는지 살펴보겠습니다. 지금 사무실에 가서 전화하고 오겠습니다."

영업전문가는 전화하러 가면서 가망고객이 저지하지 않았기 때문에 판매가 마무리된 것을 알 수 있었다. 가망고객이 판매를 중지시키려면 영업전문가가 전화하는 것을 막았을 것이다.

가정 기법을 변형해서 고객에게 일련의 긍정적 결정을 내리도록 함으로써 주문을 확보하기도 한다. 부동산 거래와 관련된 다음의 대화 속에서 판매가 진행됨에 따라 이러한 긍정적 결정이 내려지는 것을 볼 수 있다.

> **영업전문가**: "선생님 댁과 같이 식구가 많은 가정에는 이 집처럼 침실이 3개 있는 게 좋을 것 같은데요?"

가망고객: "조만간 4개가 필요할 거예요……."

영업전문가: "게다가 목욕탕과 인접한 북동쪽 벽만큼 네 번째 방을 만들기 좋은 곳은 없을 겁니다."

가망고객의 배우자: "현재 살고 있는 아파트 거실보다 이 집 부엌이 더 큰 게 마음에 걸리네요!"

가망고객: "그러네, 지금 사는 집의 난방비는 주인집이 내는데 이 집 난방비는 장난이 아니겠네."

영업전문가: "예, 물론 난방비를 내셔야 합니다. 식구가 늘고 있는 선생님 가정에겐 난방비를 조금 더 낸다 해도 생활공간이 넓어지는 게 더 낫지 않겠습니까?"

가망고객의 배우자: "저게 뭡니까?"

영업전문가: "거실과 침실을 분리하는 차단공간이죠. 아파트처럼 신경 쓸 일이 없죠. 참 이 집이 다른 집과 떨어져 있고 도로에서도 멀리 떨어져 있다는 사실을 빠뜨려서는 안 되죠. 자녀가 뛰어 놀기 좋아하는 나이 아닌가요?"

가망고객: "그럼요. 애들이 이 구석진 공간을 좋아하겠네요."

가망고객의 배우자: "친구를 초대해 놀아도 다른 사람을 방해하지 않겠네요."

영업전문가: "그런데 솔직히 선생님 가족에게 여기보다 더 나은 곳은 없지 않겠습니까?"

가망고객: "우리에겐 안성맞춤인데……."

영업전문가: "다른 사람도 당연히 그렇게 생각할 겁니다. 지금 계약금만 거시면 이 집을 사실 수 있습니다. 사무실에 가서 계약서를 작성하실까요?"

이는 사전에 정직하고 성실한 제안을 한 뒤 사용할 수 있는 훌륭한 마무리 기법이다. 이 기법을 통해 구매자가 구매를 거부할 수 없게 만들 수 있었다. 위의 가망고객이 아니오라고 이야기하면 이제까지 집을 보면서 느낀 특징을 부정하는 것이 되어버리기 때문에 아니오라고 말하기가 쉽지 않았다.

선택 기법

가장 많이 사용되는 마무리 기법이 선택 기법이다. 이 방법은 판매를 마무리할 때 제품이나 서비스의 사소한 측면으로 한다. 영업전문가는 고객에게 사소하거나 부수적인 사항을 선택하도록 함으로써 중요한 사항에 대해서는 구매 의사결정을 내리지 않도록 한다. 대부분의 노련하고 성공한 영업전문가는 이 기법의 효과성을 높게 평가한다. 가망고객은 제안된 수많은 제품 중 하나를 선택할 뿐, 제품을 구매할 것인가 말 것인가는 그들의 최종 선택으로 주어지지 않는다. 고객의 결정이 무엇이든 결과는 동일하다. 바로 판매이다.

이 기법은 단순하지만 성공적으로 사용하려면 숙달된 기술이 필요하다. 이 기법으로 고객을 절대 밀어붙일 생각은 하지 말고, 선택 사항이 올바른지 확인해야 한다. 이 기법은 마무리의 진도를 검증하는 데 효과적으로 사용될 수 있다. 가장 중요한 점은 이 기법을 사용해서 마무리를 못했어도 나빠질 상황이 없다는 점이다. 만약 고객이 구매할 준비가 안 되어 있으면 다시 판매 제안을 하면 되고, 다른 좋은 때에 다시 이 기법을 시도하면 된다. 고객이 제안을 받아들일 준비가 되어 있으면 선택 질문에 대한 답변이 제안을 실제적으로 승낙하는 것이 된다.

이 기법을 다양하게 사용하는 방법이 다음 질문에 나타나 있다.

- "선생님께서는 푸른색의 양문 개폐식 모델을 좋아하십니까 아니면 빨간 색 모델을 좋아하십니까?"

- "할부로 결제하시겠습니까 아니면 현금 일시불로 지불하시겠습니까?"

- "지금 갖고 가시는 게 편하시겠습니까 아니면 토요일에 배달해드릴까 요?"

- "마감재는 까칠까칠한 것과 부드러운 것이 있는데 어느 것으로 할까요?"

- "아이비엠 피시를 좋아하십니까 아니면 맥킨토시 피시를 좋아하십니까?"

- "바닥 전체를 깔 수 있는 카펫을 원하십니까 아니면 새로 단장한 곳에만 깔 수 있는 카펫을 원하십니까?"

- "이번 달에 배달 일정을 잡는 것이 좋겠습니까 아니면 다음 달 초가 좋 겠습니까?"

기지를 발휘해서 이 방법을 사용하면 판매 제안 능력을 높일 수 있다. 가망고객이 우호적인 결정을 내리는 쪽으로 다가서는 것이 확 실하다면 이 기법을 통해 긍정적 결과를 만들어낼 수 있다.

격려 기법

약간의 연습을 통해 쉽게 익힐 수 있는 이 기법은 큰 도움이 된다. 그러나 이 기법은 최후의 방법이라는 사실에 유념하라. 격려나 동기부여를 통해 가망고객이 한 번에 행동하도록 격려하거나 강요할 수 있다. 쉬운 상환방식의 제공, 가망고객에게 가치 있는 무료 선물, 신속한 배달이나 기타 가망고객이 즉시 행동할 수 있도록 유인할 수 있는 혜택이 여기에 속한다. 영업전문가는 가망고객이 지금 당장 행동해야 할 구매를 내일 또는 미래로 연기하는 것을 막으려고 노력한다. 일부 영업전문가는 구매자가 행동으로 옮기도록 강요해야 할 최종적이고 강력한 별도의 이유가 있을 때 이 기법을 사용한다.

사람은 모두 추가비용 없이 공짜로 특별한 것을 얻고자 하는 욕구가 있기 때문에 이 기법의 효과는 크다. 또한 소유하는 것을 보호하고 가치가 떨어지지 않길 바라는 우리 모든 개인의 욕구를 이 기법을 통해 자극할 수 있다. 우리는 소유하고 있는 것을 최대한 오랫동안 갖고 싶어 한다. 다음 대화를 통해 격려가 마무리에 어떻게 사용되었는지 주의 깊게 살펴보라. 왜냐하면 영업전문가가 "소유한 것을 보호하라"라는 주제를 지속적으로 강조하고 있기 때문이다.

• 페인트 판매사원이 방문한 집은 내부 손질은 물론 외부에 전면적으로 페인트를 칠할 필요가 있는 상태이다. 바로 하지 않으면 집 전체의 가치가 급격히 떨어질 수 있다. 그러나 가망고객은 미루기만 한다.

영업전문가: "선생님께서는 집에 많이 투자해야 할 것 같습니다."

가망고객: "물론 그렇지만 세금이다 이자다 화재보험료를 내다보니 더 이상 집에 투자할 여력이 없네요."

영업전문가: "지금 당장 페인트칠을 하지 않으면 내년 봄이나 돼야 페인트칠을 할 수 있을 텐데요."

가망고객: "내년 봄도 모르죠. 돈 쓸 곳이 너무 많아서……."

영업전문가: "물론 그러시겠죠. 그런데 제대로 페인트칠이 안 된 목조건물로 이 곳의 혹독한 겨울을 나기가 어렵다는 건 잘 아시죠. 지난 해 결빙성 폭우와 폭설로 집에 많은 피해가 있었을 텐데요."

가망고객: "지난 겨울은 참으로 혹독했죠. 그러나 우리 집은 아무런 피해도 입지 않았죠."

영업전문가: "그럴까요? 보세요, 저 부분의 안쪽에 피해가 생기고 있네요. 잘 보세요."

가망고객: "그렇게 심각한 것 같지 않네요. 그렇다고 무너지기야 하겠습니까?"

영업전문가: "그게 문제입니다! 피해는 예고 없이 갑자기 나타나 커다란 손실이 되죠."

가망고객: "그래도 1년은 버틸 수 있을 거라 보는데요."

영업전문가: "그야 선생님께 달렸죠. 그러나 이 점을 말씀드리는 게 좋을 것 같습니다. 선생님께서 기다리시면 두 가지 손실을 볼 수 있습니다. 먼저 수리비용이 지금 당장 하는 것에 비해 엄청나게 많이 들 것입니다. 두 번째로 선생님의 주요 투자 대상의 가치가 심각하게 떨어진다는 것입니다."

가망고객: "글쎄, 그렇게까지……."

영업전문가: "선생님께서 두 가지 손실을 한번에 막을 수 있습니다. 선생님이 원하는 상태로 집을 유지할 수 있는 방안이 무엇인지 말씀드리겠습니다. 앞으로 수년간 주택의 가치가 유지될 수 있도록 보호할 수 있으며, 동시에 내년에 발생할 막대한 수리비를 절약시켜드릴 수 있습니다."

경고

이 판매 기법은 진실과 사실에 기초해서 사용해야만 한다. 비양심적인 사람만이 이러한 기법을 발생하지 않을 임박한 사건이나 상황에서 사용한다.

이 방법의 변형으로 영업전문가는 과거의 경험에 비추어 특정 상황이 발생할 가능성이 높은 예를 들면서 가격 변동과 같은 상황을 설명할 수 있다. 영업전문가는 가망고객이 미래에 대한 자신감을 잃지 않도록 예측을 진실하게 하여야 하며, 사실이 아니라 가능성이라는 것을 명확하게 표현하라는 충고를 많이 받는다. 지속적으로 경력을 쌓고자 하는 영업전문가는 이 진실을 위반해서는 안 된다.

주문요청 기법

이 기법을 사용해도 영업전문가가 하찮게 보이거나 품위가 떨어져 보이지 않는다. 마무리 전략으로 이 기법을 사용하는 데 열등감을 느낄 필요는 없다. 그렇지만 가망고객에게 "저에게 주문 좀 해주세요" 라고 말하기는 쉽지 않다.

아래 열거된 접근법을 사용하여 잠재 구매자에게 제안을 수용하도록 요청할 수 있다. 판매를 위해 보유한 것을 사도록 잠재고객을 초청하는 것이다. 다른 방법이 실패로 돌아갔을 때 최고의 전략은 늘 주문을 요청하는 것이다. 고객은 절대로 당신이 구걸하고 있다고 느끼지 않는다. 오히려 고객에게 봉사하기 위한 진지한 결정이라고 감동받을 수 있다. 다만 이 방법은 필요한 경우에만 한정적으로 사용해야 한다.

- "그럼 500개를 고객님을 위해 예약해두겠습니다."
- "이번 주에 6개를 사시겠습니까?"
- "시험용 주문을 보내드리면 어떻겠습니까?"
- "계약금을 지불해서 확실하게 하는 게 좋지 않겠습니까?"
- "첫 번째 상환금을 지금 내시겠습니까?"
- "주문장을 작성할까요?"

고객에게 주문을 요청하는 이 기법의 핵심을 제대로 하지 않으면 많은 가망고객이 구매하지 않을 것이다. 영업전문가는 주문을 받기 위해 존재하기 때문에 주문을 요청하는 일은 아주 자연스러운 일이어야 한다.

보고 기법

이 기법을 사용하려면 사건이나 이야기를 가망고객의 상황과 유사하도록 연관시켜야 한다. 판매하려는 고객의 상황과 유사성을 발견할 수 있는 일화나 사건을 선택하라. 당신의 제품이나 서비스를 통해 비슷한 상황에 있던 다른 고객이 얼마나 많은 혜택을 보았는지 말로써 그림을 그려라. 그런 다음 이렇게 배운 교훈을 현재의 가망고객에 적용해서 마무리를 하라. 고객에게 제안의 장점을 확신시킬 수 있는 구닥다리 성공담을 이야기해도 좋다.

가망고객: "말씀은 참 좋은데……."

영업전문가: "<가망고객의 이름>님, 앤드루라는 회사 잘 아시죠?"

가망고객: "예, 회의 때 자주 그 회사 직원을 만납니다."

영업전문가: "참 좋은 회사 아닙니까?"

가망고객: "맞아요. 업계에서 가장 빈틈없는 경영조직이죠."

영업전문가: "그 회사도 선생님 회사와 비슷한 검사 문제가 있었습니다. 그런데 별도의 추가 인력 없이 그 문제를 해결했습니다. 실제로 문제가 발생하기 전보다 더 적은 인력이 현재 검사업무를 하고 있습니다."

가망고객: "어떻게 그런 일이 있을 수 있습니까?"

영업전문가: "선생님께 설명 드린 바로 그 방법입니다. 자세히 말씀 드리죠. 우연히 그 회사에 이 방법을 말할 기회가 있었습니다. 제가 앞에서 설명 드린 동일한 테스트를 통해 생산과정 중 공차허용 범위 내에 생산이 되었는지 검사하는 문제에 대한 해결책으로 완벽하게 입증되어 품질관리기준으로 채택되었습니다. 고객님의 기업도 다른 제품에서 이와 똑같은 문제점을 안고 계시죠? 결과가 좋아서 다른 3개 생산과정에도 추가로 적용하려 하고 있습니다."

가망고객: "결과가 그렇게 좋았나요?"

영업전문가: "예, 확실합니다. 검사 부적격품이 절대적인 최저 수준으로 떨어졌습니다. 지연 및 불량 생산에 대한 고객의 불만이 완전히 사라졌습니다. 그러다보니 자연스럽게 수익도 놀랄 정도로 늘었습니다."

가망고객: "우리 회사 문제도 해결될 수 있을 것 같네요."

영업전문가: "이제까지 경험에 비추어보면 선생님 회사의 생산과정에 설치하기만 하면 왜 빨리 도입하지 않았나 하고 후회하실 것입니다."

자신이 한 이야기에 자료 증거가 있다면 더할 나위 없이 좋다. 관련된 개인을 직접 상호 연관시킬 수 있으면 이 기법의 효과는 더 커진다.

그러나 주의할 필요가 있다. 고객은 대개 자기 이름이나 활동에 대한 정보가 공개되어 사적으로 사용되는 것을 싫어한다. 당신에게 거는 어떤 신뢰도 깨뜨려서는 안 되며 기밀 정보를 우연하게 누설해서도 안 된다. 이렇게 하면 판매할 때의 전문가 윤리를 위반하게 된다.

비교와 대조 기법

이 기법은 고객에게 보여주고자 하는 것을 명확히 하고 강조하는 최고의 방법이다. 이미 익숙한 것과 비교하거나 대조하면 가망고객은 새로운 사실을 쉽게 이해할 수 있기 때문에 효과적이다. 비교를 잘하려면 정확성과 생동감이 뛰어나야 한다. 제공하려는 제품이나 서비스가 가망고객에게 왜 최고의 선택이 되는가를 주의 깊게 설명해주어야만 이 기법의 강점이 살아난다.

이 기법을 사용할 때 경쟁자를 쓰러뜨릴 생각을 할 필요까지는 없다. 다른 사람이 질 낮은 제품이 있다고 해서 당신에게서 구매하지 않는다. 고객이 구매하는 것은 고객에게 제시된 하나의 상품 즉 당신의 상품이 다른 것보다 낫기 때문이다. 다만 당신의 제품이나 서비스가 고객의 목적에 비추어 더 낫다는 것을 보여주기만 하면, 경쟁자가 더 좋은 제품을 갖고 있다는 사실을 인정해도 손해볼 것이 없다. 당신이 제공하는 제품의 특징을 요약하고 고객에게 제공될 혜택을 강조하라. 이러한 요약 기법은 언제나 유용하다.

경쟁관계에 있는 영업전문가가 자신의 제품에 대해 어떻게 말하고 어떤 특징을 강조하는지 알아봐라. 이를 위해서는 창의력을 갖고 열심히 연구해야 하며 이러한 노력은 몇 배의 보상으로 돌아올 것이다. 이러한 지식으로 무장하면 경쟁자와 비교할 수 있고 자신의 제품과 경쟁자의 제품을 대비하여 강조할 수 있는 자신의 능력에 절대적인 자신감을 가질 수 있다.

판매가 마무리 단계에 돌입하면 자신의 제품의 특징을 요약하는 이 기법을 통해 최종적인 결론에 도달할 수 있다. 가망고객이 의사결정을 내릴 때 제안에 대해 마음속으로 장점과 단점을 저울질하게 되는데, 당연히 이 저울질을 할 수 있도록 도와야 하지 않을까?

최고의 영업전문가는 마무리꾼이다

이러한 여러 가지 기법은 성공한 영업전문가가 시험해보고 사용해본 것이다. 기법을 제대로 사용하려면 만나는 모든 가망고객에게 마무리를 시도할 수 있다는 믿음이 중요하다. 판매 경험이 있는 사람이라면 만나는 모든 사람에게 판매할 수 있을 거라고 기대하지는 않는다. 그러나 중요한 것은 긍정적 태도를 지속적으로 유지하는 일이다. 긍정적 태도를 고객과 제품 지식에 연결시켜라. 고객의 동기와 목적에 맞는 가치 있는 제안을 하면 판매할 수 있다.

이러한 기법을 주의 깊게 공부하고 연습하라. 이 기법은 매우 유용할 것이다. 연습을 통해 익숙해진 다음 경험을 통해 입증해야 한다. 이거야말로 훌륭한 마무리꾼이 되는 왕도이다.

판매를 마무리한 다음 상담의 나머지 몇 분간을 판매가 마무리됐다는 것을 확인시키는 데 사용하라. 주문에 대해 감사하고 고객의 현명한 결정에 대해 칭찬하라. 앞으로도 정규적으로 도움을 드리는 데 지속적 관심과 의향이 있음을 고객에게 보증하라. 견본을 묶거나 제안 서류를 재정리하면서 고객이 지금 보여준 지혜를 언급하면서 영업전문가와 고객의 관계를 더욱 강화시켜라.

판매 마무리에 실패했을 때

모든 상담이 판매로 이어지는 것은 아니다. 비록 판매로 마무리되지 못했어도 도움이 될 수 있다. 건전한 판매 촉진을 함으로써 도움이 되게 만들 수 있다. 고객의 구매 여부와 상관없이 언제든지 고객에게 봉사할 준비가 되어 있다는 사실을 알려주어라. 향후 고객과 만날 때 효과적인 단계를 설정할 수 있도록 노력하라. 언제든지 미래의 기회를 잡을 수 있도록 "문을 열어놓아라". 모든 가망고객은 실망스러운 상황에서도 판촉할 수 있는 영업전문가를 존경한다. 영업전문가나 소속 회사의 가장 귀중한 상품인 신용은 건설적이고 긍정적인 태도로 만들어진다.

좋은 판매는 모든 가망고객과 고객이 현명하게 구매할 수 있도록 돕는다는 개념에 기초한다. 이러한 판매야말로 우리의 미래를 보장할 수 있다. 창조적인 영업전문가로서의 목표는 자신이 제공하는 제품과 서비스에 고객이 늘 만족해야 한다는 것이다.

제 2 장

마무리 준비

판매 과정에서 영업전문가가 하는 모든 일은 성공적인 마무리로 귀결되어야 한다. 최초 상담부터 영업전문가는 가망고객과 가망고객의 스타일 그리고 가망고객의 동기를 이해하기 시작한다. 마무리 준비란 구매의 긴급성을 점진적으로 창출하는 것을 말한다. 이는 또한 지속적으로 가능성을 타진하거나 제품이나 서비스를 구매하지 않으려는 감정적 장벽을 극복하려는 욕구를 의미한다.

판매 마무리의 일곱 가지 기본 규칙

현재 미식축구 명예의 전당에 헌정된 빈스 롬바르디(Vince Lombardi) 감독이 1959년에 그린 베이 패커스 팀의 감독으로 취임했다. 롬바르디 감독은 이제까지 감독을 해본 경험도 없었으며 당시 패커스 팀은 연패의 늪에서 헤매고 있었다. 패커스 팀은 어찌되었든 프로 미식축구 선수로 이루어졌기 때문에 대부분의 감독은 모든 선수가 시합의 기초를 알고 있을 거라 생각했다. 그러나 롬바르디 감독의 생각은 달랐다. 처음 며칠 연습하는 동안 롬바르디 감독은 거의 말을 하지 않았다. 마침내 선수를 둥그렇게 모이게 한 다음 중앙에 서서 축구공을 들고 이렇게 말했다. "여러분! 이게 축구공입니다." 브롱크스 출신의 키 작은 사람이 프로 미식축구 선수에게 "이게 축구공입니다"라고 말했다는 사실을 명심하라. 이후 최고의 감독이 된 롬바르디 감독은 기본에 충실했다. 한 번도 환상을 갖지 않았다. 그런데 롬바르디 감독이 "이게 축구공입니다"라고 했을 때 전위 중 맥스 맥기(Max McGee) 선수는 "감독님, 좀 천천히 말씀해주시지 않겠습니까?"라고 물었다.

1987년 10월 월 스트리트 주가가 하루 만에 508포인트 폭락했다. 2년 만에 2배의 투자 수익을 올려 4천만 불을 거머쥔 22살의 타고난 금융 천재에 대한 기사를 더 이상 믿지 않겠다고 많은 투자가가 거울을 보면서 중얼거렸다. "나는 참 바보야. 수년간 투자를 했는데도 원하는 목표엔 가까이 가지도 못했고 아마 영원히 달성하지 못할 거야."

원대한 꿈을 꿈꾸기를 멈추지 마라. 원하는 모든 것을 할 수 있다는 꿈을 꾸어라. 다만 판매나 앞으로 살아가면서 틀에 벗어난 마법 공식을 발견해서 이러한 꿈을 이룰 수 있을 거라고는 생각하지 마라. 기본에 입각하고 기본에 충실하라. 그러면 꿈을 이룰 수 있다. 세상엔 마법 공식도, 타고난 천재도 그리고 선천적인 영업전문가도 없다. 일부 사람은 다른 사람에 비해 재능이 많을 뿐 선천적인 사람은 거의 없다. 아마도 대표적으로 선천적인 사람은 볼프강 아마데우스 모차르트이다. 열 살 때 최초의 교향곡을 작곡한 이래 죽을 때까지 훌륭한 작품을 작곡했다. 천부적인 사람이 모든 면에서 생각보다 좋은 것은 아니다. 모차르트는 후대에 위대한 음악을 남겼지만 행복한 삶을 살진 못했다. 그는 30대 중반에 가난하게 살다가 죽었다.

선천적이지 않은 사람도 위대한 꿈을 꿀 수 있지만, 그 꿈은 한 번에 하나씩 이룰 수 있다. 1965년에 리차드 파인만(Richard Feynman)이라는 특별한 사람이 물리학에서 노벨상을 수상했다. 캘리포니아에 살던 그는 노벨상을 수상하기 위해 스톡홀름에 갔다. 귀국하는 길에 뉴욕시 퀸스 구역에 있는 자신의 모교인 고등학교를 방문했다. 강당에서 재학생에게 강의를 한 후 그와 부인은 교장실에 가서 파인만의 고등학교 성적표를 보았다. 나중에 그의 부인이 언론에 말한 바에 따르면 파인만은 성적이 자신이 생각했던 것보다 높지 않아 놀랐다고 했다. 다음엔 지능지수도 보게 되었다. 135였다. 대부분의 분야에서 보면 꽤 높은 지능지수에 속하지만 물리학자로서는 거의 최저 수준에 불과할 뿐이었다. 수많은 기자는 파인만 씨가 135라는 낮은 지능지수에 절망했는지 부인에게 물었다. 부인이 말했다. "전혀 아닙니다. 남편은 기뻐했습니다. 남편이 제게 말했습니다. '여보, 내가 일하는 분야에서 노벨 물리학상을 수상하는 건 그다지 놀랄 일이 아니지만, 135의 지능지수로 수상하는 건 대단한 일 아니겠소!'" 우리는 기본적인 방법으로 우리의 꿈을 이룬다. 한 번에 한 걸음씩.

"아무도 좋아하지 않는 것을 어떻게 팔 수 있을까?"라는 의문이 생길 수 있다. 어려운 일임에 틀림없다. 그러나 최고의 출발점은 기본에 충실하는 것이다!

판매 마무리를 위한 일곱 가지 기본 규칙은 다음과 같다.

1. **신용을 쌓아라.** 신용을 통해 판매가 쉽게 이루어질 수 있는 우호적인 틀을 만들 수 있다. 믿을 만하면 고객은 듣는다. 해답을 알고 있다고 고객이 확신하면 질문을 많이 하지 않는다.

2. **자신의 상품을 알라.** 세세한 모든 것을 알 수 있는 조사자가 되기 위해 삶을 낭비하라는 것은 아니다. 판매하는 상품의 위험과 혜택을 알고 구매해야 할 사람과 구매해서는 안 될 사람을 구분할 수 있으면 된다.

3. **자신의 고객을 알라.** 고객의 말을 머리와 가슴으로 경청하라. 말하기 위해 고객이 말을 끝내길 바라지 마라. 고객이 필요로 하고 원하는 것이 무엇인지 듣고 경청하라.

4. **단순하게 하라.** 게티즈버그 연설에 초청된 연사는 링컨 대통령이 아니었다는 사실을 명심하라. 에드워드 에버렛(Edward Everett)이라는 사람이 한 시간 반 동안 연설했고 링컨 대통령은 강연회 마지막에 간단하게 몇 마디 하도록 되어 있었다. 그는 75%의 단어가 5자 이하인 단어로 된 연설문을 작성해서 연설했다. 그는 연설을 단순하게 했다.

5. **개념과 혜택을 판매하라.** 사실과 숫자를 알려주되 개념과 혜택을 판매하라. 가망고객이 상품과 서비스에 대해 실제와 다른 것으로 믿도록 해서는 안 된다.

6. **열정과 확신 그리고 헌신을 소통하라.** 판매를 할 때 수많은 기술적 정보가 머리와 머리 사이로 소통되어야 한다. 그러나 머리에서는 절대 판매가 이루어지지 않는다. 판매는 목 아래 가슴 또는 배에서 이루어진다. 즉 열정, 상품에 대한 확신, 가망고객에 대한 헌신이 제대로 소통될 때 판매가 이루어진다.

7. 위험을 무릅써라. 여러 가지 방식으로 기회를 잡을 수 있지만, '주문을 요청하는 짓은 절대 하지 마라'에 주의하여야 한다. 많은 영업전문가가 경력 초기에 많이 사용한 '설명한 다음 기다리는 것'보다 요청이 백 배 낫지만, 이제는 더 이상 충분하지 않다. 어떤 것을 판매하든 고객은 이제 다른 데 가서 비슷하거나 더 싼 것을 살 수 있게 됐다. 가망고객이 텔레비전을 보거나 신문을 보거나 또는 컴퓨터로 온라인 접속하면 돈을 쓸 수 있는 수많은 대안이 쏟아지고 있다는 사실에 주목할 필요가 있다. 대부분의 가망고객은 수많은 정보와 수많은 대안으로 혼란스러워하며 의사결정을 내리지 못하고 있다. 금융업계에서 많이 쓰이는 마무리 표현이 "고객님께서는 무엇을 생각하고 계십니까?"이다. 무엇을 생각하고 있는지 혼란스러워하는 고객에게 요청하는 것처럼 바보스러운 일은 없다. 가망고객은 과거보다 더 영업전문가를 필요로 하지만 그 영업전문가가 어떤 걸 요청하기를 원하지는 않는다. 무엇을 해야 하는지 말해 줄 영업전문가만 필요하다.

의사처럼 판매하라

최고의 영업전문가는 이 일곱 가지 판매 규칙을 따른다는 것은 명약관화하다. 우리 사회에서 최고의 영업전문가는 누구인가? 개인으로 볼 때 우리와 같은 영업전문가도 훌륭하지만 집단으로 볼 때는 의사를 따라올 집단은 없다.

의사가 뭘 하라고 말하면 고객은 그대로 행동한다. 항생약품을 처

방전에 쓴 의사에게 다른 마이신을 요청해본 적이 있는가? 물론 없을 것이다! 의사가 하라고 하면 환자는 그대로 따른다.

다음과 같은 반대의견을 들어본 적이 있는가? 대개 큰 소리로 들을 수는 없지만 충분히 있을 수 있는 일이다. "당신을 나의 영업전문가로 활용하기로 결정했다. 함께 일을 하기 전에 내가 알고 있는 것을 당신이 알 수 있도록 우리 사이를 명확히 하고 싶다. 당신의 제안에 전적으로 따르지는 않겠다. 당신도 수수료의 일정비율을 챙겨 돈을 벌지 않는가?" 의사에겐 이러한 문제가 없다. 의사가 우리에게 어떻게 해야 하는지 말하면 우리는 그대로 한다.

왜? 의사가 모든 경기 규칙을 이렇게 설정해놓았기 때문이다. 당신은 당신 분야에서 최고의 영업전문가이다. 모든 사람이 당신에게 온다. 그러나 아프면 의사에게 간다. 당신이 전형적인 전문가라면 11시 예약이면 11시 몇 분 전에 미리 병원에 도착한다. 안내지역에서 첫 번째 볼 수 있는 것이 불투명 유리로 된 미닫이 창문이다. 도서관에서처럼 가볍게 유리창을 두들기면 예절 교육을 받은 안내원이 창문을 열고 이렇게 말한다. "무슨 일로 오셨습니까?" 당신은 "저는 <당신의 이름>이며, 11시에 예약을 했습니다"라고 말한다. 그녀는 서류와 종이 끼우개판 그리고 필기구를 집어 당신 얼굴에 들이대면서 이렇게 말한다. "앉아서 작성하세요!" 당신은 보통 다른 사람이 이런 식으로 이야기하도록 내버려두지 않지만, 여기는 의사가 지배하는 곳이라 어쩔 수 없이 서류를 작성한다. 수많은 신입 영업사원은 사적인 재무 정보를 고객에게 요청할 때 당혹해한다. 작년에 얼마를 벌었느냐는 사적이지 않다. 오히려 병원에 가서 작성하는 내용이 사적이다. 그러나 상대는 의사이기 때문에 당신은 서류를 다 채우고 11시가 넘어 의사를 보러 진찰실에 들어간다. 몇몇 의사는 이런 식으로 하루 일정을 잡아놓지만, 대부분의 경우 진찰실에 들어가기 위해서 45분 정도를 기다린다. 진찰실에 들어가서도 또 10분 정도 기다린 다음에야 의사가 들어온다. 의사는 자리에 앉아 더 많은 질문을 한다. 상대가 다른 사람이라면 몇몇 질문에는 대답하지 않았겠지만, 상대는 의사라 어쩔 수 없다. 그 다음 의사는 필기구로 끄적거린 다음 내려놓으면서 냉담한 목소리로 이렇게 말한다. "옆방에 가서 옷을 벗고 기다리세요." 당신은 아무데서나 옷을 벗을 정도로 분별없는 사람이 아닌데도 여기는 의사가 지배하는 병원이다. 옷을 벗은 다음 얇은 가운을 몸에 두른 채 소름이 돋을 정도로 추위를 느낄 때까지 혼자 우두커니 앉아 있는다. 옆문이 열리더니 크고 건강한 간호사가 들어온다. 앞에 있는 사람은 안내실에 있던 작고 날씬한 사람이 아니다. 진짜 크고 건강한 여성이 하얀 옷을 걸치고 있다. 그녀는 벗어놓은 옷과 당신 사이의 중간에 서서 종이 끼우개판을 내려다보면서 말한다. "어떻게 지불하시겠습니까?" 이게 마무리다!

마침내 의사가 굳은 표정으로 조그마한 금속 기구를 갖고 들어와서는 이 차가운 금속 기구와 전혀 어울리지 않는 당신 몸에 댄다. 의사이기 때문에 이렇게 할 수 있다. 그리고 의사가 할 일을 얘기해주면 그대로 해야 한다. 왜냐고? 사회의 어떤 집단보다도 의사가 판매 규칙을 잘 따르기 때문이다. 의사는 신뢰를 쌓아왔다. 의사는 자기의 상품을 안다. 의사는 당신보다 당신 몸에 대해 잘 안다. 그렇지 않을지도 모르지만 최소한 당신은 그럴 거라고 생각한다. 그리고 의사는 경청한다. 청진기를 귀에 걸고 듣는다. 의사는 단순하게 한다. 의사에게 많은 질문을 하면 의사는 이렇게 말할 것이다. "미안합니다만 설명드릴 수가 없습니다. 왜냐면 의학 기초지식이 없기 때문에……" 의사는 개념과 혜택을 판매한다. 고전적인 예가 바로 이거다. "말한 대로 따르거나 아니면 죽든지!"

수술을 판매하려고 할 때 의사가 이야기하지 않는 것이 있다.

> 수술 당일 새벽 여섯 시에 동성이 아닌 이성의 간호사가 병실에 들어와 깨울 것이다. 이성의 간호사는 다른 사람에게 특히 이성에게는 맡기고 싶지 않은 부위를 면도질할 것이다. 면도질도 거칠고 빠르게 할 것이다. 이 충격에서 벗어나기도 전에 이동식 침대에 역방향으로 눕혀져 복도를 지나게 된다. 늘 역방향으로 눕혀져 전등이 스쳐 지나가는 것을 본다. 그 다음 탕탕 소리나는 회전문을 지나갈 것이다. 마침내 수술실의 수많은 조명 아래 놓이게 된다. 마스크가 얼굴에 씌워지면 곧 머리가 띵해지기 시작한다. 의사는 당신이 의식을 완전히 잃을 때까지 서성거리면서 야구경기 점수를 이야기할 것이다. 당신이 마취가 완전히 되자마자 침대보를 걷고 가운을 벗긴 다음 수술용 칼을 들고 집도할 부분을 하나하나 살펴본 다음 피부를 절제해서 암 덩어리를 적출해 탁자 위에 놓은 다음 잠시 커피를 마시러 나갔다가 돌아올 것이다! 의사는 이런 이야기는 전혀 하지 않고 비용에 대해서만 가끔 말한다. "유감스럽게도 췌장이 약간 간 뒤에 있었습니다. 예상하지 못한 일이라 추가 비용이 450불이나 됩니다."

의사는 건강하게 살 수 있다는 것뿐만 아니라 자신들에게 맡기면 다른 누구보다 더 나을 수 있다는 사실에 대해 자신들의 열정과 확신 그리고 헌신을 소통한다. 의사가 이렇게 할 수 있다는 것을 믿지 못하면 의사에게 척추교정지압요법 전문가를 어떻게 생각하는지 물어보아라. 의료 전문인이 되기 위해 들어간 비용을 예로 들면서 코웃음칠 것이다. 언젠가 당신은 의사를 고객으로 갖게 될 것이다. 의사는 특별한 집단으로 영업전문가가 판매에 대한 비법을 배울 수 있는 사람이다.

판매를 할 때 특히 다른 사람의 돈을 다루게 될 때 실수를 하고 싶지 않을 것이다. 그러나 조만간 대부분의 영업전문가는 특히 위험이 내재된 상품을 판매할 때 실수를 하게 될 것이다. 실수를 한 상황에서 고객을 대면하거나 자기 자신을 돌아보는 일은 무척 힘이 든다. 실수를 했을 때 똑같은 상황에서 의사가 하는 것을 기억하라. 의사는 다른 치료 과정을 제안한다. 이게 바로 우리가 할 일이다. 다른 전략을 제안하라.

의사는 위험을 무릅쓴다. 우리가 아플 때 의사는 결과를 확신하지 못하면서도 어떻게 해야 되는지를 말한다. 만약 치료 과정을 단순히 열거해 제안하면 환자가 말을 듣지 않을 거라는 사실을 의사는 알고 있다. 그래서 진찰 결과가 불확실한 게 얼굴에 역력히 드러나거나 의료 소송이 제기될 수 있는 위험이 있음에도 불구하고 의사는 환자에게 해야 할 것을 말할 수 있는 용기와 전문성을 갖고 있다. 의사는 과감히 위험을 감수한다. 의사는 삶과 죽음이 걸린 문제에 대해서도 고객에게 해야 할 것을 말할 수 있는 용기와 전문성이 있다. 의사고객으로부터 존경심을 받거나 또는 다른 고객이 의사에게 보이는 것과 같은 존경심을 갖고 당신을 대해주길 바란다면 의사가 하는 것처럼 하라. 판매의 일곱 가지 규칙을 준수하고, 고객에게 해야 할 일을 말하라. 그러면 의사처럼 판매할 수 있다.

목표를 갖고 마무리를 시작하라

"뛸 운동장이 없으면 결승점에 도달할 수 없다"라는 말을 귀에 못이 박이도록 들었을 것이다. 목표 설정이 성공의 길잡이라는 것을 아마 알 것이다.

크게 성공한 영업전문가로부터 시시때때로 수만 번 이 이야기를 들었는데도, 왜 대부분의 영업전문가는 목표도 없고 공격계획도 없는 것일까?

업계 연례회의에 참석해 저명인사의 강연을 들으면서 그들이 말하는 모든 것에 맞장구치고 영감과 열정을 품은 채 강연장을 떠난 후 일주일이 지났음에도 불구하고, 그들이 제시한 것 중 어떤 한 가지도 실행하지 않는 이유는 무엇일까? 업계 사람을 조사해보면 목표 지향적인 집단만이 상위에 있는 이유는 무엇일까?

목표 설정과 성공 사이에는 직접적인 상관관계가 있다는 광범위한 연구자료에도 불구하고, 대부분의 업계 동료는 어떤 목표 하나도 세우지 않는 이유는 무엇인가?

이러한 질문에 답변하기란 쉬워 보일 수 있다. 그러나 대답이 생각보다 어렵고 복잡할 수 있다. 목표 설정과 중요성에 관련된 여러 가지 아이디어를 앞으로 나눌 예정이다. 이 아이디어에는 새로운 것이 없다. 영업전문가가 이미 과거에 많이 들어본 이야기이다.

목표가 왜 필요할까? 목표란 뛸 운동장을 제공해준다. 이러한 장면을 상상해보자. 당신이 대학 경륜 팀의 선수로 시합을 하는데 높은 언덕이 앞에 펼쳐져 있다. 언덕 밑에서부터 꼭대기까지 보고 나니 언덕을 오르는 게 거의 불가능한 것처럼 보였다. 그러나 만약 표지판, 나무, 송신탑과 같은 기준점을 파악하고 각 기준점을 목표로 생각하면 정상까지 가는 게 훨씬 수월해진다. 판매도 똑같은 식으로 하라. 우리 모두는 확실하게 원하든 원하지 않든 현재 하는 일에서 최고 또는 정상이 되고 싶어 한다. 현재 주어진 상황에서 원하는 수준을 바라보면 도달하기 어렵거나 불가능해 보일 수 있다. 그러나 중간 중간에 일정한 기준점을 설정해놓으면 정상에 오르는 게 훨씬 달성 가능하게 보인다.

이와 동일한 접근법으로 장기적 목표를 달성하기 위해 단기적으로 해야 할 일을 정할 수 있다. 장기적으로 올라가야 할 길을 장기 목표에서 벗어나지 않으면서 할 수 있는 최소한의 향상으로 잘게 나누어서 접근하면 효율적이고 시간을 적게 들이면서 정상에 오를 수 있다.

목표 설정이 왜 필요한지 깨닫는 건 어렵지 않다. 그럼 어디서부터 시작해야 하는가? 두 가지 유형의 목표 설정 방식이 있다. 첫 번째 유형은 영업전문가로서 신입인 신참용이고, 두 번째 유형은 목표 설정의 중요성을 수만 번 들었음에도 첫 단계를 밟지 않은 고참 영업전문가용이다.

신참은 자신의 목표가 대개 관리자나 업계 선배에 의해 설정되기 때문에 편안하게 일할 수 있다. 이 단계에서 목표 자체보다 목표를 달성하는 데 필요한 일상 활동으로 세분화하는 것이 중요하다. 업계의 신참에겐 일일 목표를 설정하는 것이 중요하며, 첫날부터 이것과 타협하면 실패하게 된다는 사실을 깨닫게 하는 게 중요하다. 백만 불 원탁회의 한 동료가 이 점에 대해 자신의 개인적 경험을 공개했다.

> 인디애나 대학교 4학년 때 취직상담과정이 시작되었습니다. 인디애나 대학교는 경영대학이 유명했기 때문에 포춘 선정 500대 기업은 모두 학교 교정에 와 4학년 졸업반 학생과 면담을 했습니다. 면담은 선입선출식 즉 먼저 신청한 사람부터 진행되었습니다. 보험회사가 면담 부스를 설치했을 때 가고 싶은 회사에서 면담을 잘하기 위해 즉 면담 기법을 세련되게 개발하려고 면담을 했습니다. 그런데 매우 흥미로운 보험회사를 발견했습니다. 제겐 몇몇 전통적인 대형 마케팅회사와 보험회사에서 채용 요청이 있었습니다. 부모님이나 친구와 상의한 결과 그들의 생각은 4년제 대학을 졸업하고 보험회사에 취직하는 것은 미친 짓이라고 했습니다. 그래서 마케팅회사에 취직하여 빠르게 판매관리자로 성장하였습니다. 이 기간 동안 보험회사의 지역관리자와 계속 연락을 취하곤 했습니다.
>
> 그때까지도 보험업계에 흥미가 많았기 때문에 친구나 가족의 실망에도 불구하고 결국 보험업계에서 일하기로 했습니다. 제 상사는 이 업계에서 성공하기 위해 해야 할 일은 인내와 일주일에 15번의 약속을 잡는 것이라고 말해주었습니다. 일주일에 15번의 약속을 채우지 못하면 금요일 저녁은 물론 토요일이나 일요일에도 나와야 한다는 것이었습니다. 그래서 이 목표대로 하자 입사 6개월 만에 백만 불 원탁회의 회원 수준의 실적을 거두었습니다. 활동이 성공의 핵심 요소이고 자기 목표와 타협하지 말라는 상사의 가르침이 저에게 깊은 영향을 미쳤습니다. 오늘날까지 활동 중심의 목표를 여전히 갖고 있으며, 이 목표를 달성하지 못하면 달성하려고 토요일과 일요일에도 출근합니다.

일부 영업전문가는 살아가면서 가장 큰 공포는 합리화의 강력한 마력이라고 말한다. 우리는 삶의 어떤 상황에서도 우리의 활동을 합리화할 수 있다. 부정적 활동을 끊임없이 합리화하면 곧 목표로 가는 길과 멀어질 뿐만 아니라 목표에서 벗어나고 있다는 사실조차 깨닫지 못하게 된다. 우리가 아는 영업직과 관련된 몇몇 통계의 주요 산출근거가 된다. 예를 들어 전체 인구의 3%만이 65세에 편안하게 은퇴하거나 재무적으로 독립할 수 있다. 영업전문가가 제안할 때마다 이 통계치를 사용하는 금융업계에서도 이와 똑같은 3%의 관계가 형성된다. 제안자는 고객에게 말한다. "실패하기 위해 계획을 세우는 사람은 없습니다. 다만 계획을 세우지 않을 뿐입니다."

목표의 필요성을 항상 이해하고 있지만 계획을 세워본 적이 없는 고참 영업전문가에게는 목표 설정이 더 어렵다. 가장 쉬운 방법은 5년간 생산성 결과를 분석해보는 것이다. 대부분의 목표는 금전과 관계되기 때문에 예를 들어 내년에는 10%의 증가와 같은 기준금액 대비 증가 또는 비율 증가로 새로운 생산성 목표를 만들 수 있다.

5년간 과거 생산성을 검토할 때 세부적인 기록을 갖고 있으면 한 번의 약속이 얼마만한 가치가 있는지 알 수 있다. 가치가 결정되었으면 목표를 달성하기 위해 필요한 활동을 연간, 월간, 일일로 균등하게 나눠라.

이러한 목표를 종이에 쓴 다음 배우자, 가족, 친구, 그리고 직장 동료에게 목표를 알리면 더욱 좋다. 이렇게 하면 목표를 달성하기 위해 필요한 동기부여가 잘 된다. 많은 사람이 목표를 달성할 수 없을 거라는 공포 때문에 다른 사람에게 자신의 목표를 말하지 않는다.

목표를 설정한 후 발전 상황을 어떻게 평가할 수 있을까? 활동이 성과를 낳듯이, 마음속으로 매주 필요한 가망고객 발굴 약속 숫자를 정하라. 숫자가 얼마나 되었건 그걸 기준점으로 삼아라. 주말에 퇴근하기 전까지 그 숫자를 채워야 한다는 것을 명심하라. 비록 활동이 성공을 낳지만 계속 금전적 목표를 점검하고, 이 금액을 주당 판매수수료 금액으로 환산해야 한다.

월별 진도표를 만들면 쉽게 진척 상황을 점검할 수 있다. 월별 진도표 항목에는 당일 수입, 누적 수입, 목표 대비 차액, 잔여일수의 백분율이 포함된다. 이 한 장의 표로 어떤 시점에서나 목표 대비 어느 정도 진척되었는지 알 수 있다.

월별 결과는 연간 목표가 표시된 비슷한 진도표에 옮겨진다. 연간 진도표는 월간 진도표와 약간 차이가 있는데 이는 전년도 월간 실적과 당해 연도 누적 월간 실적이 포함된다. 이를 통해 전년도와 비교해볼 수 있다.

이러한 단순한 표를 통해 올 한 해 어떻게 하고 있는지 평가할 수 있다. 성공가도의 특정 기준점에 도달했을 때는 자기 자신에게 보상하는 것도 매우 중요하다. 연간 목표를 달성하면 짧은 휴가를 다녀오고, 중간 목표를 달성했으면 비싸지 않은 물건을 구매하는 것과 같이 자신에게 보상하라. 한 번에 하나의 기준점을 달성해서 보상받으면 언덕 위 정상까지 오르는 게 쉬워진다.

다시 한번 단순하지만 강조하고 싶은 점이 있다. 한 번 목표가 설정되면, 그 목표는 반석과 같이 확고부동해야 하며 절대 목표와 타협해서는 안 된다는 것을 깨달아야 한다는 점이다. 절대 합리화에 빠지지 마라. 만약 그렇게 되면 평생 핑계를 대면서 패배자로 살 것이다.

올바른 태도 갖추기

마무리는 가망고객을 선택해서 가망고객의 특정 문제점이나 목표 그리고 니즈와 관련된 판매 제안을 설계하면서 시작된다(그리고 대부분 이것만으로 끝난다). 이 부분의 일이 정말 중요하며, 일 자체는 단순해 보이지만 유혹이 많다.

한 백만 불 원탁회의 영업전문가는 이렇게 말했다. "제가 갖고 있는 두 가지 질문에 대한 저 자신의 답변에 만족하지 않는 한 어떤 사람과도 제가 판매하는 상품을 심각하게 논의하지 않습니다. 제가 갖고 있는 두 가지 질문은 '내가 제안한 상품을 구매하지 않으면 가망고객에게 어떤 일이 벌어질까?'와 '만약 가망고객이 상품을 구매하면 어떤 일이 벌어질까?'입니다. 이는 판매를 시도하기 전에 가망고객을 진짜 많이 알아야만 가능한 일입니다."

간혹 신문기사, 신용 정보, 친구와 5분간 만남 또는 가능하다면 가망고객의 경쟁자 중 한 사람과 짧은 대화 등을 통해 필요한 것을 모두 얻을 수 있을 때도 있다고 말하면서 그는 다음과 같이 덧붙였다. "그러나 대개 방문해서 판매하고자 결정한 사람에 대해 필요한 정보의 종류와 양을 얻으려면 수많은 시간이 걸리며 대단한 인내심을 발휘해야만 합니다. 저는 이러한 일이 필요한 투자로 생각해왔습니다. 진정으로 흥분할 만큼 가망고객의 니즈를 알아 제 상품과 서비스로 충족시키지 못하면 쉽게 문 밖으로 쫓겨날 것입니다."

가망고객이 중요하게 생각하는 문제에 대해 구체적인 해답을 갖고 상담에 임하는 영업전문가는 환자를 진찰하고 관찰과 검사 결과에 따라 정상적이고 건강한 삶을 살려면 환자가 정확히 무엇을 해야 하는지 아는 의사와 동일한 위치에 있다. 의사는 주저 없이 해야 할 치료 과정을 설계할 것이고, 치료 과정 중 힘든 부분을 빼먹거나 연기하자는 환자의 변명을 거의 받아들이지 않을 것이다.

의사의 마음속에는 무엇을 해야 하는가에 한 점 의혹도 없기 때문에 의사의 권고는 대개 받아들여진다. 물론 이렇게 될 수 있는 핵심은 의사의 진찰 능력과 진찰 결과에 대한 믿음 정도이다.

같은 방식으로 가망고객의 문제에 접근하는 영업전문가는 의사와 같은 태도를 갖출 수 있으며, 이를 통해 제안에 대한 가망고객의 수용성에 의사와 똑같은 영향을 미칠 수 있다. 영업전문가는 끈기가 있어야 하지만(의사보다 더 많은 변명을 들을 가능성이 높기 때문에 꼭 끈기가 있어야 한다), 목표에 대한 끈기는 정확한 지식에 근거를 두어야 하지 판매하기 위한 지나친 고집스러움이나 걱정에 근거해서는 안 된다.

영업전문가가 판매 상담을 충분히 준비했으면 마무리와 관련된 신비감이나 몇몇 어려움은 사라진다. 대부분의 가망고객이 지금 당장 구입하는 것을 거부하는 이유를 명확히 알고 있어도 도움이 된다.

당신 상품과 서비스를 구매하려는 대부분의 사람은 당신이 제안한 것을 구매할 것인가 아니면 다른 목적을 위해 동일한 금액을 사용할 것인가 사이에서 선택권을 갖고 있다. 성공한 영업전문가는 특히 상품이 구체적이고 확인된 니즈를 충족시킬 수 있다고 제안하면 자신의 상품이 중요하다는 점에 동의를 끌어내는 데 거의 어려움을 겪지 않는다. 그러나 자신의 상품이나 서비스가 오늘, 지금 당장 가망고객에게 중요하다고 확신시키는 일은 대개 쉽지 않다. 일반적으로 상품이나 서비스는 미래 시점에 제공되는 데 반해 가망고객은 현재 자기 수중에 있는 돈을 지불해야 하기 때문이다.

가망고객의 일반적 반응은 이해할 수 있다 정도이다. 당신이 말한 것을 구입하면 좋을 것이다 정도이다. 그러나 이는 지금 당장 느낄 수 있는 니즈가 아니기 때문에 왜 고객이 지금 당장 흥분하겠는가?

날카로운 질문이다. 정말 그럴까? 이 질문의 해답은 미래를 현재화하고 이를 통해 가망고객을 지금 당장 흥분하도록 충분히 확신시키는 데 있다. 특정 가망고객의 미래를 진지하게 염려하지 않으면 이 일은 정말 허드렛일이 되며 또 불가능할 수도 있다.

상황을 알고 상황에 대해 걱정하는 영업전문가는 대개 유리한 위치에 선다. 이러한 영업전문가는 마무리를 시도하려고 술책을 부릴 필요도 없다. 영업전문가가 특정 상품이나 서비스를 판매하려고 방문했다는 사실을 아는 가망고객은 구매 요청이 있을 거라고 충분히 기대한다. 그래서 영업전문가가 마무리 질문을 하기 시작하면 가망고객은 대개 거절을 표시하거나 또는 전체적으로 논의에서 빠져나가거나 관심 없다고 할 뿐, 가망고객이 충격으로 기절하는 일은 벌어지지 않는다.

일부 판매는 훨씬 쉽게 이루어진다. 반대의견이 한 번도 제시되지 않은 채 전체 제안을 한 신참 영업전문가와 동행한 관리자가 있었다. 모든 핵심 사항마다 가망고객은 고개를 끄덕이며 동의했다. 제안이 끝났는데도 가망고객이 아무 말도 하지 않자 신참 영업전문가는 관리자를 보면서 물었다. "제가 이제 뭘 해야 합니까?" 관리자는 응수했다. "청약서를 꺼내 가망고객에게 작성하라고 하세요."

영업전문가의 첫 번째 목적은 가망고객의 문제를 완전히 인식하고 명확하게 이해할 수 있도록 드러내는 것이다. 이렇게 하는 목적은 가망고객의 신뢰를 얻는 데 있지 결정을 강요하는 데 있지 않다. 수많은 고참 영업전문가는 이 기본적 사실을 깨달아 구원을 받았다. 이를 통해 그들은 여유롭고 자연스러워졌다.

그러나 고객의 니즈를 파악한 영업전문가는 판매가 이루어지느냐 마느냐 하는 자리에 서게 된다. 영업전문가가 다음과 같이 생각한 것 중 하나라도 "예"라고 하면 심각한 문제에 봉착할 것이다. "이 가망고객에게 미안함을 느끼기 시작했는가? 가망고객이 말했듯이 예산 문제가 독특하고 곤란한가? 가망고객이 오늘 지금 당장 구매하고 싶지 않다는 이유에 동의하기 시작했는가?" 가망고객의 문제를 정확히 진단했고 해결책이 건전하다면 행동을 미룰수록 판매가 어려워질 수 있다는 사실을 영업전문가는 알아야 하며 잊어서는 안 된다. 영업전문가는 의사와 똑같은 사명을 갖고 있다. 치료를 하라. 응석을 받아들이거나 동정하지 마라.

다시 한번 말하지만 영업전문가의 제안이 건전하다면, 가망고객은 욕구가 있는 한 즉시 받아들일 수 있는 방법을 거의 늘 알고 있다. 따라서 가망고객에게 동정심을 보일 필요가 없다는 게 유일한 주의사항이다. 영업전문가의 태도는 다음과 같아야 한다. "죄송합니다, 고객님. 이건 고객님의 문제입니다. 문제 해결을 미룰수록 더 해결하기 어려워집니다."

마무리는 상담과 별개인가? 이 시점에서 아주 자연스러운 질문은 "상담이 끝나고 마무리가 시작되어야 할 시기를 알려줄 단서는 무엇인가?"이다.

상담과 마무리 사이에 공식적인 구분이 있다면 그게 뭐라고 하든 침묵의 시간이 된다. 영업전문가가 제안 발표를 끝내고 가망고객의 질문에 다 답변했을 때 일어난다. 이 시점이 되면 가망고객은 생각하느라 한동안 아무 말도 하질 않을 것이다. 영업전문가는 가망고객이 문제와 씨름하는 시간인 이 침묵을 방해해서는 절대 안 된다. 이 침묵이 영원히 지속될 것 같지만 조만간 가망고객이 질문하거나 사소한 반대의견을 제시하는 것과 같이 뭔가를 말한다. 이때 영업전문가는 확실한 답변을 하고 판매의 마무리를 시작해야 한다.

서류 작업을 끝내자고 조언하는 것은 매우 중요하다. 이는 합의를 전제로 하며 영업전문가가 사용할 수 있는 가장 강력한 마무리일 것이다. 이유에 대해 간략히 소개한다.

상담과 마무리는 별개의 두 단계로 볼 수 없다. 침묵 시간이라고 앞에서 언급한 바와 같이 상담과 마무리 사이에는 명확한 구분이 있어서는 안 된다.

탁자 위에 도미노를 일렬로 쭉 세워놓고, 첫 번째 도미노를 건드리면 옆으로 하나씩 하나씩 쓰러지면서 전체 도미노가 넘어진다. 영업전문가는 상담을 도미노와 마찬가지로 연속적이고 방해받지 않는 과정이라는 이미지로 갖고 있어야 한다. 단편소설과 마찬가지로 상담에도 기승전결이 있다. 그러나 잘 쓴 소설을 읽는 독자는 어디에서 승이 시작하고 어디에서 결말이 시작되는지 알기 어렵다. 마찬가지로 전체 판매 상담에는 상당 부분이 마무리에 할애되어야 한다. 영업전문가가 가망고객에게 문제점을 알리고 그 중요성을 강조하면서 접근할 때 이미 마무리가 시작된다. 만약 문제가 명확하고 중요성이 충분히 인식됐고 해결책이 제시되었으면 마무리는 거의 자동으로 이루어진다.

반대의견이나 행동 지연이 나올 수 있지만 이러한 반응도 자동적인 것이다. 전체 판매 과정의 한 부분으로 마무리를 생각하면, 마무리는 상담 과정 중 점진적으로 쌓아놓아야 하는 것이 되어 일반적이고 자연스러우며 거의 피할 수 없는 상담의 절정이 된다.

상담의 넓은 기초 위에서 마무리를 구축할 때 좋은 점이 또 하나 있다. 영업전문가가 마무리를 시도할 때 가망고객의 서명을 얻기 위해 약해지거나 반대로 종종 공격적이 되거나 아니면 거의 비조직적인 전투를 벌일 위험을 줄일 수 있다.

판매 마무리의 심리

- 현재 소득보다 더 많은 소득을 벌기 위해 완벽하게 동기부여되었고 충분한 추진력과 힘을 갖추었다고 느끼는가?

- 상품과 서비스를 판매할 때 성취하려는 구체적인 최종 결과를 당신의 목표와 정확하게 일치시켰는가?

- 현재보다 더 나은 판매를 할 수 있는 재능과 능력을 충분히 갖추었다고 느끼는가?

- 더 크게 성공할 수 있는 지능과 지식을 갖추었다고 느끼는가?

- 무한대의 성공을 거두는 데 필요한 판매 기법을 갖추었다고 느끼는가?

- 고객 자신과 고객의 니즈와 문제를 다루는 데 공감적이고 민감하고 윤리적이라 느끼는가?

이러한 질문의 답변으로 볼 때, 자신이 지닌 가치만큼 현재 벌고 있는가? 이 모든 질문에 "예"라고 한다면 축하받을 수 있다. 제대로 된 직업을 선택했다.

"예"라고 답변하지 않았다면 다음과 같은 질문을 해보라. 재능 있고 능력 있고 야심 있는 수많은 사람이 자신이 지닌 가치만큼 벌지 못하는 이유가 무얼까? 그 재능, 야망, 추진력, 힘, 지식은 어떻게 된 걸까? 목표에 도달하기 전에 중도에 방전된 셈이다.

왜 그리고 어떻게 방전이 발생했는지에 대한 오래된 미신을 없애고 새롭게 이해할 시간이 되었다. 그 다음엔 판매 과정의 이해를 위한 기초와 미신을 파괴하고 더 많은 판매를 위한 마무리 과정을 살펴볼 예정이다. 먼저 다섯 가지 "판매의 현실"을 살펴보자.

1. **영업전문가에게 새로운 가망고객은 생명의 피다.** 이러한 현실에 어려움을 느끼는가? 개인과 회사가 생존하고 발전하기 위해서는 영업전문가는 가망고객을 지속적으로 공급해야 한다. 새로운 가망고객을 만나 구매하도록 요청해야 한다.

2. **판매는 숫자 시합이다.** 더 많은 구매자를 만날수록 더 많이 마무리한다. 수많은 영업전문가는 이런 방식이 아니길 바란다. 질로 승부하기를 바란다(그러나 현실은 그렇지 않다).

3. **새로운 가망고객이 없으면 모든 제안과 마무리 기술은 소용이 없다.** 수많은 것을 알고 그 지식을 능숙하게 제안할 수 있어도 이야기할 고객이 없으면 아무런 소용이 없다.

4. **판매관리의 가장 큰 과제는 가망고객을 발굴하는 법이 아니라 영업전문가가 가망고객을 만날 일정으로 하루 일과를 꽉 채우도록 하는 것이다.** 모든 영업전문가는 가망고객 발굴하는 법, 약속을 잡는 법 등을 배워야 한다. 과제는 바로 이들로 하여금 이러한 일을 실천에 옮기게 하는 데

있다. 현재 관리자라면, 이 일을 충분한 횟수만큼 하는 사람을 발견하기 어렵다는 현실을 깨달을 것이다. 실제 업계 통계에 의하면 오늘날 영업현장에 입문한 사람 중 80%가 12개월 이내에 실패하거나 그만둔다. 영업직에 적합한 새롭고 열정 있고 재능 있고 동기부여된 사람이 급속도로 탈락하고 있다. 이러한 추세가 지속되어서는 안 된다. 기존 고참 영업전문가는 낮은 생산성, 근심 또는 퇴직의 가능성이라는 위기를 이겨낼 수 있는가? 매년 고참 영업전문가의 40%가 자신의 경력을 망칠 수 있는 심각한 접촉혐오증(call reluctance) 경험을 한 가지 이상 갖고 있다고 한다. 자신이 자발적으로 공개한 것을 기준으로 한 비율이기 때문에 실제 비율은 훨씬 더 높을 것이다. 만약 이런 문제가 있냐고 물으면 대부분의 영업전문가는 부정하기 때문에 마지막 다섯 번째 판매의 현실을 살펴보아야 한다.

5. **가망고객에 대한 현재의 우호성 또는 혐오성의 평가가 출발점이 된다.** 자기 자신에게 스스로 "나는 접촉혐오자인가?"라고 물어보아야 한다. 왜 이게 중요할까? 자기 자신을 이런 과정에 집어넣으면 무슨 도움이 될까? 장벽을 극복하거나 성취하고 싶은 생산성 증대를 위해서는 지금 자신이 어떤 처지에 있는지 알아야 한다. 현실적으로 살펴보고 무엇이 방해하고 있는지 찾아내야만 거기서 벗어나 전진할 수 있다. 문제나 장벽을 부정하거나 무시하면 제거할 수 없다. 이러한 것을 직시하고 도전해야만 새로운 출발선에 설 수 있다.

최근 업계 회의에서 전설적인 백만 불 원탁회의 영업전문가 노먼 레바인(Norman Levine)은 이렇게 결론을 내렸다. "오늘날 영업전문가가 안고 있는 최고의 과제는 가망고객 발굴 노력이 부족한 것이다." 최고의 생산성 수준을 달성하는 핵심 요소가 무엇일까? 그것은 바로 품질 좋은 가망고객을 더 많이 더 자주 만나는 것이다.

『접촉혐오증의 심리』의 저자인 조지 더들리(George Dudley)와 새논 굿선(Shannon Goodson)은 접촉혐오증 분야에서 선도적인 연구자이다. 1988년 백만 불 원탁회의와 함께한 혁신적 연구 과제를 통해 그들은 생명보험 업계 내에서 TOT 회원이 가장 의심이 없고 접촉혐오증 증세가 가장 없다는 사실을 밝혔다.

접촉혐오증을 명확하게 이해하기 위해 정의를 살펴보자. 접촉혐오증은 동기부여되고 목표지향적인 영업전문가가 감정적으로 방전이 된 상태이다. 이는 지속적으로 가망고객을 발굴하려는 개인의 능력을 줄이거나 없앤다.

접촉혐오증이 현실적으로 무엇인지 이해하면 영업전문가가 가망고객을 발굴하는 데 가장 큰 장벽과 관련된 몇몇 오래된 미신을 파괴할 수 있다. 오랜 세월 접촉혐오증을 "거절 공포" 또는 "실패 공포"라 말했다. 이러한 표현은 너무나 일반적이고 불명확해서 접촉혐오증을 극복하는 데 도움이 되지 않았다. 이러한 공포를 어떻게 치유할 수 있을까? 이러한 두 개의 폐해를 고치기 위해 무엇을 하라고 이야기를 들었는가? 과거에 들었던 말은 "거절을 그냥 수용하고 계속해라"였을 것이다. 가끔 영업전문가는 다음과 같은 충고를 받았을 것이다. "이 일을 진정으로 사랑하면 그런 것 때문에 방해받지 않을 것이다." 이러한 치료가 도움이 되었는가? 결코 그렇지 않았다. 왜냐하면 거절이나 실패의 공포라는 미신이 생산성을 갉아먹는 주범이 아니기 때문이다. 접촉혐오증은 가망고객을 발굴하는 데 실패했다는 의미 이상을 갖고 있다. 정의에서 살펴보았듯이 동기부여되고 목표 지향적인 개인이 감정적으로 방전된 것을 의미한다.

영업전문가란 경력을 유지하는 데 필요한 동기부여, 일을 수행할 힘, 그리고 성공하기 위한 추진력과 욕구를 모두 갖고 있다고 가정하는 게 당연하다. 영업전문가는 자신의 힘을 기울여 성취하고자 하는 명확하게 조준되고 목표에 초점이 맞추어진 결과를 갖고 있다고 가정하여야 한다. 만약 둘 중 하나라도 없으면 낮은 생산성이라는 다른 차원의 문제를 다뤄야 하고, 이러한 장애물을 접촉혐오증 사칭자라고 명명할 수 있다. 이것도 경력을 망치고 수입을 앗아가지만 다른 방식의 해결책이 요구된다.

접촉혐오증은 인간이 빠지기 쉬운 학습행동에서 발생한다. 3가지 원인이 접촉혐오증을 야기한다. 세 가지 원인은 ① 성격 기질, ② 유전적 영향, ③ 타 접촉혐오증 환자에 의한 전염이 있다. 이 세 가지 원인의 결과로 판매 현장에서 일하고 있는 대부분의 사람이 본인이 풍요롭게 누려야 할 성공을 향유하지 못하고 있다.

접촉혐오증은 어떻게 가장하고 있는가? 많은 사람은 이 증세에 어떻게 대항하고 있는가? 다음은 접촉혐오증에 시달리고 있는 열한 가지 유형에 속하는 사람의 특징이다. 자기 자신은 물론 잘 아는 다른 사람도 살펴보라. 이런 표현과 잘 맞아떨어지는가?

1. **종말론자.** 종말론자는 최악의 시나리오를 생각하는 사람이다. 예를 들어보면 이렇다. "이 사람을 방문해봤자 다른 누군가나 다른 회사와 이미 거래하고 있다는 사실을 알게 될 거야. 그러니 해봤자 말짱 도루묵이지." 또는 "운이 좋아서 상품을 판매하더라도 본사에서 대출을 거절할 게 뻔해. 이런 헛고생할 이유가 있을까?" 종말론자는 자기 통제력이 높고 사람과 관계를 맺을 때 위험을 감수하는 데 어려움을 겪는다.

2. **과잉 준비자.** 여기에 속하는 사람은 과잉 분석과 미행동으로 접촉혐오증에 시달린다. 이 사람은 백과사전과 같은 지식을 갖고 있다. 다른 영업전문가가 자신이 스스로 찾아야 할 해답을 과잉 준비자에게 끊임없이 묻는다. 과잉 준비자는 서류 연습만 하면서 수많은 시간을 낭비한다. 이러한 지식으로 혜택받을 수 있는 고객을 찾기보다 모든 문제에 대한 완벽한 해결책을 찾는다. 가망고객 발굴 과정에 쏟아야 할 노력을 끊임없이 정보를 찾는 데 허비한다. 자신이 준비한 것만으로도 충분히 누릴 수 있는 진정한 성공 수준에 도달하지 못할 것이다. 그러나 불행하게도 많은 영업전문가는 과잉 준비자이다.

3. **초(超)전문가.** 초전문가는 이미지에 자신의 힘을 다 쏟는다. "이번 방문을 위해 적절하게 차려 입었나?" 전문가 위상을 떨어뜨리거나 손상시키는 어떤 활동도 하지 않는다. 가망고객 발굴을 매춘행위, 즉 자신의 신뢰를 손상시키는 과정으로 여긴다. 초전문가는 다음과 같이 생각한다. "나와 일하고 싶어 하는 고객이라면 당연히 나를 알아야지. 내가 최고의 전문가라는 건 세상이 다 아는 사실인데." 이들은 부자가 되기보다 멋있는 사람이 되고자 한다. 전문가로 보이길 원할 뿐 진정으로 성공한 영업전문가가 하는 일, 즉 질 높은 수많은 가망고객을 주기적으로 자주 방문하는 일을 거부한다. 생산성이 높아감에 따라 초전문가연하는 경향은 급격하게 줄어든다.

4. **무대 공포증 환자.** 이러한 사람은 단체 앞에서 제안하길 두려워한다. 세 사람이든 오십 명이든 단체로 인식하는 사람 앞에 나서는 것을 무척 불편해한다. 자신을 소개할 기회가 생겨도 제안하지 않을 핑계를 찾는다. 단체 앞에서 말하도록 강요받으면 준비한 자료를 한 줄씩 적은 대로 읽기만 한다. 가망고객 단체에게 자신의 역량을 알릴 수 있는 기회가 주어져도 거절하고 만다. 이들의 행동은 생산성 높은 판매와는 정반대 방향에 있다.

5. **분리주의자.** 분리주의자는 일과 우정을 함께하지 못하는 사람이다. 이들은 사업적 거래가 끼어들면 우정이 손상될 수 있다고 느끼며, 친구를 활용해서 사업이 잘되거나 또는 판매를 하기 위해 우정이 필요한 것처럼 보이기 싫다고 말한다. 네트워킹이 현실적으로 불가능하다. 친구에게 소개를 부탁하는 걸 "비전문가나 하는 짓"으로 생각한다. 이러한 미개척된 거대한 고객 집단은 사업과 우정을 적절히 섞을 수 있는 영업전문가의 몫으로 돌아간다. 많은 영업전문가가 이 문제로 힘겨워하고 있다.

6. **역할 수용자.** 이러한 형태의 접촉혐오증은 아주 드문 증세이다. 이 병에 걸린 사람은 "판매에 관련된" 것으로 인식되는 걸 은밀히 아주 싫어한다. 이들은 자신의 직업에 일종의 수치심을 갖고 있다. 이러한 부정적 측면을 극복하기 위해 "플래너" 또는 "컨설턴트"와 같은 빗나간 정체성을 사용한다. "영업전문가"라는 용어는 이들의 사전에는 존재하지 않는다. 살아오면서 언젠가 어떤 대단한 사람이 이들을 판매원이라고 멸시하거나 조롱했던 경험을 겪었을 것이다. 판매를 하거나 자신을 판촉할 수 있는 기회를 갖고도 자신이 생계를 위해 하고 있는 일을 숨겨 수천 불의 수수료를 날렸다. 누군가로부터 언젠가 상품을 구매할 잠재고객에게 무엇을 어떻게 말할 줄 몰라서가 아니라 접근하기를 거부한다는 데 어려움이 있다.

7. **양보자**. 양보자는 훌륭하고 따뜻하며 열성이 있는 사람으로 밀어붙이거나 급진적이거나 강요하는 사람으로 보이길 바라지 않는다. 양보자는 적절한 때와 적절한 환경 그리고 다른 사람을 강요하지 않는다는 보증이 있을 때까지 지속적으로 기다린다. 이들은 완벽한 때라는 자신이 부여한 장벽 때문에 마무리할 때도 머뭇거린다. 이들은 대결 상황이 전개되면 꽁무니를 내뺀다. 이러한 신념으로 이들은 자신의 능력을 100% 발휘할 만큼 생산성을 높이지 못한다. 양보자는 올바른 방향과 헌신이 있기 때문에, 이런 형태의 접촉혐오증은 치료하기 쉬운 편이다. 생산성이 올라가면 양보자 성향은 떨어진다.

8. **신분의식자**. 신분의식자의 접촉혐오증은 표적 마케팅이 거꾸로 된 것이다. 신분의식이 높은 영업전문가는 대규모 판매의 원천인 부유층 가망고객을 접촉하길 거부한다. 명성과 부가 있는 사람을 두려워한다. 대량구매 의사결정을 내릴 수 있는 권한을 갖고 있는 사람에 불편해하기 때문에 이들은 지속적으로 잘못된 목표를 겨냥한다.

9. **감정적 미성숙자**. 접촉혐오증 중 감정적 미성숙자는 분리주의자의 형태와 비슷하다. 친구에게 접근하는 것을 혐오하는 대신 가족과 관계를 맺는 데 장애가 있다. 즉, 네트워킹, 소개 요청 또는 자신이 제공하는 상품을 그냥 사줄 가망고객에게 요청하는 데 똑같은 문제점을 안고 있어, 장타자로서 더 높은 수준의 생산성을 달성하지 못하고 있다.

10. **전화공포증 환자**. 전화공포증 환자는 알렉산더 그레이엄 벨이 전화기라 불리는 망할 놈의 기계를 발명하지 않았기를 바란다. 전화기가 일을 방해하기 전까지는 일을 잘한다. 전화공포증 환자는 전화로 가망고객을 발굴하는 것을 싫어한다. 전화공포증 환자는 대면해서 가망고객을 발굴하는 데 아무런 문제가 없지만, 전화로 가망고객을 발굴하라고 하면 전화를 걸어 무슨 일을 추진해서는 안 된다는 수많은 변명을 늘어놓는다.

이들은 골프장에 전화로 예약하는 데 아무런 문제가 없고 친구와 점심 약속을 전화로 하는 것도 꺼리지 않는다. 그러나 이들에게 질 높은 가망고객 명단과 전화기를 내놓으면 감정적 방전이 일어나 긴장과 스트레스 그리고 고민이 발생하기 시작한다. 적절한 진단과 치료만 받으면 해결할 수 있는 학습행동이다. 왜 이 문제를 치료해야 하는가? 급격하고 촉박한 현재와 같은 세상에서 전화야말로 질 좋은 가망고객에게 닿을 수 있는 유일한 대안인 경우가 많다. 전화기를 사용해야 한다면 가능한 스트레스를 받지 않아야 되지 않을까?

11. **소개혐오자.** 소개혐오는 쉽게 판단될 수 있는 증세로, 사실상 가망성 있는 고객의 이름을 알려달라고 누구에게도 부탁하기를 싫어하는 것이다. 소개해달라는 말을 머뭇거리거나 소개를 완전히 무시하면 아무리 우수하고 질 높은 영업전문가라도 이 업계에서 최고의 명예와 생산성을 성취할 수 없다. 특별히 관심 있게 볼 사항이 있다. 백만 불 원탁회의 조사보고서에 따르면 현재 평범한 수준에 머무르고 있는 영업전문가라도 자신의 마케팅 계획에 단지 "소개 요청"을 추가하기만 하면 다음 단계의 수준에 오를 수 있다고 한다. 아주 혐오하는 사람(소개받는 것도 싫어하고 소개를 요청하는 것도 거부하는 사람을 의미함)은 이런 표현을 쓴다. "난 아직 충분한 신용을 쌓지 못했어", "사업을 구걸하는 것처럼 보여서……", "그냥 너무 불편해", "그 긴장감으로 인한 스트레스가 너무나 심해서 요청하질 못해".

소개 요청을 거부해서 치러야 할 금전적 대가가 얼마나 될까? 이 업계에 들어온 이후 소개를 받아 쉽게 판매할 수 있는 기회를 얼마나 많이 놓쳤을까?

적대적 반응

이 접촉혐오증의 증후를 표현하려면 약간 다른 용어가 필요하다. 적대적 반응은 수입을 심각하게 축소시키는 행동이다. 이런 유형의 영업전문가는 방어적 논쟁부터 시작한다. 이들은 자신들이 틀렸을 때도 늘 옳다고 이야기한다. 매우 감정적이고 변덕이 심하고 화를 잘 내고 흥분하기 쉽기 때문에 가망고객을 발굴하는 데 끊임없이 집중하지 못하고 산만하다. 가망고객을 발굴하거나 가망고객에게 제공할 역량이나 상품 그리고 서비스를 높이는 대신, 끊임없이 회사나 상사 그리고 동료 영업전문가를 비판한다. 이러한 감정에 휩싸인 대부분의 사람은 자신에게 잠재된 최고 판매 성과를 발휘하지 못한다.

반사적이고 습관적인 비판은 판매 관리자나 트레이너 그리고 본사의 지원부서 직원에게 많이 나타나지 이들이 관리하고 지원하는 영업전문가에게는 잘 나타나지 않는다. 이러한 잘못을 저지르는 최고의 집단이 컨설턴트이다. 만약 이런 감정적 방전을 통제할 수 있다면 잃어버렸던 모든 힘이 가망고객 발굴이라는 성공적인 활동에 집중될 수 있다. 만약 통제하지 못하면 자신이 지닌 가치만큼 절대 벌지 못할 것이다. 이런 문제가 있으면 매년 수천 불씩 낭비하는 셈이다.

어떤 유형의 접촉혐오증 때문에 힘들어하는가? 접촉혐오증은 생산성을 강탈하는 강도이다. 접촉혐오증은 거절의 공포도 아니고 실패의 공포도 아니다. 준비되었고 자발성이 있고 여력 있는 구매자에게 자신의 역량을 보여주고 충분하게 접촉하는 것을 스스로 거부하는 짓이다.

자기평가표

자기 자신의 접촉혐오증을 측정하려면 다음 질문을 읽고 가능한 정직하게 답을 해보라. 각 질문에 "예" 또는 "아니오"에 적절하게 표시(√)하라.

항목	예	아니오
1. 나는 대개 판촉을 직접 실천에 옮기기보다 계획하는 데 더 많은 시간을 사용한다.		
2. 나는 내가 할 수 있거나 해야만 하는 정도로 나 자신이나 또는 내 상품이나 서비스를 판촉하지 않는다. 왜냐하면 이렇게까지 애쓸 필요가 있는지 잘 모르겠다.		
3. 내 상품이나 서비스의 가망고객이 될 수 있는 지역의 유력 인사와 접촉하는 것을 가능한 안하려고 노력한다.		
4. 내 전화를 반기지도 않는 모르는 사람에게 그 사람이 원하지도 않는 뭔가를 요청하려고 전화를 걸 때 불편해진다.		
5. 개인적으로 내 전화를 반기지도 않는 모르는 사람에게 나 자신이나 또는 내 상품과 서비스를 판촉하려고 전화하는 것은 품위를 손상시키는 일이라 생각한다.		
6. 개인적으로 나 자신을 홍보하는 게 어렵지 않다. 다만 의도적이고 지속적으로 나 자신에게 적용하지 않을 뿐이다.		
7. 집단 앞에서 제안하는 것을 가능하면 피하고 싶다.		
8. 가망고객 발굴은 실제 어렵지 않다. 만약 다른 많은 활동을 안할 수만 있다면 더 많은 접촉을 주도할 수 있다.		

항목	예	아니오
9. 나는 명확한 목표가 있고 다른 사람에게 목표에 대해 말하기를 좋아한다. 그러나 실제 목표를 달성하려고 일하기보다 말하는 데 더 많은 시간을 소비한다.		
10. 가망고객의 발굴에 앞서 가끔 "나 자신을 자극해야 할" 시간이 필요한 것 같다.		
11. 가망고객의 명단이나 명함을 실제 사용하기 전에 이 명단이나 명함을 섞거나 계획하고 우선순위를 정하고 체계적으로 분류하는 데 많은 시간을 쓰는 경향이 높다.		
12. 개척전화(모르고, 반기지도 않으며, 대화하기를 싫어할지도 모를 사람에게 전화하기)는 내겐 너무 어려운 일이다.		
13. 나 자신을 홍보할 때 약간 불편함을 느끼는 경향이 있다. 나는 아마도 자신을 홍보하는 건 진짜 존경받을 일도 아니고 적절하지도 않다고 마음속 깊이 생각하는 것 같다.		
14. 친구에게 판매 제안을 하는 걸 나로선 받아들일 수 없다. 왜냐하면 내가 친구의 우정을 이용하려고 하는 것처럼 보이기 때문이다.		
15. 가망고객을 발굴할 때 다른 사람에게 강요하고 있다는 느낌을 종종 받는다.		
16. 내 가족에게 판매 제안을 한다는 것은 나로선 생각할 수 없는 일이다. 왜냐하면 내 가족을 이용하려고 하는 것처럼 보이기 때문이다.		
17. 다른 영업전문가보다 품위 있고 혁신적이고 대안적인 가망고객 발굴과 자기홍보 방법을 찾아내는 게 나로선 매우 중요한 일이다.		

항목	예	아니오
18. 가망고객 발굴은 다른 영업전문가보다 내게 더 감정적으로 많은 것을 요구하는 일로 생각한다.		
19. 일 대 일 상담은 잘 하지만, 수많은 사람을 상대로 한 판매 제안을 할 때면 신경이 꽤 날카로워진다.		
20. 변호사나 의사와 같이 고급교육을 받은 전문가 집단을 상대할 때는 불편해지는 경향이 있기 때문에, 비록 할 수 있어도 그들과는 판촉과 관련된 접촉을 시도하지 않는다.		
"예" 대답 항목 수		

자기평가표를 해석해보자.

"예" 대답 항목 수	
1~2	현재 가망고객 발굴(자기홍보)과 관련된 감정적 곤란을 겪지 않고 있거나, 또는 고통을 겪고 있지만 어느 정도인지 공개하길 꺼리고 있다.
3~4	대부분의 영업전문가와 비슷하다. 자기홍보의 공포는 현재화되어 있지만 낮은 수준이고 독성이 없는 정도이다. 가끔 난처한 상황에 빠지지만 이 정도 점수 대를 유지한다면 심각한 상황은 아니다. 상처받기 쉬운 시장이나 가망고객 발굴 기법은 피하고 자신이 가장 편하게 생각하는 시장이나 가망고객 발굴 기법을 주로 사용하면 쉽게 관리될 수 있다.
5~6	현재 중간 수준의 접촉혐오증이다. 하나 또는 그 이상 자기홍보의 공포 때문에 지금 자신의 능력보다 가망고객 발굴이 한 단계 낮게 제한되었다. 가망고객 발굴력이 자신이 갖고 있는 시장의 잠재력과 아마도 일치하지 않을 것이다.

7~8	현재 접촉혐오증이 상당한 수준이다. 가망고객 발굴력은 할 수 있는 또는 필요한 것의 그림자 수준일 뿐이다. 그러나 절망하지 마라. 대신 허리띠를 조이고 심각하게 자기 자신과 맞장 뜰 준비를 하라.
9~20	이 정도의 접촉혐오증이라면 소규모 영업 집단을 마비시킬 수도 있다. 최근에 판매 전화를 해본 적이 있는가? 가망고객 발굴 태도로 볼 때 인내심이 성인군자 수준인 관리자 밑에서 일하고 있거나 아니면 어떠한 성과 기준도 없는 회사에서 일하고 있을 것이다. 아니면 혼자 놀면서 일하고 있든지……

사칭자

앞에서 "사칭자"란 단어를 언급한 적이 있다. 사칭자가 어떻게 생산성을 낮추는지 살펴보기로 하자.

첫 번째 사칭자는 영업전문가가 되는 데 필요한 동기부여 기운 즉 일을 하고 최대의 소득을 창출할 수 있는 활동에 지속적으로 초점을 맞추는 것이 부족한 개인이다. 자신의 사업을 유지하기 위해 방문하고 시간을 내어 연구하고 그리고 일과 관련된 스트레스로 하루하루가 쉽지 않다. 동기부여가 전혀 안 되거나 약한 영업전문가는 자신이지닌 가치만큼 소득을 창출하는 데 어려움을 겪을 것이다. 왜냐하면 일을 수행하기 전에 기운이 전부 소진되거나 필요한 만큼의 기운이 없기 때문이다.

기운이 소진되거나 없는 원인과 치료법 일곱 가지가 여기 있다.

1. **부적절한 식단**. 기운은 음식을 통해 섭취한 것을 신체 내에서 연료로 해서 산화시켜야 발생한다. 충분히 산화시킬 만한 영양분을 매일 섭취 하고 있는가?

2. **과도한 음주**. 술은 정신을 멍하게 만들고 기운을 뺀다. 아마도 너무 많 이 술을 마시고 있지 않는지 살펴보라.

3. **과도한 흡연**. 기운이 소실되는 중요한 원천이다. 담배량을 줄이면서 적 절한 비타민을 섭취하여야 한다.

4. **운동 부족 또는 과도한 운동**. 어떤 사람은 운동을 충분히 하지 않는다. 다른 사람은 너무 심하게 운동을 한다. 스스로 점검해봐라. 어느 쪽이 든 문제가 있으면 중간 수준으로 조정하도록 하라. 그리고 가능한 자주 걸어라.

5. **수면 장애 또는 불충분한 수면**. 어떤 사람은 충분한 시간만큼 자는 데 어려움을 겪는다. 어떤 사람은 너무 많은 시간 잠을 잔다. 몇 시간 정도 수면을 취하는가? 매일 밤 일정 시각에 일정량을 자는 습관을 들이도록 하라.

6. **스트레스**. 영업전문가(개인 자체뿐만 아니라 경력)의 주요 사망 원인이 다. 매일 스트레스를 받는가? 스트레스의 원인은 무엇인가? 돈, 가족 또는 접촉혐오증과 관련되어 있는가?

7. **고질적 건강 문제**. 수술이나 암 그리고 기타 심각한 질병 문제를 안고 있는 대부분의 사람은 동기부여가 낮다.

지금 현재 무기력하거나 또는 충분한 추진력이나 기운이 부족하다고 느끼면 이 목록을 보고 어떤 부분을 고쳐야 기운을 내거나 또는 기운이 소실되는 것을 막을 수 있는지 살펴보라.

또 다른 사칭자이자 생산성의 강도는 목표에 대한 초점이 낮거나 또는 불명확한 것이다. 이 경우 노력이 집중되지 않아 하루하루가 지루하고 기계적인 과업으로 채워진다. 가망고객을 발굴할 딱 부러진 이유가 없기 때문에 가망고객을 발굴하는 데 흥미가 없다. 갖고 있는 재능이나 기술로 보상을 받을 수 없는데 사용할 이유가 있을까? 이런 증세가 조금이라도 느껴지면 즉시 멈추고 자신에게 물어보라. "내가 왜 이 일을 할까? 내가 밖에 나가 가망고객을 발굴하려는 이유가 무얼까?" 만약 당신이 추구하여야 할 목표나 이유가 떠오르지 않으면 이유나 목표를 만들어야 한다. 다시 한번 자기 일에 흥분해야 한다. 지난 수년간 수많은 지식을 쌓아왔다. 수많은 회사와 개인은 문제를 해결해줄 수 있는 당신의 전문성을 필요로 한다. 가망고객을 발굴해야 할 이유를 찾으면 가망고객 발굴을 시작할 수 있고 더 많은 판매 마무리를 할 수 있다.

다음의 사칭자로 고생하는 사람은 아주 소수이다. 연구조사에 의하면 영업전문가의 평균 60~70% 정도가 목표가 너무 분산되어 있어 일에 집중할 수 없다고 한다. 분산된 목표 또는 너무 많은 목표 때문에 수많은 일을 아주 짧은 시간에 하게 된다. 이러한 사람은 생각해야 할 외부 활동이 너무 많기 때문에 주도적인 접촉 활동을 하는 데 제일 큰 어려움을 겪는다. 표적이나 목표를 결정하고 우선순위를 정하라. 행동계획을 만든 다음 시작하라! 기다리거나 머뭇거리지 마라.

지금 당장 시작하라. 너무 많이 생각하면 어떤 것으로도 대체할 수 없는 수개월의 시간이 그냥 흘러간다. 지금 당장 행동으로 옮기도록 결심하라.

마지막 사칭자는 정보 사칭자, 즉 가망고객 발굴을 하지 않을 정당한 이유가 있는 영업전문가이다. 이들은 어떻게 하는지 방법을 모른다. 그러나 실제로 과잉 준비자임에도 불구하고 정보 사칭자로 가장하는 사람이 많다. 둘 사이를 구분하기가 쉽지 않다. 가망고객 발굴 방법이나 판매 방법을 아는가? 실제 하면서도 모른다고 자신에게 말하는 것은 아닌가?

'판매 마무리의 심리'는 몇 개의 질문을 하면서 시작했다. 마무리는 몇 개의 선언으로 해본다. 우리가 제공하는 상품과 서비스는 기업이나 가정에 필요하다. 기업이나 가정은 그들의 문제를 풀어줄 당신이 소유하고 있는 지식, 기술 그리고 능력이 필요하다. 우리가 소속한 회사는 우리의 생산성을 필요로 한다. 우리와 우리 가정은 우리가 가망고객을 발굴하고 판매를 마무리할 때 가장 큰 이익을 본다. 심리학자 윌리엄 제임스(William James)는 다음과 같이 제안했다. "만약 당신이 진정으로 (접촉혐오증)에 대해 뭔가를 하고자 한다면 즉시 시작해야 하고, 대담하게 시작해야 하고, 변명하거나 예외를 두지 마라." 자, 더 많은 판매의 마무리를 하러 나가자!

강력한 마무리꾼의 다섯 가지 특징

1. **강력한 마무리꾼(strong closer)은 모든 상담을 가망고객에게 판매할 것으로 기대하면서 임한다.** 돈이 돈을 낳고 판매 정신이 있으면 판매가 발생한다. 상담에 참여한다는 것만으로는 부족하다. 강력한 마무리꾼은 승자처럼 느끼면서 모든 상담에 임한다.

2. **강력한 마무리꾼은 첫 번째 방문 때 방문 목적을 명확히 밝힌다.** 이러한 영업전문가는 변명을 하지 않으며 뭔가 있는 것처럼 가장하지도 않는다. 이들은 제공할 제안의 장점을 가망고객이 꼭 살펴보아야 할 이유로 말할 뿐이다.

3. **강력한 마무리꾼은 첫 번째 상담을 통해 가망고객의 자질을 심사한다.** 이 사람은 구매할 수 있을까? 이 사람은 야심이 있는가? 이 사람은 인격이 고매한가? 이 사람은 가정이나 회사에 책임감을 갖고 있는가? 영업전문가의 중요한 일은 수많은 사람 중에서 가망고객을 구분하는 것이며, 가망고객의 핵심 자질은 다음 질문을 통해 알 수 있다. "이 사람에게 중요한 장기적 의무나 계획이 있는가?" 만약 계획이 없다면 이 사람은 가망고객이 아니다. 장기 계획이 있지만 그 사람에게 중요한 사항이 아니라면 가망고객으로 분류한 데서 삭제시킬 필요가 있다. 그리고 구매 능력이 없는 사람도 삭제되어야 한다. 대부분의 강력한 마무리꾼의 성공은 조기에 용의자를 삭제시킬 수 있고 판매할 수 있는 가망고객에게 판매 노력을 집중시키는 능력에 달려 있다.

4. **강력한 마무리꾼은 판매 상담을 시작하면서부터 마무리를 하나하나 쌓는다.** 상담의 유일한 목적은 거래를 마무리하는 것이기 때문에 강력한 마무리꾼은 첫 마디부터 호의적인 결정을 내릴 수 있도록 동기부여를 한다. 이렇게 해서 강력한 마무리꾼은 상담과 마무리를 하나의 연속적인 과정으로 통합시킨다.

5. **강력한 마무리꾼은 확신이 있는 사람이다.** 이들은 자신이 판매하는 것을 맹목적으로 믿으며, 이 믿음에 따라 행동한다. 또한 마무리할 때 동기부여되는 이야기를 소개하고, 논리와 감성의 적절한 균형을 취하는 데 주저함이 없다. 강력한 마무리꾼은 말보다 확신으로 가망고객에게 말한다. "이 상품을 판매해서 제가 버는 수수료보다 고객님 또는 고객님의 가정이나 회사에 생기는 가치가 더 큽니다."

마무리 기법

옛날 옛적에 할머니가 케이크를 만들 때 취사용 화덕에 연료를 넣고 불을 켠 다음 오븐에 케이크를 넣고 구웠다. 할머니는 경험, 직관, 시간 그리고 가늘고 긴 막대기로 적절하게 케이크를 찔러 보면서 언제 꺼내야 할지를 알았다.

오늘날 케이크를 굽는 방법은 확 바뀌었다. 요리책을 통해 굽는 시간과 정확한 온도를 포함해 구체적이고 정확한 방법을 알 수 있다. 오늘날 오븐은 가스나 전기로 작동되며 자동온도조절장치와 자동 타이머가 부착되어 있다. 시간이 되면 소리가 울리고 그럼 오븐에서 케이크를 꺼내기만 하면 된다.

많은 영업전문가는 가망고객이 구매할 준비가 되면 자동으로 울리는 자명종을 갖고 싶어 할 것이다. 이들은 마무리를 최고의 영업전문가만이 육감을 통해 행동을 취할 심리적 순간을 인식할 수 있는 신비한 단계로 바라본다. 영업전문가가 마무리 경험을 축적할수록 가망고객의 반응을 날카롭게 감지할 수 있으며 시기도 잘 맞출 수 있는 것은 사실이다. 그러나 오늘날 케이크를 굽는 것과 같이 자동적인 과정으로 마무리가 되기는 어려울 것이다.

대부분의 가망고객은 그 정도로 명확한 반응을 보이지 않는다. 그래서 자명종이 울리지 않는다. 그리고 어떤 영업전문가도 오븐의 온도와 똑같은 식으로 상담을 진행할 수 없다. 그러나 다행스럽게도 능력 있는 영업전문가에게 언제 시작할지 알려주는 자명종이 필요할 정도로 마무리에는 신비하고 까다롭고 독특한 것은 없다. 다음 예문을 통해 영업전문가가 가망고객이 올바른 의사결정에 도달할 수 있도록 단계적으로 제안을 좁혀가는 방법을 알 수 있을 것이다.

상담 좁히기

훌륭한 마무리꾼은 전체 상담의 광범위한 기초 위에 마무리를 쌓는다. 이들은 판매할 수 있다는 기대를 갖고 상담을 시작한다. 그리고 단계적으로 상담을 진행하면서 가망고객이 구매하여야 할 이유를 밝히고 강조한다.

최고의 영업전문가조차 자명종은 없으며 그렇다고 마무리할 때 전적으로 직관에만 의존하지 않는다. 대신 이들은 과거 할머니가 하던 것을 흉내내면서 상담을 좁혀간다. 이들은 거래가 얼마나 잘 구워졌는지 알기 위해 "가늘고 긴 막대기"로 찔러본다.

가늘고 긴 막대기는 마무리를 시도하는 것을 말한다. 영업전문가가 가망고객에게 어떤 효과가 있는지 알기 위해 뭔가를 하거나 말하는 것이다. 이는 마치 할머니가 막대기를 통해 케이크의 구워진 상태를 알 듯이 영업전문가가 판매에 대해 "잘 하고 있는가?"를 알려주는 도구이다. 합리적인 기술과 함께 가늘고 긴 막대기를 충분히 자주 사용하면 상담을 좁혀가거나 마무리의 방향성을 타진하는 데 효과가 크다.

여기 몇 가지 막대기(마무리의 시도)의 예가 있다.

> "<가망고객의 이름>님, 제가 방문하자마자 말씀하신 게 품질 좋은 상품의 구매 문제가 옛날부터 회사의 골칫거리라는 거였습니다. 이 상품이야말로 이 문제를 해결하는 데 큰 도움이 됩니다. 그렇게 생각하지 않으십니까?"

막대기로 영업전문가는 마무리를 시도했다. 가망고객이 동의하면 상담은 좁혀지고 마무리가 가시권에 들어오게 된다. 가망고객이 동의하지 않고 방어를 하거나 질문을 하면 팔기 위해 해야 할 일이 더 있을 뿐이다. 케이크는 좀 더 구워질 필요가 있을 뿐이다.

"<가망고객의 이름>님, 이런 유형의 상품에서 이 특징을 맘에 들어하실 것입니다." 또는 "<가망고객의 이름>님, 아시다시피 이 상품은 선생님이 구매하려고 생각하시는 상품의 모든 특징을 갖추고 있습니다. 이걸 구매하시면 더 이상 유사한 상품을 찾아볼 필요가 없으실 것입니다."

막대기로 가망고객의 태도가 어떤지 찔러본다. 이를 통해 논의할 주제의 범위를 좁힐 수 있는지를 알 수 있다. 어떤 때는 바로 마무리로 연결되기도 한다.

어떤 영업전문가도 상담용으로 개발되어 활용되는 유도질문을 기억하거나 또는 기록해둘 필요가 있다. 특정 가망고객의 상황에 맞게 약간 수정하면 계속 반복적으로 사용할 수 있으며, 영업전문가가 자기 것으로 소화해서 소유할 수 있기 때문에 효과적이다.

상담을 좁히는 방법에는 막대기와 같은 마무리 시도 외에 ① 암묵적 동의, ② 사소한 것 결정, ③ 최후 대안, ④ 행동 개시, ⑤ 기득권 상실이 널리 사용되고 있다.

암묵적 동의

암묵적 동의 기법을 사용할 때는 의사결정을 요구할 필요가 없을 때가 많다. 영업전문가는 단지 판매를 완료하기 위해 진행하기만 하면 된다. 가망고객이 현안 문제의 논리적이고 바람직한 해결책으로 제시된 상품을 받아들였다고 믿을 만한 합리적인 시점까지 상담이 진행되면, 이 사람에게 구매할 준비가 되어 있는지 허가를 받아야 할 필요가 있을까? 고객에게 품질 좋은 상품과 서비스 그리고 마음의 평화를 원하는지 물어보면 이들의 대답은 "예"이기 쉽다. 이들에게 이것을 얻기 위해 더 많은 비용을 지출하고 싶냐고 물으면 대부분 "아니오"라고 대답할 것이다. 이게 바로 사람의 속성인데 굳이 "아니오"를 피할 수 있는데도 "아니오"라는 말을 들으려고 할 필요가 있을까? 암묵적 동의를 통해 가망고객은 쉽게 구매할 수 있게 된다. 배심원 명부에서 배심원을 선출하듯이 판매 상담을 진행하지 마라. 가망고객은 다음과 같이 서약할 필요가 없다. "나는 현재 이 상품을 구매하기로 결정하였음을 엄숙히 맹세합니다." 암묵적 동의는 판매가 이루어졌음을 당연하게 받아들인다. 가망고객이 딴 말을 하지 않는한 판매는 이루어졌다.

만약 영업전문가의 예상과 다르게 가망고객이 행동하면 어떻게 될까? 상담은 끝이 난 걸까? 절대로 그렇지 않다. 영업전문가는 계속 제안을 하기만 하면 된다. 잃은 것은 하나도 없으며, 영업전문가는 "왜?"라고 물으면서 논의 부분을 좁힐 수 있는 기회를 갖게 된다.

암묵적 동의 기법이 효과적인데도 공포 때문에 널리 사용되지 않고 있다. 가망고객이 "잠시만요. 아직 뭘 할 것인지 결정하지 않았는데요"라고 말할 것이라는 하는 공포 때문이다. 영업전문가가 잃는 게 무엇일까? 가망고객이 설혹 사소한 것 때문에 저항하더라도, 유능한 영업전문가라면 자신이 판매하는 상품과 서비스의 수많은 혜택을 보여줄 수 있다.

암묵적 동의를 가장 쉽게 사용하는 방법은 판매 계약서를 작성하는 것이다. 가망고객의 반대가 가장 적은 질문부터 시작하라. "저, <가망고객의 이름>님, 선생님에 대해 몇 가지 정보를 알려주십시오 집 주소가 어떻게 됩니까? 몇 년간 사셨습니까?" 가망고객이 중단시키지 않으면 영업전문가는 판매에 성공한 것이다. 가망고객이 중지시키면 판매 상담을 계속하라.

사소한 것 결정

가망고객에게 사소한 것을 결정하도록 하는 목적은 일련의 작은 결정을 통해 큰 결정을 만드는 것이 한 번에 큰 결정을 내리게 하는 것보다 훨씬 쉽기 때문이다.

상품이나 서비스를 구매하는 것은 대부분의 사람에게 큰 결정이 된다. 첫 번째 상담을 갖기로 하거나, 논의할 특정 상품을 선택하거나, 상품의 혜택에 집중하는 것은 모두 사소한 결정이다. 대형 판매를 일련의 긴 소형 판매로 나누면 판매하기가 쉽다. 백만 불 원탁회의 영업전문가가 이걸 어떻게 하는지 살펴보자.

농부에게 판매하려고 하면, 방문한 저를 위해 잠깐 트랙터에서 내릴 아이디어를 제일 먼저 농부에게 판매합니다. 다음엔 잠시 휴식을 갖기 위해 제 차에 타는 것을 판매합니다. 다음엔 돈을 절약할 수 있는 방법을 이야기하면서 농부에게 도움이 되는 제 상품을 보여줄 수 있는 아이디어를 판매합니다. 저는 늘 이런 식으로 합니다.

대부분의 전형적 판매는 이런 접근법을 사용한다. 가망고객이 상담을 허락하자마자 마무리를 시작하려고 생각하는 영업전문가는 심각한 질문 없이 논리적이며 쉽게 큰 결정에 연결될 수 있는 사소한 결정의 연쇄적인 반응을 시작한다.

최후 대안

소위 최후 대안이란 영업전문가가 가망고객에게 두 개의 사소한 결정 중 하나를 선택하도록 하는 것을 말한다. 가망고객이 어떤 결정을 선택해도 판매는 마무리된다. 예를 들어 살펴보자.

- "〈가망고객의 이름〉님, 납입 방식은 연납이 좋겠습니까 6개월납이 좋겠습니까?"(두 개의 사소한 결정 중 하나를 선택하도록 하면서 암묵적 동의가 결합된다)

- "스미스 박사에게 검진받는 게 좋겠습니까, 아니면 맥마혼 박사에게 검진받는 게 좋겠습니까?"

- "일시납으로 하시겠습니까 아니면 일정기간 월납으로 하시겠습니까?"

가망고객이나 니즈 또는 판매 제안의 성격에 따라 각 상담 동안 최후 대안 마무리를 활용할 기회가 많다.

행동 개시

"〈가망고객의 이름〉님", 영업전문가가 서류 작업을 시작하면서 묻는다. "성함 중 '재 / 제'는 '자이'입니까 아니면 '저이'입니까?"

쉬운 질문이지만 가망고객이 구매할 의사가 없다면 중지시켜야 할 행동을 개시한 것이다. 암묵적 동의, 사소한 것 결정하기, 대안 제시 그리고 판매를 완료하는 것은 점진적으로 압력을 높이는 술책으로 보일 수 있지만, 가망고객이 실제적인 니즈가 없거나 솔직히 상품이나 서비스를 구매할 구매력이 없는 경우(이런 상황이라면 어떠한 압력이 가해지더라도 만족할 만한 판매로 이어지지는 않는다)가 아니라면 그렇지 않다. 니즈가 있고 구매할 능력이 있다면 가망고객은 마무리 기법을 통해 쉽게 행동할 수 있게 된다. 이러한 것은 다음과 같은 단순한 제안일 뿐이다. "이 구매계약서를 작성하는 데 필요한 기본 정보를 알려주실 수 있습니까?" 또는 가망고객이 구매해야만 하는 이유를 이미 언급했지만 다시 요약할 수 있다. "아시다시피 이 상품을 구매하지 않아도 되는 이유는 오직 세 가지밖에 없습니다. 첫 번째는 선생님이 필요하지 않다고 생각할 경우인데 제가 알기론 사실이 아닙니다. 두 번째는 살 능력이 안 되는 경우(이 말을 하면서 미소를 띄울 것이다)인데 선생님이나 저나 사실이 아님을 압니다. 세 번째는 이것 말고 더 좋은 상품이 있을 거라 생각하는 경우인데 이건 쉽게 확인할 수 있습니다."(바로 상품 목록을 펼쳐 비슷한 상품과 특징을 비교한다.)

기득권 상실

손실의 공포야말로 강력하게 동기를 부여하는 힘이다. 할인 판매를 놓치길 싫어하기 때문에 모든 업종의 영업인은 가망고객의 결정을 확보하는 데 이 사실을 유용하게 활용하는 법을 알고 있다. 영업 전문가는 할인 판매를 확보할 수 있는 기회가 사라지기 전에 가망고객으로 하여금 지금 당장 행동하도록 재촉할 수 있다. "<가망고객의 이름>님, 이 상품의 할인 기간이 내일이면 끝나고 모레부터는 이 가격보다 10% 비싼 가격으로 사셔야 합니다. 만약 정말 구매하실 생각이시라면 지금 당장 구매하셔야 합니다."

현실적인 판매

농구심판은 "현실적인 경기진행"이라는 용어를 배운다. 현실적인 경기진행이 무슨 의미를 갖고 있으며 판매와 어떻게 연관될까? 먼저 농구경기를 예로 들어 살펴보자. 농구선수가 농구공을 갖고 수비압박 없이 드리블을 하면서 레이업 슛을 하려고 한다. 골대 앞 9미터 전방에는 아무도 없는 상태이다. 이때 뒤에 있는 심판이 한 선수가 상대편 선수와 심하게 몸싸움하는 것을 목격했다. 이 일은 슛을 하려는 선수와 18미터 떨어진 데서 발생했다. 심판은 호각을 불어 파울을 선언해야 할까? 대답은 "아니오"이다. 몸싸움 때문에 어떤 팀도 이익을 얻을 수 없다. 사소한 것으로 중요한 시합 장면을 망칠 수 없다는 것이 바로 현실적인 경기진행이다.

판매에서도 "현실적"이 될 수 있다. 각자가 원하는 결과와 목표가 가장 잘 달성될 수 있도록 행동할 수 있다. 사소한 일로 시간을 낭비하지 마라. 모든 시간을 현명하게 사용하라. 가망고객과의 모든 상담에 적절하게 준비했는가? 아니면 가능한 마지막 순간에 사무실에서 출발하여 약속장소에 가느라고 과속 신기록을 세우고 헐레벌떡 가망고객의 사무실로 뛰어가 안내실 앞에 가서야 차분한 사람으로 기적적으로 변신하는가?

우리 모두는 판매할 능력이 있으며, 상품에 대한 지식 또한 갖추고 있다. 성공 여부는 준비에 달려 있다. 즉 조용히 자리에 앉아 예정된 약속에서 벌어질 일과 벌어지지 않을 일을 곰곰이 생각할 시간을 갖거나, 또는 약속 전에 가망고객이 부탁한 일을 검토하는 그런 준비이다. 가망고객이 요청한 것과 결과가 차이가 있는가? 가망고객이 예상했던 것과 다른 말을 했을 때를 대비해두었는가? 명심하라. 가망고객의 생각은 우리와 완전히 다를 가능성이 높다.

새로운 가망고객을 만나려면, 가망고객 자신과 그들의 사업, 그들의 이웃에 대해 먼저 배워라. 대부분의 만남 중에서 고객 또는 가망고객은 어떤 사항에 대해 당신을 꼼짝 못하게 할 질문을 던질 수 있다. 적절한 대답이나 반응을 찾기 위해 필사적으로 머리를 짜내야 할 것이다. 이런 상황이 닥치면 일반적으로 세 가지 답변 중 하나를 내놓아야 한다. 올바른 대답, 틀린 대답, 아니면 "모르겠습니다"이다.

대부분의 성공한 영업전문가는 틀린 대답으로 보일 수 있는 반응을 표출하는 걸 싫어한다. 체계적으로 잘 준비했으면 머릿속에 충분히 많은 올바른 대답이 있을 것이며 필요하다면 "잘 모르겠습니다"라고 언급하는 걸 아주 편안하게 받아들이면 된다.

준비를 많이 하면 "모르겠습니다"라고 말하는 걸 아주 편안하게 할 수 있다. 농구심판은 소위 "사전경기"를 통해 부지런히 경기에 대비한다. 전형적인 사전경기는 경기 전 회의를 통해 경기의 규칙과 핵심을 파악하는 것이다. 경기엔 둘 또는 세 명의 심판이 있기 때문에 서로 아주 밀접하고 거의 똑같이 행동해야 한다. 경기 90분 전에 자리에 앉아 다음과 같은 사전경기 항목을 점검한다.

- 복수의 심판이 동시에 호각을 불면 어떤 일이 생길까?

- 진로방해, 차징, 바스켓 인터피어는 각각 어떻게 구별하는가?

- 감독이 항의할 때 어떻게 처리해야 할까?

상담을 위해 가능한 많은 준비를 하라. 예상하지 못한 일에 대비하라. 이런 일이 꼭 발생한다.

의제 판매

의제(agenda)는 많은 영업전문가가 좋아하는 방법으로 자리 잡았다. 전형적인 상담에서 의제는 가망고객에게 초기에 제시된다. 이 절차에 따라 운동장을 달리면 된다. 가망고객에게 무슨 말을 할지 미리 알려주는 게 중요하다.

다음은 전형적인 영업전문가의 상담 전 점검 사항이다. 단순하고 간결하며 복잡하지 않다.

- 일일 일정 설정
- 규칙
- 준비
- 의제
- 상담
- 철학

가망고객이 의제를 보면 어떤 것을 논의할지 알 수 있게 된다. 중간에 놀랄 일이 없다. 가망고객은 이 모임이 어디서 시작해서 어디서 끝날지 안다. 의제를 사용하면 제안 과정이 좀 더 질서가 있고 전문가답게 된다. 가망고객이 의제 중 한 항목에 대해 자신과 맞지 않는다고 알려주면 더 좋은 일이 된다! 가망고객이 듣고 싶지 않은 사항인 줄도 모르고 떠들어대지 않아도 되기 때문이다.

가끔가다 의제를 다 끝내기도 전에 판매가 이루어지는 경우가 있다. 더 좋은 일이며 의제가 적절하면 다음 상담에서 사용할 수 있다. 의제 판매로 스타일을 만들 수 있다. 오래된 고객은 제안의 각 단계를 안내하는 일상적이고 공통적인 표준의 하나로서 의제 사용을 기대한다는 것을 깨달을 것이다. 이를 통해 더 나은 관계를 형성할 수 있다.

상담

이제까지 규칙, 의제, 약속 준비를 이야기했으니, 이제 상담 자체를 살펴보기로 하자. 상담 과정에 추가하면 관계 형성과 판매를 강화시킬 요소가 있다. 중요한 사항은 마무리란 지식 자체뿐만 아니라 지식을 제안하는 방법에 따라 발생한다는 사실이다. 사용하는 단어뿐만 아니라 태도, 신체 동작, 방에서의 자리매김이 성공적인 마무리를 결정짓는다.

상담하는 동안 가망고객의 신체 전체를 볼 수 있는 곳, 즉 정면으로 얼굴을 보고, 정면으로 눈을 볼 수 있고, 팔과 손 그리고 발을 볼 수 있는 곳에 자신을 위치지워라. 가망고객이 책상 뒤에 있으면 좀 더 상호 작용이 원활히 일어날 수 있는 책상 옆에 앉도록 노력하라. 이렇게 해야 가망고객의 마음을 열기 쉽다. 서류더미나 사진, 결재서류함, 컴퓨터가 어지럽게 놓여 있는 책상을 마주보고 눈맞춤을 하면 제안에 도움이 되지 않는다. 스스로 유리한 곳에 자리매김해서 자신의 운명을 좀 더 통제하라.

고객의 철학이나 관점이 다를 수 있다는 것을 인정하고 그것을 존중하면서도 자신의 철학과 현실적인 판매 시각을 발전시켜야 한다.

가망고객이나 고객은 정보를 배우고 이해하고 인식하는 데 독특한 방법을 사용한다는 사실을 늘 상기하도록 노력하라. 어떠한 사고체계를 사용하든 가망고객은 결코 우리와 똑같은 식으로 생각하지 않는다.

존 스튜어트 밀이 1859년에 쓴 「자유에 대해서」라는 에세이에서 인용한 다음 짧은 문장보다 더 명쾌하게 이 사실을 표현할 수 없다.

> 한 사람을 제외한 모든 사람이 같은 의견이고 그 사람만 반대의견일 때, 그 한 사람이 권력을 갖고 있어도 모든 사람을 침묵시킬 수 없듯이 모든 사람은 그 한 사람을 침묵시킬 수 없다.

가망고객에게 구매하길 바라는 느낌을 강요하지 마라. 가망고객 또는 고객에게 방향이나 폭 넓은 교육을 제공하라. 이들이 결정할 일이고 이들의 돈이 걸린 문제이다. 이들은 당신과 만나고 당신의 이야기를 들었다는 사실만으로 훌륭한 의사결정자임을 입증했다는 사실을 늘 명심하라.

단계별 마무리

다음 이야기는 놀랄 만한 성공을 거둔 백만 불 원탁회의 회원이 한 이야기이다. 이 사례를 통해 영업전문가가 부정적인 시나리오를 승리의 제안으로 변화시킨 방법을 배울 수 있다.

제가 살던 지역에 엄청난 건설 붐이 일어나고 있었습니다. 매일 돌아다니다 보니 수많은 건설현장에 엄청난 초록 콘크리트 트럭이 있는 것을 알아챘습니다. 한 번 이 트럭이 눈에 띄고 나자 사방에 곳곳에 이 트럭이 있는 듯했습니다. 전화번호부 상호편을 살펴보니 1930년에 설립되었다고 자랑스럽게 선전한 이 콘크리트 회사의 대형 광고를 발견했습니다. 따라서 이 회사는 가족회사일 가능성이 높고 길 위에 있는 트럭 수로 판단하건대 사업을 잘하고 있음을 알 수 있었습니다.

고객(앞으로 이 고객을 소개자라고 표현하지요)과 차를 타고 가다가 이 초록 트럭을 지나치게 되었습니다. 소개자는 건축물 자재사업을 하고 있었기 때문에 이 트럭을 소유한 회사의 소유주를 아는지 여쭈어보았습니다. 그의 대답은 이랬습니다. "물론이지요. 그린 밸리 콘크리트 사로 소유주를 잘 알지요"

소개자에게 그들에게 전화해서 제가 하는 일을 소개해줄 수 있는지 아주 간단하게 여쭈어보았습니다. 그는 부탁받은 일에 기뻐했고, 그날 저녁 소개자로부터 그린 씨에게 바로 약속전화를 할 수 있도록 사전에 다 이야기했다는 말을 들었습니다.

소개자가 저의 서비스를 받아 혜택을 받은 것과 똑같이 그린 밸리 콘크리트 사도 저의 서비스를 받으면 이익이 될 것이란 생각으로 전화하도록 요청해서 전화했다고 그린 씨에게 말했습니다. 그린 씨가 대답했습니다.

"예, 그가 말하더군요. 그런데 우리의 재무적 걱정거리는 꽤 잘 처리되고 있어요. 회사의 자본재구성도 최근에 했고요. 우리 모두 유언장이 있고, 약 2년 전에 우리가 향후 구입해야 할 생명보험을 포함해서 보험에 충분히 가입한 상태입니다. 그러다 보니 우리가 추가 구매를 하고 싶어도 한도에 걸려 구입할 수 없는 상태입니다만."

강력한 거절의 말을 듣고 심호흡을 크게 한 다음 말했습니다.

"그린 씨가 하신 것을 보니 선생님은 사업이나 상속문제에 필요한 모든 것을 가능한 스스로 다 하신 분 같습니다. 바로 그렇기 때문에 제가 소개자분에게 백만 불 이상을 절약해드린 아이디어를 검토하실 필요가 있지 않나 생각합니다."

잠깐의 침묵이 흐른 다음 전화기 저편에서 짧게 "오케이"라는 말이 흘러나왔습니다. 화요일 오전 9시에 만날 수 있는지 여쭈어보았습니다. 그는 동의했습니다. 제 사무실에 회의를 위한 관련 자료가 많기 때문에 제 사무실에서 만나면 도움이 될 것이라는 말을 덧붙였습니다.

화요일 아침이 되자 상담 전에 늘 하는 정신준비 과정을 시작했습니다. 정신준비 과정은 의자에 깊숙이 앉은 다음 두 눈을 감고 사무실에 올 사람을 떠올리면서 오늘 해야 할 가장 중요한 일은 이 사람이 나하고 일하길 원하도록 동기부여하는 것이라고 저 자신에게 생각하도록 하는 것입니다.

이 과정을 마쳤음에도 불구하고 안절부절한 마음으로 그린 씨를 기다리고 있었습니다. 그린 씨가 나타나지 않는다면 얼마나 다행스러운 일일까라는 생각이 뇌리를 스쳤습니다. 그런데 나약한 제 마음의 바람이 현실이 돼버렸습니다! 그가 오지 않았습니다! 30분을 기다린 다음 전화했을 때 그린 씨는 자기 사무실에서 약속이 있는 것으로 생각하고, 이렇게 무책임한 사람이 있을까 의아해하면서 기다리고 있었다는 사실을 알게 되었습니다! 점심 후로 일정을 다시 잡았고 마침내 그의 사무실에서 대면하게 되었습니다.

그는 책상 뒤에 방어적 자세로 앉아 있었습니다. 제가 첫 번째 한 일은 자료를 함께 볼 수 있도록 의자를 책상 옆으로 옮겨도 되겠냐고 물어 거대한 호두나무 책상의 장벽을 제거한 것이었습니다. 이렇게 함으로써 같은 팀이 되었고, 제가 하는 일을 함께 검토하고 이 일이 어떻게 그에게 도움이 될지 살펴보게 되었습니다. 우리는 함께 그의 문제를 분석했습니다. 저는 어떤 것도 팔려고 하지 않았습니다. 저는 단지 그의 구매를 도왔을 뿐입니다.

우리의 첫 번째 작업은 그와 같은 위치에 있는 다른 부자가 겪은 좋지 않은 경험을 검토하는 일이었습니다. 우리는 유언장 없이 사망해서 생전에 모은 재산의 50%를 세금으로 낸 변호사 사례를 검토했습니다. 이 이야기를 듣자 그린 씨는 선친이 4년 전에 돌아가시면서 상속설계를 하지 않아 정부에 상속세를 15년간 20%의 이율로 분할납부하고 있다는 사실을 꺼내놓았습니다. 그가 이 말을 함으로써 우리는 그를 도울 수 있을 것이라 생각했습니다! 죽음으로 야기된 문제를 다루는 데 서툴렀던 다른 사람의 어려움을 꺼내놓았을 때, 특히 이 경우에는 자기 자신의 무계획성으로 어려움을 겪고 있다는 고백까지 그린 씨가 하게 되어 제 서비스의 가치를 돋보이게 하기 위해 만든 사례가 크게 성공했습니다.

다음으로 우리는 그를 위해 제가 제공할 수 있는 일의 견본을 살펴보았습니다. 여기에는 고객 본인뿐만 아니라 다른 가족 구성원의 현재 개인적 계획과 목표 그리고 회사의 계획까지 완벽하게 분석되어 있었습니다. 마지막으로 다른 고객의 명단을 보여주었는데, 그 고객 중 많은 분을 그린 씨가 알고 있거나 개인적으로 친분이 깊은 사람이었습니다. 그런 다음 눈을 똑바로 쳐다보면서 이 서비스가 그에게 가치가 있을지 물어보았습니다. 그는 말했습니다. "예, 그럴 겁니다."

이제 제가 그린 씨에게 팔았던 것을 분석해보기로 하겠습니다. 그가 첫 번째 산 것은 제 안에 있는 확신이었습니다. 두 번째 산 것은 제 서비스의 가치입니다. 이 두 개가 그날 그가 구입한 모든 것입니다. 이날 저는 아무것도 판매하지 않았습니다. 제 상품이나 서비스를 간접적으로 판매하려고조차 하지 않았습니다. 저는 단지 신사협정을 맺자고 하면서 이렇게 이야기했습니다. "우리가 만약 이 일을 함께 하면서 우리의 상품 중 하나가 필요하게 된다면, 그리고 그 상품이 선생님의 문제에 최고의 해결책이라면, 우리는 선생님이 우리에게 구매할 것이라 기대할 수 있습니다. 이만하면 공평하지 않습니까?" 그린 씨의 대답은 "물론 충분히 공평하지"였습니다.

그 다음에 그에게 일을 시작하기 위해 필요한 것을 이야기했습니다. 여기에는 개인 및 회사 재무제표, 개인 및 회사 소득세 및 법인세 환급 내역, 보험증권, 유언장, 신탁, 기타 관련 있는 서류가 포함됩니다. 간단히 말해 모든 것입니다. 이 서류를 수집한 다음 의문이 있는 세부 사항을 검토할 수 있는 다음 약속 시간을 정했습니다.

저에게 후속 작업은 판매 전체 과정 중 가장 핵심적인 부분입니다. 후속 작업을 통해 가망고객이 아직 구매를 하지 않았더라도 고객으로 됩니다. 이 사례에서는 이런 식으로 일했습니다. 그린 씨에게 말씀드렸습니다. "선생님을 위해 높은 품질의 일을 하는 데 필요한 개인적 정보와 재무적 정보는 이것으로 마무리됩니다. 마지막으로 해야 할 일은 고객님께 비용이 전혀 안 드는 건강검진 일정을 잡는 것입니다. 이 건강검진을 통해 선생님의 현재 상황을 완전히 정확하고도 완벽하게 파악할 수 있습니다. 다시 말해 우리의 제안을 갖고 다시 만날 때 생명보험에 대한 니즈가 있을 경우 선생님은 어떤 것이 가능하고 어떤 가격대인지 정확히 알 수 있어, 중요한 모든 사실을 알고 결정을 내릴 수 있습니다."

그린 씨는 저를 쳐다보면서 말씀하셨습니다. "글쎄요, 내가 건강하다고 가정한 다음 그것에 기초해 당신이 숫자를 보여주면 안 됩니까?" 저는 이렇게 응답했습니다. "죄송합니다, 그린 씨. 선생님께 최고의 서비스를 제공해드리기 위해서는 불가능한 일입니다. 선생님도 아시다시피 어떤 것에도 가정을 허용해서는 안 됩니다. 우리는 선생님의 재무계획이나 목적 어떤 것에도 가정을 하지 않습니다. 선생님의 계획은 현실과 현행 세법으로 검토되어야 합니다. 그러지 않으면 쓸모가 없습니다. 그린 씨, 혹시 병원에 가는 걸 반대하시는 건 아니시죠?" 그는 주저하면서 대답했습니다. "아니오, 그렇지는 않아요." 여기서 커다란 도약이 이루어졌습니다. 그의 "아니오"는 실제 "예"라고 저는 들었습니다. 저의 이제까지 경험에 비추어볼 때 그리고 거의 대부분의 경우 전체 판매는 단 한 마디의 말 "아니오"로 이루어집니다.

이제까지 보시다시피 그린 씨가 정기적으로 반대하거나 주저함에도 불구하고, 꼭 자신이 해야 할 일로 가슴속 깊이 느끼고 있는 일을 할 수 있도록 동기부여해줄 여러분이나 저와 같은 사람이 반드시 필요합니다. 그는 제 논리적이고 건전한 조언의 결과만으로는 건강검진을 받는 데 동의하지 않았습니다. 그러나 그의 가슴 깊은 곳에서는 현재의 보험이 불충분하다는 의혹이 생겨 더 많은 보장을 반드시 꼭 준비해야 한다고 생각했기 때문에 결국에는 동의했습니다.

이 사례에서 나오는 기본적 사실은 우리 시장에 흔한 일입니다. 그린 씨와 동생이 공동으로 그린 밸리 콘크리트 사를 소유하고 있었습니다. 이들의 아버지가 1930년에 회사를 창업했습니다. 두 형제는 아버지로부터 물려받았으며, 이들은 자신들의 사후에도 회사가 그린 가의 후손이 소유하길 염원하고 있습니다. 회사 이외에도 이들은 각자 부동산에 많은 투자를 했습니다. 그린 가는 정부의 간섭을 싫어하며 세금을 많이 내는 걸 좋아하지도 않았습니다. 그들은 또한 생명보험도 특별히 좋아하지 않았습니다.

그린 씨의 건강검진 결과 아무 이상이 없었기 때문에 제 책상 위에는 백만 불짜리 보험증권이 네 개 놓여 있습니다. 자, 이제 이 사례의 실제 진행과정을 살펴보기로 하겠습니다.

판매가 두 부분으로 나누어진 사실부터 논의하기로 하겠습니다. 첫 번째는 형제에게 매매협정(buy sell agreement)을 위한 보험가입이고, 두 번째는 형제의 배우자에게 늘어나는 부동산 세금을 대비한 보험가입입니다.

저의 판매 제안은 고객의 반대가 최소화되면서 판매될 수 있도록 준비되고 시도되었습니다. 가망고객과 제가 로마 경기장에서 결투하는 것처럼 마무리되면 마무리율은 엄청나게 떨어질 것입니다. 그린 씨의 경우 이런 유형의 대결을 피하기 위해, 먼저 이들이 제기할 가능성이 있는 반대의견을 모두 생각하려고 했으며, 제안하는 동안 이들이 반대의견을 제기하기 전에 해답을 제시하려고 했습니다. 반대의견이 나오기 전에 해답을 알려주면 제안에 반대하는 이유를 제시할 수 없기 때문에 제가 설득하면 수용할 수밖에 없게 될 것입니다.

저는 매매협정의 자금충당을 위해 보험을 더 가입하는 걸 그린 씨가 십중팔구 반대할 것으로 예상했습니다. 그는 사망 시점의 자산을 통해 충당하는 것이 현재 보험료로 "낭비"하는 것보다 낫다고 느낄 것입니다. 생명보험이 없는 경우 일백만 불을 10년간 10%의 이율로 상환할 때 소요되는 상환액을 한 장의 표로 정리한 것을 준비했습니다. 일백만 불의 부채에 대해 제수씨에게 지급되는 회사의 비용은 매월 13,000불을 넘었습니다. 10년간 지급되는 비용은 원래의 일백만 불을 훨씬 초과할 것입니다.

다음으로 자본금을 상환하기 위해 생명보험을 활용할 때의 장점을 살펴보았습니다. 생명보험을 구입하면 납입하는 보험료는 회사 경비로 인정받을 수 있어 이익을 축소시켜 법인세를 절감할 수 있다는 것을 그린 씨에게 설명했습니다. 법인세 절감액은 보험료를 납입한 지 2년차가 되면 보험료보다 많아집니다.

"따라서 생명보험을 활용하면 회사의 이익을 세금이 부과되지 않은 채 늘릴 수 있습니다. 또한 동생분이 오늘 밤 사망하더라도 제수씨에게 10년간 매달 13,000불의 수표를 끊지 않아도 됩니다"라고 말했습니다.

이렇게 말씀을 드리고 나서 그린 씨의 전체적인 신체언어를 살펴보니 반대의사가 사라지고 저의 논리를 수용했음을 알 수 있었습니다. 이러한 암묵적 동의하에 좀 더 어려운 제안의 두 번째 단계를 진행했습니다. 제 일은 그린 씨 본인이 의식하고 있지 못했던 니즈에 대비하도록 동기부여시키는 것입니다. 문제가 현실화되었을 때 걱정하겠다고 생각하는 그린 씨의 자세가 제일 큰 문제로 다루어져야 한다고 예상했습니다.

제 전략은 이렇게 전개되었습니다. 우리는 과거에 대해 대화를 나누었습니다. 예를 들어 10년 전 과거로 돌아가서 아버지의 상속계획을 수정할 수 있어 아버지에게 보험을 가입시킨다면 좋은 생각이 아니겠냐고 여쭈어보았습니다. 그는 말했습니다. "과거를 되돌릴 수 있다면 당연히 그렇게 해야죠."(아시다시피 이들은 부친의 상속재산에 대해 상속세를 아직도 납부하고 있는 중입니다.)

"현재 선생님과 선생님 가족이 놓여 있는 상황과 똑같다는 생각이 뇌리를 스칩니다. 저에게 알려주신 사업상황을 볼 때 선생님이나 동생분의 재산은 지속적으로 늘어날 수밖에 없습니다. 향후 5년 내지 10년 내에 상속재산의 가치가 2배가 되지 않겠습니까?" 그는 최소한 그 정도는 될 것이라 말했습니다. 저는 계속 말을 이어갔습니다. "지금 일생에 단 한 번뿐인 기회가 주어졌습니다. 장래 니즈를 위해 지금 비과세되는 자금으로 확실한 재원을 마련하시면 기회를 잡으실 수 있습니다. 제가 말씀드리려는 것은 이렇습니다. 미래 지급하여야 할 세금을 위해 사모님에게 보험을 가입시키면 보험료를 최대한 할인받을 수 있다는 것입니다. 사모님은 앞으로 지금 현재보다 더 젊을 수도 없고 더 건강할 수도 없습니다. 필요할 때에 사용할 수 있고 완전히 비과세된 자금을 회사 비용으로 마련할 수 있는지 살펴보기로 하겠습니다."

우리는 다음과 같은 사례를 검토했습니다. 회사가 그린 씨에게 보너스를 지급하면 이 보너스는 회사 비용이기 때문에 법인세 비용공제항목이며 보험료로 활용할 수 있습니다. 법인세율이 높기 때문에 정부에 낼 세금을 절세하여 보험료의 반을 납부할 수 있다는 이야기입니다. 그린 씨의 소득세 한계세율이 아주 낮기 때문에 보너스로 추가되는 세금은 정기보험의 보험료보다 적을 것입니다. 보험료를 사모님에게 증여하여 보험금을 상속재산에서 제외시키면 세금이 또 절약됩니다. 결국 실제로 보면 상속세 절감액을 통해 정부가 비용의 반을 대주는 셈입니다.

저는 활용 가능한 절세방법을 설명한 후 그린 씨에게 여쭈어보았습니다. "이런 식으로 적은 비용으로 보험을 설계하면 보험료의 반 이상을 정부가 대준다는 게 놀랍지 않습니까?" 그는 이제껏 이런 것은 한 번도 본 적이 없다고 대답했습니다. "이 계획을 실행에 옮기지 말아야 할 이유가 있습니까?" 그의 답변은 다시 한번 마법의 단어인 "아니오"였다.

오 분도 안 돼 수표를 손에 들고 사무실을 나왔으며, 그린 씨는 이제 우리의 도움이 필요한 가족경영을 하는 사람에게 우리를 소개해줄 수 있는 만족한 고객이 되었습니다.

제 3 장

마무리 기법

최고의 영업전문가가 아는 마무리 방법은 한 가지만 아니다. 실제로 수많은 방법이 있다. 암묵적 동의, 제3자 이야기, 일련의 동의, 급박한 변화 등 중 어떤 것이 최고의 마무리 기법이냐는 가망고객이나 상황 그리고 영업전문가의 스타일에 따라 다르다.

문제가 생기기 전에 문제를 해결할 수 있는 열두 가지 마무리 기법

영업전문가에게 여러 가지 성공의 길이 놓여져 있다는 것을 아마도 잘 알고 있을 것이다. 그러나 이 길은 일직선의 평탄한 길이 아니라 중간 중간 장애물이 있고 급회전해야 할 곳도 있다. 아주 성공한 백만 불 원탁회의 회원을 관찰하면 핵심 사항을 알 수 있을 것이다.

어느 날 동료 한 사람이 그에게 다가와 물었다. "영업을 그렇게 쉽게 하는 비법이 뭡니까?" 그는 동료에게 비록 자신이 잘 하고 있지만 영업이 결코 쉽지 않다는 것을 재빨리 상기시켰다. 그는 말했다. "다른 사람 눈에는 쉽게 보일지 몰라도 내겐 전혀 쉽지 않다는 사실을 알아야 돼. 비결은 바로 적절한 태도야."

판매 기법을 구분해보면 판매를 하는 데 필요한 방법은 실제 여섯 가지 밖에 안 된다. ① 가망고객 발굴, ② 전화하기, ③ 상담하기, ④ 제안하기, ⑤ 마무리, ⑥ 소개이다. 백만 불 원탁회의 영업전문가는 마무리의 중요성과 훌륭한 마무리를 통해 가망고객 발굴, 전화하기, 상담하기 그리고 소개로 이어지는 방법을 강조한다.

열정이야말로 마무리 성공의 첫 번째 요소이다. 아마도 이 이야기를 귀에 못이 박이도록 들었을 것이다. 효과적으로 구성된 마무리의 최소 50%는 열정 즉 상품에 대한 흥분에서 만들어진다. 사실 판매에 대한 최고의 정의는 판매는 열정이 전달되는 곳에서 발생한다라는 것이다. 바꿔 말하면 상품이나 서비스에 대한 열정을 가망고객의 마음에 전달하면 판매가 이루어진다. 물론 영업전문가라면 고객의 마음에 전달해줄 몇 가지 열정은 당연히 갖고 있어야 한다.

가장 효율적인 영업전문가는 자신의 상품을 알고, 자신의 상품을 믿고, 자신의 상품에 확신이 있으며, 자신의 상품을 사랑하고, 자신의 상품이 고객에게 매우 가치 있는 혜택을 제공해줄 거라 믿는다. 자신의 상품을 믿지 못하거나, 자신의 상품을 사랑하지 않거나, 자신의 상품을 자신이 먼저 사용해보지 않거나, 자신의 상품을 어머니나

친한 친구에게 판매하지 못한다면 결코 판매를 마무리할 수 없을 것이다. 자신의 열정을 가망고객의 마음에 전달해서 구매하도록 해야 한다.

여기서 말하는 열정은 응원처럼 열광적이고 광란의 열정이 아니라, 소위 자제된 열정을 말한다. 뚜껑이 닫힌 주전자가 끓듯이 열정이 자신 내부에 가득 차 있지만 말 그대로 열정의 기적소리만 조용히 울릴 뿐이다. 역동적인 긴장이나 흥분을 상상하기 쉽지만, 말하는 속도나 행동에 열정이 있는 게 아니라 자기 자신의 내부에만 있을 뿐이다. 자제된 열정이야말로 인간의 성격에 상상할 수 없을 정도로 큰 영향을 미친다. 랄프 왈도 에머슨이 말했듯이, "열정 없이 어떤 위대한 일도 성취된 적이 없다."

두 번째 심리적 자질은 확신에 찬 기대이다. 충분히 자주 다른 사람에게 물으면 "예"라고 대답할 거라고 확신에 찬 기대를 갖고 있어야 한다. 만나는 모든 사람이 자신과 일을 하길 원한다고 진정으로 믿어야 한다. 그렇지 못할 이유라도 있는가? 당신은 대단한 상품을 갖고 있고 대단한 서비스를 제공하고 있지 않은가! 가망고객에게 구매요청을 하면 이들이 구매할 것을 확실히 기대할 수 있어야 한다. 따라서 기대한 대로 행동하라. 한 번에 성공해도 놀라지 마라. 판매에 대해 확신에 찬 기대가 높을수록 판매할 가능성은 더욱 높아진다. 다시 한번 말하지만, 판매의 확신은 지식과 실무 및 경험 그리고 이야기한 대로 상품이 모든 기능을 다하고 혜택을 제공할 수 있다는 믿음에서 나온다.

판매 과정에는 따라야 할 또 다른 단계가 있다. 첫 번째 단계가 심사이다. 가망고객을 완전하게 심사하지 않으면 상품을 판매할 수 없다. 많은 사람이 이런 경험을 했을 것이다. 가게나 중고차 전시장에 들어가면 누군가 다가와 말한다. "이거 한번 사용해보시죠?" 또는 "오늘 사실 겁니까?" 판매원은 고객이 원하는 것이 무엇인지 한 마디도 물어보지 않고 무언가를 판매하려고 한다. 고객의 니즈를 알지도 못한 채 강매하려는 사람을 보면 무척 화가 난다. 다음 네 가지 질문을 자신에게 던지면서 가망고객을 심사하라.

1. 가망고객은 내가 판매하는 걸 필요로 할까?

2. 가망고객은 내가 판매하는 걸 사용할 수 있을까?

3. 가망고객은 이 상품을 구매할 여력이 있을까?

4. 가망고객은 이 상품을 원하는가?

가망고객이 제공될 상품과 서비스의 혜택을 원한다고 알려줄 때만 마무리할 수 있다. 제안을 다 했고 위 네 가지 질문에 "예"라고 판단되어 가망고객으로서의 심사를 통과했고, 판매하는 걸 가망고객이 구매하고자 한다는 것을 확인했을 때가 바로 마무리를 시작할 때이다.

대부분의 마무리는 제안 도중 일어난다. 실제로는 자기 자신에 대한 정보를 제공하기도 전에 마무리는 시작된다. 마무리의 첫 번째 국면은 전화 통화할 때 일어난다. 훌륭한 전화통화 기법을 통해 "판매가 일어나기 전에 판매 마무리를 할 수 있다". 마무리 기법이 중요한 핵심 이유는 마무리 순간이 늘 어렵고 긴장의 순간이기 때문이다. 이것을 "구매 전 구매자의 후회"라고 할 수 있다. 가망고객이 중요한 의사결정을 내려야 할 때, 예를 들어 돈을 지출하거나 중요한 의사결정에 명백한 입장을 밝혀야 할 때가 되면 자신의 내부에 긴장이 쌓인다. 이 긴장을 실패 공포라 하며 모든 사람이 다 갖고 있다.

　　대부분의 고객은 실수를 하거나, 잘못된 상품을 구매하거나, 너무 비싸게 사서 다른 사람으로부터 놀림을 받거나 하는 공포 때문에 판매 마무리 순간에 긴장이 발생한다. 이러한 공포 때문에 무슨 일이 일어날까? 고객은 물러서면서 이런 말을 한다. "음, 한번 재고해봐야겠습니다. 자료를 놓고 가십시오", 또는 "다음 주에 다시 전화주시겠습니까? 다른 사람과 상의해봐야겠습니다", 또는 "생각해보니 살 형편이 못되네요" 등등. 이러한 말을 하는 가망고객의 속뜻은 다음과 같다. "지금 이 결정을 내리면 뭔가 안 좋은 일이 벌어질 거야."

　　영업전문가는 모두 가망고객이 "아니오"라고 말하는 공포 즉 거절당하는 공포를 갖고 있다. 이것을 이겨내기 위해 자기 삶에 "아니오"가 끼어들 여지를 만들지 않으려고 노력한다. 다른 사람이 "아니오"라고 말하는 것을 쉽게 받아들이지 못하면 아주 힘든 직업을 선택한 게 된다. 일부 사람은 "아니오"라고 말할 것이며, 영업 성공의 핵심 요소 중 하나가 이 소리를 들을 준비를 갖추는 것이라는 사실을 잘 알고 있어야 한다. "아니오"라고 들을수록 "예"에 가깝게 된다. 가망고객이 "아니오, 그렇게 생각하지 않는데요"라고 말하면 이 말을 귓등으로 흘려버려야 한다. 첫 번째 "아니오"는 거짓 거절로 간주한 다음 가망고객이 "아니오"라고 말한 이유를 밝혀야 한다. "아니오"라는 것이 당신을 개인적으로 거절하는 게 아니라는 사실을 깨달아야 한다.

가망고객이 "아니오"라고 말해도 한 개인으로서 당신을 거부하는 것은 아니다. 대부분 가망고객은 여러 가지 이유를 뭉뚱그려 "아니오"라고 말한다. 판매 제안을 끝마쳤을 때 비로소 가망고객 발굴을 완료하고, 제안의 모든 요소를 전달하고, 몇몇 거절을 극복하게 된다. 자, 이제 마지막 순간이 되었다. 가망고객이 구매를 원하지만 "판매 저항(sales resistance)"을 부채질하는 내부의 소리가 있음을 안다. 공포와 불편함이 있다. 긴장이 높아지고 있기 때문에 가능한 신속하고 고통 없이 이 답답한 순간을 통과해야 한다.

마무리 기법은 사람을 조작하는 기법이 아니다. 다른 사람이 원하지 않고 필요하지도 않고 쓰지도 않을 것을 형편도 안 되는 사람에게 사도록 강요하는 기법이 아니다. 긴장의 순간을 통과시키는 기법일 뿐이다. 전문적 마무리꾼은 고객이 마무리 시점을 부드럽게 통과하도록 돕는다. 비전문적 마무리꾼은 제안을 마치면서 이렇게 말한다. "그럼 고객님은 어떻게 생각하십니까?" 가망고객의 긴장이 쌓이기 시작한 시점에서 이들이 어떻게 답변할 거로 예상하는가? 가망고객은 이렇게 말한다. "글쎄요, 이 문제를 곰곰이 생각해봐야겠다고 생각하는데요." "다른 사람과 상의해봐야겠다고 생각하는데요." 가망고객이 비록 상품을 원해도, 긴장 때문에 그렇게 말하지 못한다.

백만 불 원탁회의 영업전문가가 주로 사용하는 열두 가지 마무리 기법을 소개한다. 당신에게 도움이 될 것이고 "문제가 생기기 전에 문제를 해결"할 수 있도록 할 것이다.

1. 약속 잡기

일상적으로 전화로 약속을 잡는가? 거의 대부분의 영업전문가가 그렇게 한다! 전화로 약속을 정하는 게 얼마나 어렵고 좌절감을 느끼게 하는 일인지 아는가? 물론 알 것이다! 많은 영업전문가가 전화 상으로 수많은 거절을 당했고, 이 생각만으로도 좌절감과 긴장이 발생하기 때문에 전화를 사용하지 않으려고 한다. 대신 접촉할 수 있는 다른 가능한 모든 방법을 찾는다. 그러나 전화는 아직도 가장 훌륭하고 빠른 방법이다. 가망고객에게 접근하기 위해 올바르게 전화를 사용하는 법을 안다면 쉽게 성공할 수 있다.

가망고객에게 말해야 할 첫 번째 사항은 주의를 끌고 상품에 대한 혜택과 효과를 알리는 뭔가여야 한다. 잘 모르는 사람에게 전화할 때 대부분의 사람은 이렇게 한다. "어디의 누구누구이며, 이런저런 이유로 전화드렸습니다." 또는 실제적으로 이야기하기 위해 이렇게 말한다. "<팔고 있는 상품>에 대해 말씀드리고자⋯⋯" 이것이 일반적이고 전형적인 예이다. 전화를 걸 때 언제나 가망고객의 성과 이름을 다 사용하여 호칭하여야 한다. 이렇게 하면 자신감이 생긴다. 예를 들면 이렇다. "<가망고객의 성과 이름>님! 선생님의 사업 가치를 엄청나게 증대시킬 방법을 알려드리고자 전화드렸습니다." 고객은 즉시 주의를 기울일 것이다. 확실한 것이 하나 있는데 전화 통화가 진행되는 동안 가망고객은 전화 건 사람의 이름을 전혀 신경도 안 쓴다는 사실이다.

자신을 소개할 때는 이렇게 말하는 것이 좋다. "저는 <영업전문가의 성과 이름>입니다. 한자로는 이러이러합니다." 이 전략을 통해 이름을 각인시킬 수 있다. 백만 불 원탁회의 회원이 잘 쓰는 문구는 이렇다. "돈을 버는 동시에 절약하는 법을 알려드리고자 전화드렸습니다." 가망고객은 전화 건 사람이 누군지 몰라도 이야기를 듣고 싶어 할 것이다.

긍정적 태도와 열정이 가장 중요하다는 사실을 다시 한번 명심하라. 부정적인 것은 결코 이야기하지 마라. 고객이 밖에 비가 내린다라고 말하면 이렇게 말하라. "괜찮습니다. 눈 내리는 것도 아닌데요"

한 백만 불 원탁회의 회원은 다음과 같이 아주 단순한 기법을 사용함으로써 개척전화를 통해 10명 중 7명의 확실한 가망고객과 약속을 얻어낼 수 있었다.

전화를 걸어 비서에게 물어봅니다. "회사에서 이 업무에 대해 의사결정을 내리시는 분이 누구십니까?" 비서는 이렇게 말합니다. "스미스 씨입니다." 제가 묻습니다. "예, 스미스 씨의 이름은 어떻게 됩니까?" "빌 스미스입니다." 그런 다음 스미스 씨에게 전화 연결을 부탁합니다. "안녕하세요 빌. 향후 12개월 내 수익을 늘리면서 비용을 10%

에서 30%까지 절감할 수 있는 방법을 아시고 싶지 않으십니까?" 적임자와 통화하고 있다면 질문은 상대방이 필요로 하는 것과 바로 연관 있는 일에 화살처럼 꽂힐 것이다. 거금을 절약할 수 있는 방법을 싫어할 회사나 사람은 어디에도 없다.

이 시점에서 바로 마무리로 넘어간다. 약속을 잡기 위해 전화할 때는 약속을 팔기 위해서 전화해야지 상품을 팔아서는 안 된다. 영업 전문가가 저지르는 가장 큰 실수는 전화상으로 상품을 설명하기 시작하는 것이다. 상대방은 바로 이렇게 말한다. "아니오, 미안합니다. 관심이 없습니다. 형편이 안 됩니다. 시간이 없습니다" 등등. 이럴 때 할 일은 가망고객에게 10분을 파는 것이다. 이렇게 말하라. "그게 바로 제가 말씀드리고자 했던 것입니다. 10분 정도 시간이 필요합니다. 선생님께서 원하시는 것인지 스스로 판단하실 수 있도록 제가 갖고 있는 상품과 서비스를 알려드릴 수 있습니다." 상대방은 이렇게 물어볼지도 모른다. "그게 얼만데요?" 상대방은 "그게" 뭔지조차 모르면서 묻는다. 이렇게 말하라. "<가망고객의 이름>님! 선생님께서 찾으시는 안성맞춤의 상품이 아니면 비용은 전혀 들지 않습니다." 이렇게 하는 게 아주 좋은 응대이다. 이로써 가격 문제가 논의에서 빠져버렸다. 다음에 상대방이 말한다. "그것에 대해 조금 더 말해줄 수 있나요?" 이렇게 말하라. "그래서 제가 딱 10분이 필요하다고 말씀드린 것입니다. 딱 10분이면 제 상품의 혜택을 알려드릴 수 있기 때문에 선생님 스스로 판단하실 수 있습니다."

좋은 가망고객은 찾기 힘들고, 늘 바쁘고, 접근하기가 어렵다는 사실을 명심하라. 나쁜 가망고객은 바쁘지 않고 접근하기 쉽다. 약속을 잡으려고 전화했는데 상대방의 답변이 "물론이죠 언제든지 방문하세요"라면 그 사람은 아무것도 구매하지 않을 게 확실하다. 전화를 사용할 때는 매우 민감할 필요가 있다. 상대방이 "우편으로 보내줄 수 없습니까?"라고 말하면 이렇게 이야기해야 한다. "저도 우편으로 보내는 게 쉽지만, 종종 배달사고가 나지 않습니까? 오늘 오후쯤 제가 개인적으로 방문해서 전달하는 게 어떻습니까?" 가망고객이 계속 진지하게 생각하고 있다면 이렇게 말할 것이다. "예, 오늘 오후에 개인적으로 방문해 전달해주세요." 그럼 이렇게 답변한다. "예, 알겠습니다. 3시경에 선생님 사무실 근처에 약속이 있습니다. 개인적으로 방문해 전달해드리겠습니다." 정보를 우편으로 발송하지 마라. "정보를 우편으로 보내주세요"라고 고객이 말하면 그들의 속마음은 "꺼져버려. 관심 없어"이다. 그럼에도 불구하고 우편으로 보내면 비서의 손에 의해 곧바로 쓰레기통에 버려진다.

30분을 내달라고 하지 마라. 그랬다가는 몇 주를 기다리거나 아니면 영원히 기다리기만 할 것이다. 10분을 내달라고 하면 언제든지 끼어들어갈 수 있다. 약속을 정하는 데 아주 유연해야 한다. 전형적으로 이런 소리를 많이 들었을 것이다. "월요일에 전화하세요 그때 약속 시간을 정합시다." 이럴 땐 가망고객에게 이렇게 말해야 한다. "지금 업무수첩을 갖고 있습니다. 선생님도 업무수첩을 갖고 계십니까?" 물론 바보 같은 질문이다. 가망고객은 책상 앞에서 전화를 받고 있기 때문에 책상 위에는 당연히 업무수첩이 놓여 있다. 이렇게 말한다. "지금 당장 약속 시간을 정하시죠 월요일 아침 10시가 좋으시겠습니까?" 월요일에 다시 전화를 걸어 지연되게 만들지 마라. 이는 가망고객이 회피하는 또 다른 방법일 뿐이다. 최고의 고객은 언제나 만나려면 싸움이 필요한 사람이다. 끈기를 갖고 흔들리지 말아야 한다. "엄청난 인내 없이는 어떤 위대한 일도 이루어지지 않는다." 전화로 약속 마무리를 못하면 1루조차 진출할 수 없다.

2. 증명 마무리

이 마무리 기법은 시작하기도 전에 고객의 구매 약속을 얻어낼 수 있기 때문에 아주 효과가 높다. "문제가 발생하기 전에 문제를 해결하라"를 할 수 있다. 증명 마무리 기법은 ① 처음 한 마디로 가망고객을 심사한 후, ② 가망고객이 이 상품을 구매하기 위해 돈을 지불할 수 있다는 것을 명쾌하게 증명하는 것이다.

"스미스 씨! 아주 좋은 상품을 소개해드리면 지금 당장 5천 불을 지불할 여력이 되십니까?" 가망고객이 말한다. "글쎄, 잘 모르겠네요. 아니, 5천 불은 힘듭니다." 다음엔 이렇게 말한다. "4천 불이면 괜찮으시겠습니까?" "글쎄, 잘 모르겠네요." "3천 불이면?" "음, 예. 3천 불이면 가능합니다." "이제까지 보지 못하셨던 최고의 상품을 소개해드리면 3천 불을 투자하시겠습니까?" "음, 예. 그런 상품을 소개해준다면야." 이렇게 하면 논의의 초점을 바꿀 수 있다. 고객이 제안을 들으려 할지 여부를 갖고 왈가왈부하지 않을 수 있다. 토의 주제는 이야기한 대로 그렇게 좋은 상품을 실제로 소개할 수 있는지 여부이다. 고객이 지금 당장 의사결정을 내릴 수 있는 상황인지 여부를 물었다. 가망고객의 답변은 "예"가 된다. 이제 앞으로 제안을 하는 도중에 이 사람은 "글쎄요, 상사와 상의해봐야겠네요" 또는 "친구 스탠리와 얘기해봐야 해요"라는 말을 할 수가 없다. 가망고객은 이미 이렇게 말해버렸다. "예, 돈이 있어요. 예, 자격이 됩니다. 예, 의사결정을 내릴 위치에 있어요" 이거야말로 주의를 집중시킬 수 있는 훌륭하고 강력한 서두 질문이다. 이것은 대부분의 판매 제안에서 유용한 방법이다.

3. 결정 마무리

판매 제안 초기에 바로 이 방법을 사용할 수 있다. 제안의 말미에 "재고해봐야겠네요"라고 말하지 않고 결정을 내리게 하는 데 결정 마무리의 목적이 있다. 이렇게 간단하게 말하라. "<가망고객의 이름>님! 저는 절대 뭘 팔려고 하는 게 아닙니다. 그러니 편하게 들으십시오." 가망고객이 말한다. "예, 좋습니다." 다음에 이렇게 말한다. "많은 사람이 수년간 계속해서 이 상품을 구매한 몇 가지 이유를 소개해드리고자 합니다. 제가 부탁드리고 싶은 것은 이 이유를 들어보시고 선생님 스스로 판단해볼 때 본인에게 적용되거나 본인의 상황에 딱 맞는 것을 한두 가지 말씀해주시면 됩니다. 괜찮겠습니까?" 가망고객이 이렇게 말할 것이다. "예." 당신은 한 가지 제안을 했다. 그것은 바로 가망고객이 마음을 열고 제안을 듣는 한 상품을 판매하지 않겠다는 것이다. 제안의 말미에 가망고객은 다음과 같이 말하진 못한다. "글쎄, 재고해봐야겠는데요." 혹시라도 이런 상황이 만에 하나 발생하면 이렇게 다시 이야기하라. "<가망고객의 이름>님! 한두 개

답변을 하시겠다고 약속하지 않으셨습니까? 이건 아주 간단한 논리입니다. 고객님께서 한두 가지 사항이 고객님 상황에 맞다고 답변하셨고, 선생님께서 하신 말씀에 따라 이 상품은 고객님의 상황에 안성맞춤입니다." 바로 마무리를 할 수 있게 된다. 긍정적인 제안은 어떤 마무리 방법에도 늘 핵심 사항이다.

4. 특장점 마무리

모든 마무리 기법 중 이 기법이 제일 중요하고 가장 강력하다. 90%의 구매 의사결정이 10%의 제품 특징에 기초해 이루어진다는 대부분의 구매 활동 사실과 관련이 깊다. 바꿔 말해 제품을 살 가망고객에게 제안할 때 핵심 판매 포인트로 하나 또는 두 개의 특장점(sizzle)을 보일 수 있느냐는 전적으로 영업전문가의 책임이다. 이 항목을 언급할 때마다 이 놀라운 상품을 소유하고 싶은 가망고객의 욕구가 증대되기 때문에 반복하여 계속 언급하여야 한다. 가망고객에게 중요하지 않은 사항을 말할 때마다 이 상품을 소유하고자 하는 욕구는 점점 사라진다. 훌륭한 영업전문가는 요령껏 질문하고 주의 깊게 경청하는 사람이다. 가망고객에게 충분히 설명하고 가망고객이 충분히 말할 수 있게 하면, 이들에게 판매하는 데 필요한 모든 사항이 이들의 입을 통해 술술 나올 것이다. 질문을 하고 가망고객이 갈구하는 것, 즉 원하고 바라는 것이나 걱정거리를 말할 수 있게 하면 진정으로 그리고 유일하게 가망고객에게 판매할 수 있다. 경청을 많이 할수록 가망고객이 소망하는 바가 정확히 무엇인지 빨리 알 수 있게 된다. 상품의 특장점, 즉 핵심 혜택을 알 때까지는 가망고객은 구매 의사결정을 내리지 않을 것이다. 가망고객에게 상품의 핵심 혜택 즉 특장점을 알게 하는 게 아주 중요하다. 고객이 원하는 게 뭔지 말할 때는 열심히 경청하라.

5. "지속적 점검" 마무리

이 마무리 기법을 통해 어디까지 진행되었는지 점검할 수 있다. 가망고객이 찾고 있던 상품을 갖고 있다는 사실을 알면, 마무리를 시작할 때가 되었다. "이제까지 찾던 게 바로 이 상품 아닙니까?" "이 상품으로 지금 하시는 일이 바로 개선되지 않겠습니까?" 이게 바로 점검 마무리이다. 점검 마무리의 놀라운 점은 가망고객이 바로 "예" 또는 "아니오"라고 답변할 수 있고, 답변에 따라 제안의 지속 여부를 결정할 수 있다는 것이다. "이 제품이 마음에 드시나요?"라고 물었을 때 가망고객이 "아니오"라고 말해도 이렇게 말할 수 있다. "좋습니다. 다른 것을 한번 보실까요?" 또는 "선생님이 찾고 계신 게 이런 유형의 상품 특징 아닙니까?"라고 물었을 때, 가망고객이 "예"라고 하면 판매가 이루어진다. 훌륭한 영업전문가는 자신이 제대로 하고 있는지 살피기 위해 점검 마무리를 많이 사용한다. 마무리 점검 없이는 결코 새로운 정보를 제시하지 않는다. 언급한 사항에 가망고객이 "예"라고 하면 다음의 중요한 사항으로 넘어가거나 또는 마무리로 넘어간다.

가망고객에게 집을 팔 경우를 예로 들어보자. 가망고객을 집 앞에 모시고 가서 말한다. "집 외장이 마음에 드십니까, 싫으십니까?" 그 다음 가망고객을 집 안으로 모시고 가서 말한다. "현관 복도는 맘에 드십니까 아니면 싫으십니까?" 지속적으로 질문을 하면 판매 마무리에 엄청나게 도움이 되는 것, 즉 가망고객이 원하는 바에 대한 정확하고 확실한 전체상을 만들 수 있는 피드백이 도출될 수 있다.

6. "역지사지" 마무리

이 마무리는 간단하다. 제안을 했는데, 가망고객은 자신의 "핵심 문제"를 이야기하려고 하지 않는다. 모든 판매 제안에서 가망고객은 핵심 혜택이 있어야 구매하고 반대의견이 있으면 구매하지 않는다는 사실을 명심하라. 핵심 반대의견을 발견해서 처리하기 전까지는 가망고객은 절대 구매하지 않는다. 대부분의 마무리 기법은 실제로 보면 고객이 구매하는 데 걸림돌이 무엇인가를 말하도록 하는 것이다. 이렇게 말하라. "<가망고객의 이름>님! 잠깐만 역할을 바꿔보시지 않겠습니까? 제 입장이 되어보시죠. 한번 상상해보시죠 선생님께서 존경하는 분에게 이야기를 드리고 있습니다. 그분에게 미래에 큰 도움이 될 아이디어를 알려드리고 있는데, 그분은 도무지 관심이 없어하시고 그 이유도 말씀 안하십니다. 그분께 어떤 질문을 드려야 하나요? 아니면 이 제안에 어떤 특징이 포함되어야 하나요?" 그러면 이 가망고객은 판매 마무리에 필요한 사항을 이야기할 것이다.

7. 가격 마무리

　모든 사람이 가격 때문에 구매한다고 대부분의 사람이 생각한다. 모든 사람이 최저가 상품을 원한다는 말을 들어본 적이 있는가? 거의 대부분의 경우 가격은 중요한 결정 요인이 아니다. 똑같은 상품으로 비교될 때 가격이 중요한 요소가 된다. 고객이 당신의 상품을 원할 때 가격은 중요하지 않다. 상품에 아주 조그마한 차이가 있어도 가격은 중요 요소가 아니다. 당신의 상품을 다른 상품과 똑같은 것으로 취급하지 않아야 하는 게 꼭 지켜야 할 규칙이다. 영업전문가가 가격 문제를 먼저 끌어내면 가격이 문제가 된다. 가망고객이 "얼마입니까?"라고 말할 때 얼마라고 답변하면 즉시 이전투구가 되어 가망고객은 "형편이 안 되는데요"라고 말한다. 논쟁에 들어가도 가격에는 이길 수가 없다. 가격에 대한 기본 규칙은 이렇다. 가망고객이 돈을 지불(계약금 포함)할 수 있는 판매 제안이 끝날 때까지는 가격이 언급되어서는 안 된다. 그렇지 않으면 판매 마무리가 불가능하다. 가격을 어떻게 다루어야 하는가? 가망고객이 받을 수 있는 혜택을 말하기도 전에 "얼마입니까?"라고 물어보면, 가격이 가장 큰 관심 사항인지를 간단히 물어보아라. 그러면 가망고객은 "아니오"라고 답변할 것이다. 모든 것은 가망고객이 지불하려고 하는 것보다 비싸다. 가망고객이 지불하려는 의향과 지불할 수 있는 능력은 전혀 다른 두 가지이다. 어떤 사람도 기꺼이 지불하려고 하지 않지만, 대부분의 사람은 지불할 능력을 갖고 있다. 이렇게 말하면 된다. "잠시 후에 말씀드리도록 하겠습니다." 훌륭한 판매 제안을 시작하면 가망고객은 가격 문제를 잊고 제안에 흥미를 갖게 된다. 가망고객이 "얼마입니까?"라고 물으면 이렇게 답변하라. "<가망고객의 이름>님! 중요한 사항입니다. 잠시 후에 그 사항을 말씀드려도 될까요?" 가망고객이 "물론 이지요"라고 하면 제안을 계속 진행하면 된다. 제안이 끝날 때쯤 되면 구매하려는 것에 대한 수많은 가치를 말했기 때문에 가격을 언급해도 가격은 부차적인 문제가 된다.

8. 단판 승부 마무리

최후 통첩 마무리라고도 한다. 다음과 같은 경험을 해봤을 것이다. 가망고객에게 제안을 했다. "재고할" 시간도 충분히 주었다. 네댓 번 방문했지만 "좀 더 생각해봐야겠는데"라는 말만 들었다. 아직도 결정을 내리지 못하고 있는 이 가망고객을 방문하느라 너무 많은 시간을 소비했다는 사실을 깨달았다. 그래서 마지막으로 단판 승부 마무리를 사용하기로 한다. 최소한 50% 정도는 통한다. 이 마무리를 해서 거래가 안 되더라도, 이 거래는 어떤 방법을 사용했어도 성사되지 않았을 것이다. 매달리지 않았기 때문에 다른 판매 마무리를 할 수 있는 시간을 벌 수 있다. 이제까지 논의한 사항을 정확히 반영해서 서명란만 제외하고 서류 작성을 한다. 가망고객을 방문해서 이렇게 말한다. "<가망고객의 이름>님! 지금까지 너무나 많이 이 사항을 논의했습니다. 이 과정에서 선생님의 시간이 너무 많이 낭비되었습니다. 선생님께 이게 좋은 아이디어가 될지 아니면 나쁜 아이디어가 될지 지금 당장 결정을 하십시오." 가지고 온 서류를 꺼내 책상 건너편에 놓고 그 위에 펜을 올려놓은 다음 이렇게 말하라. "고객님께서 서명만 하시면 바로 실행에 옮겨집니다." 그런 다음 완벽하게 침묵하라. 모든 마무리 기법의 끝에서는 완벽하게 침묵을 지키고 기다리는 것이 핵심이다. 가끔 침묵 시간이 길어질 수도 있지만, 완벽하게 침묵한 채 기다리는 시간이 길수록 가망고객은 구매 의사결정을 내릴 가능성이 점점 높아진다. 판매 제안에서 유일하게 판매 강요를 할 수 있는 것은 마무리 질문을 던진 다음 침묵으로 요청하는 것이다. 기본 규칙은 이렇다. 마무리 질문 후 먼저 입을 여는 사람이 패자가 된다. 판매를 마무리할 수 있는 가장 좋은 때는 제안이 끝날 때이지 제안 후 다음 날이나 일주일 후가 아니라는 사실을 명심하라. 판매 제안이 끝난 직후야말로 가망고객이 신선한 정보를 가장 많이 갖고 있기 때문에 어느 때보다 의사결정을 내리기가 쉽다.

9. 심각한 선택 마무리

대중적인 이 기법은 사소한 사항으로 마무리를 한다. 특정 상품을 판매 제안할 때 이렇게 묻는다. "선생님께서는 장기간 납입하시겠습니까, 단기간 납입하시겠습니까?" 가망고객이 어떤 방법으로 납입하든 상관이 없다. 가망고객이 이 질문에 답변하면 상품을 구매하겠다는 결정은 이미 내려졌다. 납입방법을 이야기하면서 이렇게 물을 수 있다. "매월 1일에 납입하시겠습니까 아니면 매월 15일에 납입하시겠습니까?" 가망고객이 "15일"이라고 말하면 상품을 사겠다는 의사결정을 내린 게 된다. 바꿔 말해 사소한 질문으로 마무리를 한 것이다. 가망고객이 당신이 판매하고 있는 것에 대해 구매 여부를 "예" 또는 "아니오"로 말하기보다 "글쎄 15일이"라고 말하는 것이 훨씬 쉽기 때문에 이 방법을 써야 한다. 어떤 선택이 이루어져도 당신은 승자가 된다. 가망고객에게 유와 무 중 하나를 선택하게 하지 말고 유와 유에서 즉 가 상품과 나 상품 중에서 선택하도록 하라. 현대식 주택이 좋으십니까 전통식 주택이 좋으십니까? 투 도어와 포 도어 자동차 중 어떤 것을 선호하십니까? 레이디얼 타이어와 보통 타이어 중 어떤 유형을 원하십니까? 늘 두 개의 옵션 중에서 하나를 선택하도록 하라. 그러면 지속적으로 판매할 기회가 생긴다. 절대 이렇게 말하지 마라. "이걸 원하십니까 원하지 않습니까?" 늘 다음과 같이 말하라. "어떤 것을 더 선호하십니까?" 따라서 이것을 "선호 마무리"라고 부르기도 한다. 고객에게 어떤 것을 선호하냐고 물으면 판매 제안이 어떻게 되고 있는지 확인할 수 있다. 암묵적 동의는 아주 강력한 전략이 될 수 있다.

10. 벤자민 프랭클린 마무리

가망고객이 의사결정을 내려야 할 상황에 직면했을 때 어떻게 생각하면 좋을지, 예를 들어 의사결정을 내려야 할 이유와 내리지 말아야 할 이유와 같은 장점과 단점을 비교하여 탐색할 수 있기 때문에 벤자민 프랭클린 마무리로 좋은 결과를 얻을 수 있다.

벤자민 프랭클린은 미국에서 최초로 자수성가한 백만장자이기 때문에 그 이름을 따서 벤자민 프랭클린 마무리라 한다. 그는 의사결정을 내릴 때면 언제나 종이 한 장을 꺼내 중앙에 선을 긋는다. 의사결정을 내리면 좋은 이유를 왼쪽 편에 쭉 나열하고, 반대편에는 의사결정을 내리지 말아야 할 이유를 쭉 쓴다. 그런 다음 각각의 이유를 살펴보고 의사결정을 내린다. 좀 복잡한 일을 할 때 여러 가지 요소 때문에 마음을 정하는 데 어려움이 있는 사람에게 사용하기 좋은 방법이다.

이렇게 말하라. "<가망고객의 이름>님! 벤자민 프랭클린의 의사결정 방법을 사용해보죠. 아주 간단합니다. 벤자민 프랭클린은 이렇게 의사결정을 했으며 미국에서 최고의 부호가 되었습니다. 이런 식으로 하겠습니다. 종이 한 장을 꺼내 중앙에 선 하나를 긋고 이 구매 의사결정을 내려야 할 합당한 이유를 쭉 써보도록 하겠습니다." 이 상품을 사야 할 합당한 모든 이유를 쭉 기술한다. 그 다음 말한다. "제가 생각한 건 이 정도인데 혹시 빠진 게 없습니까?" 가망고객이 "예, 빠진 게 없는데요"라고 말하면 이렇게 말하라. "좋습니다. 다른 쪽은 고객님께서 채워보시죠" 가망고객에게 종이와 펜을 건넨 다음 조용히 앉아 있는다.

가망고객은 아마 하나 또는 두 개 정도 쓸 수 있을 것이다. 그럼 이렇게 말한다. "<가망고객의 이름>님! 이미 결정하신 것처럼 보입니다. 언제 상품을 전달해드리는 게 좋겠습니까?" 동의를 했다고 간주했다. 시도해보라. 좋아할 것이다. 잃을 게 아무것도 없다. 무슨 일이 일어나는지 보라. 상품이나 서비스를 구매해야 할 모든 이유를 원하는 순서대로 요약하라. 요약이 끝날 때 고객은 구매 기운이 가장 높은 상태가 될 것이다. 계약서류를 꺼내 작성하라. 날짜를 쓸 때 가망고객이 말리지 않으면 가망고객의 이름을 한자씩 정확하게 물어보라. 가망고객이 정확한 철자를 말해주면, 가망고객은 구매하겠다고 의사결정을 내린 것이다. 혹시라도 가망고객이 "이걸 원하지 않는데요"라고 말하면 직접 물어봐라. "왜 그렇게 생각하십니까?" 가망고객은 진정한 이유를 알지도 못한 채 반대하고 있을 가능성이 높다.

11. 관련성 높은 이야기 마무리

가망고객은 현재 구매를 검토하고 있는 것을 구입해본 다른 사람의 경험을 알고 싶어 하기 때문에 관련성 높은 이야기는 효과적인 마무리가 된다. 이들은 혜택에 대해 듣길 원한다. 가망고객은 상품이나 서비스에 관한 이야기는 수년 후에도 기억해낼 수 있지만, 기술적인 세부 사항은 10분도 지나지 않아 잊어버린다. 가망고객이 어려움을 겪고 있으면, 제안 중일지라도 이 상품을 구매하길 주저하다가 이런 결정으로 손해를 본 사람과 같은 관련성 높은 이야기를 하라. 고객을 움직일 수 있는 예를 사용해보라. 생명보험 계약을 하더라도 15일간의 청약철회기간이 있기 때문에 손해볼 것이 없다라고 설명하라. 통계나 사실 또는 이율보다 이러한 이야기가 최종 결정을 내리는 데 도움이 된다.

12. "용서해주십시오" 마무리

최선을 다해 제안했는데도 가망고객이 중요한 반대의견을 제시하지 않은 채 저항할 때 이 마무리를 사용하라. 가망고객이 어떤 정보도 제공하지 않으려 한다. 모든 가능한 걸 다 했는데도 고객은 그냥 앉아 있기만 한다. 듣는 거라곤 가망고객의 끊임없는 변명뿐이다. 가망고객은 이렇게 말한다. "아니오, 글쎄, 그렇게 생각하지 않는데요. 그 이야기는 더 이상 하고 싶지 않은데요. 구매에 관심이 없는데요. 형편이 안 돼서." 그러면서도 가망고객은 동의를 하지 않는 진짜 이유를 말하지 않는다. 가망고객이 돈이 있다는 것을 알기 때문에 가망고객에게 상품을 판매하고 싶어 한다. 그럼 마지막으로 이렇게 말하라. "<가망고객의 이름>님! 바쁘신데도 이렇게 시간을 내주셔서 감사합니다. 더 이상 시간을 뺏지 않겠습니다. 이제 가보겠습니다." 가방을 닫고 일어나 문 쪽으로 걸어가라. 문에 도착해서 손잡이를 잡아라. 당신이 떠나자마자 가망고객은 어떻게 할까 즉시 생각한다. 손잡이에 손을 대는 순간 가망고객의 판매 저항감은 급격히 떨어진다. 문을 열다가 되돌아서서 이렇게 말하라. "그런데 떠나기 전에 한 가지 궁금한 게 있습니다. 오늘 제 상품을 구매하지 않으실 거라는 사실은 잘 알겠습니다. 제 제안을 개선하는 데 도움을 주실 수 있습니까? 왜 오늘 제가 제안한 상품을 구매하지 않으셨는지 그 이유를 알려주실 수 있겠습니까?" 가망고객은 이유를 말할 것이고 그러면 손잡이에서 손을 떼고 다시 돌아와 서류가방을 내려놓고 이렇게 말한다. "말씀해주셔서 정말 고맙습니다. 제 잘못입니다. 제안 중 그 부분을 적절하게 설명 드리지 못했습니다. 다시 한번 그 부분을 설명 드려도 괜찮겠습니까?" 이제 앉아서 설명해야 할 중요한 이유를 갖고 있다. 가망고객이 제기한 반대의견에 효과적으로 답변할 수 있으면, 남은 시간 중에 마무리를 할 수 있다.

어떤 마무리 기법을 사용하든 소개를 잊지 마라. 가장 중요한 마무리는 다른 사람에게 연결되는 것이다. 기본 규칙은 이렇다. 가망고객 또는 구매자에게 최소한 3명 이상의 소개자를 받아라. 그러나 "제 상품이나 서비스가 필요한 분을 아십니까?"라고 요청하지는 마라. 가망고객에게 호의를 베풀어달라고 하라. "다음번에 제가 제공할 수 있는 것이 필요하면 저에게 연락주실 것을 약속해주십시오 또한 친구나 친척과 같이 아시는 분 중 제 상품이나 서비스가 필요하신 분이 있으면 저를 생각해주십시오 그렇게 해주실 수 있습니까? 약속해주실 수 있습니까?" 대답을 기다려라!

가망고객은 이렇게 말한다. "음, 물론이지요 기꺼이 그렇게 하겠습니다."

"한 가지 더 저에게 약속해주시겠습니까? 제가 제공하는 것을 필요로 하는 사람이 있다는 이야기를 들으면 제가 제일 먼저 그분에게 말씀드릴 수 있도록 기회를 주십시오 그렇게 해주실 수 있겠습니까?"

가망고객은 말한다. "물론이지요 당연히 그렇게 하겠습니다." 그리고 악수를 한다. 약속을 하면 잠재의식에 각인된다는 사실을 효과적으로 활용할 수 있다. 천성적으로 우리는 약속을 깨지 않으려는 의식이 있다. 1년 후나 2년 후 또는 3년 후에 누군가 이렇게 말한다. "당신을 위해 그 문제를 처리해줄 사람을 알고 있는데." 그럼 전화가 온다.

소개받는 또 다른 방법이 있다. 가망고객에게 할 말을 다했고, 오늘은 더 이상 판매할 수 있는 게 없다는 것을 알았다. 그럼 이렇게 말하라. "선생님은 오늘 한 가지를 빼고 하실 일을 다 하셨습니다. 선생님이 생각하건대 제 지식이나 경험으로 혜택을 볼 수 있는 두세 분의 이름을 알려주시지 않겠습니까?" 이것은 또 다른 대안적 마무리("둘 또는 세 분")이다. 대부분의 가망고객은 세 사람을 알려주는 것보다는 두 사람의 이름을 알려주는 게 쉽기 때문에 두 사람의 이름을 알려준다. 이 사람은 가망고객의 머릿속에서 그냥 첫 번째로 떠오른 사람이다. 가망고객만큼 성공한 사람, 즉 가족이나 지인, 동급의 지위에 있는 사람의 이름을 알길 원한다고 다시 부탁하라. 그리고 말한다. "혹시 그분들의 전화번호를 알고 계십니까?" 물론 가망고객은 전화번호를 알고 있고, 전화번호를 얻을 수 있다. 전화번호로 마무리를 했다. 그런 다음 질문하라. "이 가망고객분 중 스탠리 씨나 빌 씨중 어느 분에게 먼저 전화드려야 하겠습니까?" 또 다른 대안 마무리이다. 가망고객이 이렇게 하는데 큰 저항을 보이지 않는 한, 가망고객에게 계속 요청하라. "스탠리 씨에게 바로 전화해서 제가 찾아뵙겠다고 말씀해주시지 않겠습니까?" 대부분의 가망고객은 전화기를 집어들고 스탠리 씨든 아니면 이름을 알려준 그 누군가에게 전화를 한다. 바로 그 자리에서 자기를 소개할 수 있다.

고객에게 공손하게 부탁하거나 심지어 호인처럼 명령하더라도, 제안한 것을 대부분 들어준다. 소개자 덕분에 소개해준 고객에게 더 나은 서비스를 제공할 수 있다는 점을 말하라. 당신에게 소개해준 사람의 신용을 소개자에게 갖고 갈 수 있기 때문에 소개가 개척전화보다훨씬 강력하다. 개척전화를 할 때는 어떤 신용도 받지 못한 채 매우긴 판매 과정에 직면하게 된다. 가망고객이 구매하는 데 100%의 신용이 필요하다면 그 중 90%는 소개를 통해 미리 확보할 수 있다. 알고 있고 존경하는 사람이 당신을 만나보라고 해서 만나면, 소개받은그 사람은 당연히 당신 말을 경청한다. 늘 소개를 요청하고 셋 또는최소한 두 사람의 소개 없이는 제안을 끝내지 마라.

파일에 있는 기존 고객에게 돌아가라. 요새 어떻게 지내는지 전화를 걸어 물어보라. 그들이 구매한 상품에 만족해하는지, 어떤 문제나 의문이 있는지, 그들을 위해 뭔가 해줄 수 있는 일이 있는지를 물어보아라. 가능하다면 방문해서 만나보아라. 영업에 3개월 이상 몸담은 사람이라면 자신의 시간 중 거의 50%는 소개자에게 써야 한다. 1년 이상 영업을 한 사람은 자신의 시간 중 100%를 소개자와 일하는 데 써야 한다. 한 백만 불 원탁회의 영업전문가는 이런 경험담을 들려주었다.

저는 판매한 모든 사람으로부터 그 사람이 알지도 못한 채 소개자 한 분을 소개받습니다. 판매한 모든 고객은 주치의가 있습니다. 저는 모든 고객의 주치의에게 전화를 합니다. 전화를 하면 당연히 비서나 간호사가 받습니다. 저는 늘 의사의 이름만 대면서 전화를 연결해달라고 합니다. 이렇게 해야 간호사의 저항감을 낮출 수 있기 때문에 아주 중요합니다. 간호사는 당신을 의사의 친구로 생각합니다. 그러나 대부분의 사람은 "OOO의사 선생님" 하면서 바꿔달라고 합니다. 최근 제가 한 일에 만족하신 고객분이 선생님께 전화드리라 해서 전화했다고 설명합니다. 이렇게 하면 잘 통하는데 이 방법이야말로 확실한 소개 방법이라고 말해주어도 따라하는 사람이 거의 없다는 게 놀라운 일입니다. 소개를 끊임없이 확보하려면 다른 사람과 연계되려는 노력을 열심히 해야 합니다.

모든 영업전문가는 지속적으로 사업을 할 수 있는 원천을 발견하기 위해 끊임없이 노력해야 한다. 판매는 쉽다는 사실을 늘 명심하라. 판매할 대상을 선택하는 일이 어려운 부분이다. 위에서 언급한 여러 가지 제안을 사용할 때 마무리 기법은 판매 도구이기 때문에 연습할 수 있고 실험해볼 수 있다는 사실을 명심하라. 판매 도구 상자에 도구가 많아지면 판매할 가능성이 더욱 높아진다. 보유하고 있는 상품을 더 많이 사용할수록 더 많은 돈을 벌 수 있다. 어떤 상황에서는 둘 또는 세 가지 마무리 기법만 사용해도 될 것이다. 다른 상황에서는 모든 기법을 다 사용해야 한다. 많이 알수록 마무리할 기회는 점점 더 커진다. 수많은 영업전문가가 영업을 시작했을 때 크게 도움이 된 조언이 하나 있다. 아무것도 살 것 같지 않은 사람에게 제안하고 있고 잃을 것이 아무것도 없다고 생각되면 이 사람에게 지금껏 배운 모든 지식과 기법을 다 적용해보라. 알고 있는 모든 마무리 기법과 거절 처리 기법을 사용해보라. 현장에서 가망고객과 함께할 때만 유일하게 그리고 실제적으로 판매 기법을 배울 수 있다는 사실을 명심하라.

고객 앞에 앉아 말 그대로 모든 것을 쏟아부을 때까지 계속 제안을 할 수 있다면 엄청난 행운이다. 가능하다고 상상한 것보다 더 빠르게 훌륭한 가망고객을 마무리하는 법을 배울 수 있는 기회가 된다. 판매를 성공시키려면 자신 있게 행동하고 솔직하게 마무리하라. "어떤 것을 선호하십니까?"라는 판매 마무리가 "그런데, 왜 이것을 구입하지 않습니까?"보다 훨씬 더 강력하다. 고객이 살 수밖에 없을 것처럼 자신 있게 말하라. 고객이 "예" 이외에 다른 말을 할 수 있을 거라고는 상상하지 못한 것처럼 마무리 질문을 던져라. 이 방법을 연습하라. 목소리의 음조도 연습하라. 자기 자신을 먼저 믿으면 고객도 믿음을 준다. 대부분의 판매는 말이 아니다. 목소리의 음조와 신체언어이다. 좋은 느낌을 주고 멋지게 보이고 세련되게 행동하고 큰 소리로 말하라. 좀 더 크고 명확하게 말하면 판을 장악하고 승리를 거둔다. 승리를 원한다면 승리할 수 있다.

모든 사업에서 태도와 태도의 특징이 성패를 좌우한다. 이러한 특징을 판매 접근법에 통합시키면, 결과는 믿을 수 없을 정도가 된다. 예를 들어 특징을 ① 지원하는 긍정적인 특징과 ② 움츠러드는 부정적인 특징 두 가지로 나눌 수 있다. 지원하는 특징은 야망, 설득력, 주도권, 자발성, 공감, 굳은 결심, 이해력, 다재다능, 끈기, 솔직, 관대, 자기 자신과 고객에 대한 충성심, 자부심, 자신감, 자제력, 자립심, 성실성 그리고 유머가 있다. 부정적 특징은 속임수, 회피, 충동, 소극적 접근, 논쟁, 편견, 자부심 부족, 자신감 부족, 그리고 최악의 특징으로 실패에 대한 두려움을 들 수 있다.

유명한 대학 미식축구 감독인 조 페이터노(Joe Paterno)는 이렇게 말했다. "성공은 여행이기 때문에 두려워하는 일을 늘 해야만 한다. 승리하려면 질 수 없듯이 시합을 해야 한다." 모든 마무리 기법은 장기에 걸쳐 다른 사람을 관찰하거나 실험을 해봄으로써 개발하여야 한다. 명심하라 "실패를 한 번도 해보지 않은 사람은 노력하지 않은 사람뿐이다." 성공과 실패를 가르는 것은 종이 한 장 차이다. 성공하면 돈이 쏟아져 들어오지만 실패하면 아무것도 없다. 실패한 삶을 살지 않으려면 절대 물러서지 마라. 성공이란 삶에서 얻는 자리가 아니라 그 자리에 가기 위해 극복해야 할 장애물이다.

고객의 마음을 사로잡는 법

어떤 문제와 씨름하면 자신이 생각하는 것보다 상대방이 말한 것이 더 중요하지 않으면 상대방에게 주의를 기울이지 않는 게 사람의 심리다. 딴 생각으로 가득 찬 고객에게 접근하려면 그들의 현안 문제를 해결하는 데 도움을 주어야 한다. 예를 들어 가망고객에게 여행 계획이 있냐고 물어보았을 때 내일 먼 곳으로 자동차를 몰고 여행할 예정이라는 대답을 들었다. 이때 자신의 지식을 총동원해 가장 빠른 여행길을 제안해야만 한다. 그래야 가망고객이 좀 더 자유롭게 되어 당신이 하고 싶어 하는 말에 주의를 기울일 준비를 하게 된다. 영업 전문가가 원래 이야기하려고 계획했던 것을 곧장 이야기하면, 가망고객의 마음은 아직도 여행으로 가득 차 들리지 않을 것이다.

우리는 평소 하던 대로 하는 것이 편하기 때문에 늘 하던 대로만 한다. 현재의 상황이나 일에 만족하는 한 바꿀 이유가 없다. 그러나 상황이 변해 만족하질 못하면 불편함을 느끼기 시작한다. 사람은 불편함을 싫어하기 때문에, 불편함을 느끼면 제안에 개방적이 된다. 불편함을 제거할 수 있는 새로운 행동방식을 배우면, 기꺼이 행동을 바꾸려 할 뿐만 아니라 새로운 방식으로 행동하도록 동기부여를 받는다.

판매의 첫 번째 단계는 가망고객에게 그들의 현재 행동이나 상황을 불편하게 느끼도록 만드는 것이다. 두 번째 단계는 불편함을 제거할 수 있는 새롭고 더 나은 방법을 제시하는 것이다. 세 번째 단계는 그들이 스스로의 자유 의지에 의해 변화를 추진하도록 한쪽에 비켜

서서 지켜보는 것이다. 이러한 단계를 밟아나가면 고객과의 만남에 늘 보상이 뒤따를 수 있는 설득력을 개발할 수 있다. 처음 이 과정을 진행할 때 약간 신경을 써야 하지만, 계속하다 보면 과정 자체가 자연스럽게 습관처럼 몸에 밴 것을 부지불식간에 알 수 있다.

원시인은 성냥 없이 불을 피웠다. 먼저 마른 나뭇가지를 꺾어 쌓아놓는다. 다음에 불꽃이 일어나 나뭇가지로 옮겨 탈 때까지 두 개의 돌을 부딪친다. 다른 사람을 이해시키는 것도 이와 유사하다. 먼저 주의를 기울일 만한 것을 준비해야 한다. 그런 다음 관심의 불길이 일어날 때까지 불꽃을 일으키고 대화로 부채질하여야 한다. 비교해서 말하면, 나뭇가지가 말라 있고 습기를 머금고 있지 않으면 불꽃이 더 빨리 커다란 화염으로 변할 것이다. 마찬가지로 고객의 마음이 "목말라 하고" 자신의 생각이나 감정에 휩싸여 있지 않으면 관심의 불길이 일어날 수 있다. 고객의 관심을 끄는 데 방해가 되는 가장 공통적인 마음의 물기를 없애는 두 가지 방식이 있다.

전념하라

다른 사람에게 전념하라. 심리학자, 정신병 의사, 목사, 경영자, 범죄학자 그리고 결혼상담사 모두는 사람을 다루는 기술에 대해 한 가지 단순한 결론을 갖고 있다. 사람으로부터 결과를 얻고자 진정으로 원한다면 그 사람에게 전념하는 기술을 습득해야 한다.

이거야말로 사람에게 영향력을 미칠 수 있는 가장 확실한 방법이며 이 방법을 통해 원하는 것을 언제든지 얻을 수 있다.

상대방의 긴장을 완화시켜라

가망고객의 긴장을 완화시키는 법을 배우는 게 중요하다. 가망고객의 신경이 매듭처럼 꽉 묶여 있으면 마음 역시 그럴 것이다. 가망고객의 관심을 집중시키려면 먼저 이들의 긴장을 완화시켜야 한다.

가망고객의 긴장을 완화시키는 한 가지 방법은 먼저 자기 자신을 통해 긴장이 없는 상태를 보여주면 된다. 조용하고 부드럽게 말하고 몸동작은 느리면서도 신중하게 하며 가망고객의 개인적 니즈나 느낌에 대해 침착하면서도 주의 깊게 대응한다. 이렇게 행동하면 이완된 분위기를 만들 수 있다.

대화를 안정적으로 유지한다. 가망고객을 성내게 하거나 흥분시킬 만한 화제는 논의하지 않는다. 취미나 다음 주말 계획 같은 편안한 주제를 이야기한다. 한 가지 예외가 있다. 가망고객이 어떤 특별한 것에 감정적으로 얽매여 있으면 이야기를 꺼내도록 하는 게 최선일 때가 종종 있다. 감정을 배출할 수 있는 기회를 갖게 되면 가망고객은 당신에게 전념할 수 있는 여유가 생긴다.

백만 불 원탁회의 회원의 다음 이야기를 들어보자.

이 방법을 사용해서 30분 만에 1백만 불의 판매를 거둔 이야기를 해드리겠습니다. 어느 날 오전 11시 30분에 고객인 농부가 제 사무실을 방문했습니다. 약속도 하지 않은 채 방문한 고객이 자리에 앉자, 저는 인사를 드린 다음 무슨 일로 오셨습니까라고 물었습니다. 올해 말 졸업할 자식을 위해 농장을 사는 게 좋은지 아니면 미국이 내년에 공산국가가 될 것을 대비해 해외투자를 해야 하는지 조언을 부탁한다고 대답하셨습니다. 평생 일군 재산을 송두리째 뺏길지도 모른다는 생각에 잔뜩 긴장하고 있었습니다. 저는 질문을 몇 개 하면서 긴장이 풀릴 때까지 마음껏 말씀하시도록 하였습니다. 그런 다음 농장 구매와 1백만 불짜리 생명보험에 투자라는 두 가지 모두 하시도록 조언해 드렸습니다. 그렇게 함으로써 고객분은 자신이 대단한 사람이라는 것을 느끼게 되었습니다.

80-15-5 마무리 규칙

당신의 상품이나 서비스를 구매하도록 가망고객을 확신시키려고 절실하게 노력했지만 아무 성과가 없었던 경험이 이제껏 몇 번이나 있었는가? 당신은 극도의 좌절감을 느꼈겠지만 가망고객 또한 마찬가지였을 것이다. 효과적인 판매 마무리 기법을 이야기하고 가르치는 데 너무 많은 시간이 낭비되지만, 실제 실무에서는 고객과 보내는 시간 중 가장 적은 부분이다.

80-15-5 규칙의 사용법을 알아보자.

- 80%의 시간을 사실 확인에 사용한다. 가망고객이 갖고 있는 문제를 발견하고 탐구하고 개발한다.

- 15%의 시간을 가능한 해결책을 개발하는 데 사용한다.

- 5%의 시간을 마무리하는 데 사용한다.

　　고압적인 영업전문가는 불행하게도 이 공식을 반대로 사용한다. 이들은 15%의 시간을 문제를 발견하고 개발하는 판매 제안에 사용하고 5%의 시간을 해결책에 그리고 80%의 시간을 마무리하는 데 사용한다. 일부 판매 과정이 이렇게 거꾸로 된 공식에 따라 구성되었다. 이러한 판매 과정을 따르면 판매를 마무리할 수 있는 해결책을 최소한도로 제공할 수밖에 없어 상당한 수입을 놓치게 되고 결국 가망고객과 영업전문가 사이에 장벽만 높게 쌓일 뿐이다.

　　판매는 교육이다. 대부분의 백만 불 원탁회의 영업전문가는 고객을 적절하게 교육시킨 다음에야 판매 마무리가 이루어질 수 있다는 사실을 굳게 믿는다. 이들은 묻는다. 고객의 니즈가 무엇인가? 이 니즈를 충족시킬 만한 해결책은 무엇인가? 어떤 해결책이 최선의 방법이 될까? 80-15-5 규칙대로 문제를 정의하고 가능한 해결책을 개발하는 데 자신의 시간을 주의 깊게 사용하면 최선의 해결책은 명확하게 드러난다. 따라서 이렇게 마무리하면 된다. "목표와 니즈가 정확하고 해결책이 최선이라는 것에 동의한다면 구매하여야 할 상품을 찾아보겠습니다." 상담 과정 초기에 판매가 완료된다. 상품이나 서비스에 돈을 지불하는 것은 요식 행위가 된다. 의사결정 영역에 들어가 실행 점검표를 점검할 때면 가망고객은 자신의 문제를 해결하는 데 필요한 것이 무엇인지를 알게 된다.

고객이 이제까지 받은 상담에 대가를 지급할 때면 이들은 깊은 관심을 갖고 제안된 사항을 점검한다. 이때는 인내심을 갖고 서둘러 마무리하려는 유혹을 이겨내야 한다. 가망고객의 문제가 명확히 확인되고 제안된 해결책이 주의 깊게 분석되기 전까지는 마무리를 할 수 없으며 이 과정에는 지름길도 없다. 몇몇 경우에는 마무리 과정이 4주에서 6주 정도 걸릴 수 있지만, 기다린 보람을 느낄 수 있을 정도로 결과는 크다.

인내심을 가져라! 판매 과정은 대부분 교육 과정이다. 80−15−5 규칙을 따르면 업계에 널리 퍼진 판매 마무리를 못하는 좌절감을 경험하지 않을 것이다. 상담자로서 가망고객에게 신뢰를 받을 것이다. 가망고객은 주의 깊게 경청할 것이고 당신이 최선이라고 느끼는 대로 행동할 것이고 당신의 제안을 따를 것이다. 이에 대한 보상은 상당히 크다. 제공한 서비스에 대한 대가뿐만 아니라 배려심 깊은 영업 전문가로서의 역할을 한층 강화시킬 수 있다. 그리고 수없이 많은 소개자를 소개받고 기존 고객에게 재판매가 가능하게 될 것이다.

마무리의 동기부여

"아니, 미안하지만 오늘 저녁엔 곤란한데. 외출할 수 없어. 집에서 해야 할 회사 일이 너무 많아!" 최신 흥행 영화를 보고 싶어 하는 부인에게 남편이 한 말이다. 그러나 부인의 성화에 못 이겨 결국 남편은 부인과 영화를 보러 갔다!

"올해는 컴퓨터를 새로 구입하지 않네." 관리자가 직원에게 이렇게 말했다. 그러나 직원은 끈기를 갖고 관리자의 생각을 바꿨고 사무실엔 곧 새 컴퓨터가 설치되었다.

"거의 불가능에 가까워!" 한 번도 진 적이 없는 최고의 팀과의 경기를 앞두고 최하위 팀 감독이 절망적으로 말했다. 그러나 이 팀은 예상을 뒤엎고 승리했다!

불가능하다고 생각한 일이 매일 이루어진다. 승리하고자 하는 사람에 의해서만 이루어지고 또한 이들의 앞길에 놓인 장애물을 부수어버릴 정도로 충분히 동기부여되었을 때만 이루어진다.

가망고객에게는 예산상 아니면 생활비 때문에 당신이 판매하는 상품이나 서비스의 구입이 종종 불가능해 보여 이렇게 말한다. "이건 불가능한데요!" 이 시점에서 수많은 훌륭한 판매 제안이 무너져버린다. 영업전문가는 과잉 동감 상태가 되어 가망고객의 말을 그대로 받아들인다. 이게 바로 판매 위기가 발생하는 시점이다. 행동하도록 하는 데 사실, 숫자, 도표 그리고 니즈 분석 모두 중요하다. 그러나 영업전문가가 즉각적인 행동을 할 수 있도록 동기부여하지 않으면 가망고객과의 상담은 수많은 대화만 오갈 뿐이다.

시계 추 정지시키기

가망고객이 결정과 미결정 사이에서 헤매는 것은 마음속의 시계 추가 좌우로 흔들리는 것과 같다. "예, 당신이 판매하는 상품과 서비스는 최고입니다"라고 가망고객이 말하면 시계 추는 행동하기 위한 결정 쪽으로 움직였다가, "그렇지만 내가 어떻게 하면 좋을지 모르겠네요"라고 하면 시계 추는 미결정 쪽으로 움직인다.

"예, 제 니즈에 맞는 상품인데 이런 상품은 너무 많아 선택하기가 어렵네요……" 이런 말을 하면 시계 추는 다른 주기로 빠진다. 영업전문가에게는 괴로운 순간이다. 가망고객의 마음속에 상품이나 서비스를 구매하지 않아야 할 수만 가지 이유가 쏟아져 들어오기 전에 상품이나 서비스의 혜택을 인식하는 순간에 시계 추를 정지시키는 방법이 필요하다. 시계 추를 정지시키는 몇 가지 방법을 검토해보자.

일부 영업전문가는 압력을 가해 시계 추를 멈추려고 한다. 압박 판매에 대한 많은 이야기가 있지만, 압박과 이에 대한 가망고객의 반응에 대한 오해가 많기 때문에 이 주제를 좀 더 살펴보기로 하자.

어떤 영업전문가도 가망고객에게 판매를 강요할 수 없다. 영업전문가의 판매 대상자는 대부분 민감하고 존경받을 만한 사람이기 때문에, 이들에게 판매를 강요하게 되면 저항과 적대감이 생긴다. 그러나 시계 추는 정지시켜야 한다. 한 가지 방법은 영업전문가가 아니라 오히려 가망고객이 압박의 주체가 되는 것이다. 이게 바로 동기부여의 목적이고 동기부여 이야기를 전달하는 목적이다.

누구나 자기가 원하는 것을 자신이 좋아하는 사람에게서 구매한다. 가망고객이 구매하고 싶도록 논리적이고 호소력 있게 제안하는 것은 영업전문가의 몫이다. 가망고객의 감정이 배어 있어야 한다. 논리를 통해 당신의 상품과 서비스가 가망고객에게 꼭 필요하다는 것을 알려주어야 한다. 감정을 통해 지금 당장 필요한 일로 가망고객에게 알려주어야 한다.

동기부여할 권리가 있는가?

강력한 마무리꾼은 확신에 찬 사람이다. 이들은 자신의 상품과 서비스를 절대적으로 믿으며, 이러한 믿음을 열정을 통해 다른 사람에게 전달한다. 일부 영업전문가가 판매 과정 중 동기부여를 사용하는데 어려움을 겪는 이유는 단순하다. 자신이 제공하는 상품이나 서비스의 가치에 대한 믿음이 마음속 깊이 자리 잡지 못했기 때문이다.

영업전문가는 제일 먼저 자신의 확신을 살펴보아야 한다. 자신이 말하는 것을 자기 자신이 정직하게 믿고 있는가? "이 상품이나 서비스가 다른 사람에게 유용했다는 사실을 이 고객에게 확실히 소개해 줄 수 있어." 다른 모든 종류의 마무리와 마찬가지로 동기부여 이야기는 상담 과정 속에서 나온다. 적절한 장소에서 말하지 않으면 영업전문가의 이야기는 시간 낭비이거나 심하면 손해나는 것이 될 수 있다.

진정한 동기부여는 판매 제안의 결론에 첨부되는 최종 부록이 아니다. 진정한 동기부여는 영업전문가의 말뿐만 아니라 자신의 확신에 의해 전체 판매 과정에 녹아들어가야 한다. 확신에 의한 동기부여는 결정적 순간과 분위기를 창출하며, 사실적인 동기부여 이야기를 이제까지 진행되었던 모든 것의 자연스러운 절정으로 만든다.

여기 진짜 이야기가 있다. 한 영업전문가가 신입 영업사원을 훈련시키는 본사 직원으로 임시로 보직이 변경되었다. 교육 과정은 2주였다. 강사의 대부분 시간은 소수의 수강생에게 쓸 수 있었다. 교실에서는 큰 책상에 집단별로 둘러앉았다. 매일 수강생과 강사는 목표 고객에게 회사 상품을 소개하는 법과 자신의 역할에 관한 이야기를 펼쳤다. 이 수업은 친근하고 비형식적이고 우호적인 분위기에서 진행되었다.

신입 영업사원의 수업이 회차를 거듭해 계속 진행되면서 강사는 흥미로운 현상을 발견하였다. 2주간의 교육 중에 수강생에게 회사 상품을 구매하도록 요청한 적이 한 번도 없는데 2주의 수업이 끝났을 때는 거의 늘 대부분 자발적인 구매가 일어났다. 무슨 이유에서 구매했을까? 이 과정에 들어오기 위해서는 최소 3개월의 현장 경험이 있어야 했다. 따라서 모든 수강생은 회사 상품에 대한 니즈가 사전에 노출된 상태였다. 이 신입 영업사원의 구매 이유는 다음과 같다.

- 자신이 알고 존경하는 강사를 수용하였다.

- 강사의 유일한 목적이 자신을 돕기 위해서라는 걸 알고 있기 때문에 강사의 말을 수용했다.

- 성실성과 열정을 통해 회사 상품에 대한 강사의 확신이 수강생에게 전달되었다.

- 강사의 경험을 통해 수강생은 상품을 자기 자신의 개인적 니즈와 연결시킬 수 있었고 자발적으로 구매할 정도로 이 상품을 원한다고 동기부여를 받았다.

전체 2주 수업 동안 영업전문가의 확신과 열정이 수강생에게 구매할 수밖에 없는 분위기를 어느 정도 재창출했을까? 답변은 당연히 "절대적"이다!

어떤 이야기를 할 수 있을까?

동기부여의 목적은 행동, 즉 구매행동을 보장하고 이 행동이 지금 당장 일어나는 것을 보장하는 것이다. 동기부여를 통해 가망고객이 상품이나 서비스에 감성적이 되게 만들 필요는 없다. 오히려 고객이 자기 자신에 대해 민감해질 수 있다. 가망고객이 구매를 쉽게 하도록 하는 전반적인 목적과 조화를 이룬다. 가망고객이 자신의 적절한 시각으로 상품과 서비스를 바라보고 현재의 니즈를 충족시키는 최선의 방법이라는 걸 깨닫게 되면 의사결정을 내리는 게 더 쉬워진다. 영업 전문가는 가망고객에게 두 사람이 최선이라고 공통으로 알고 있는 것을 하려고 한다는 것을 생각하게 할 뿐이다.

좋은 동기부여 이야기의 원천에는 몇 가지가 있다. 가장 중요한 원천은 바로 자신의 경험이다. 어떤 것이든 상관없이 자기 자신의 이야기를 하는 데 주저해서는 안 된다. 자기 자신의 경험에서 나온 이야기는 말하기 쉽고 가장 자연스럽게 들린다. 자신의 상품이나 서비스를 사용한 고객의 긍정적인 이야기가 아직 없으면, 동료가 경험한 직접적 혜택을 제공할 수 있다. 영업전문가가 책에서 읽은 것을 이야기하기보다는, 현장에서 상품과 서비스가 실제적으로 어떻게 활용되는지 관찰한 것을 이야기하는 것이 훨씬 낫다.

이야기는 아주 극적일 필요까지 없다. 단순한 이야기가 종종 가장 효과적이다. 자신이 걸어온 과거를 뒤돌아보아라. 개인이나 회사가 당신의 상품이나 서비스가 절실히 필요했을 때 이들에게 구원이 된 수많은 사례가 있을 것이다. 이러한 사례의 하나가 오늘날까지 업계에서 이 일을 하고 있는 이유가 될 것이다.

개인적인 이야기일지라도 쉽고 자연스럽게 말할 수 있을 때까지 글로 쓰고 주의 깊게 연습에 연습을 거듭해야 한다. 동기부여 이야기를 잘할 수 있는 능력에 대해 자신이 갖고 있는 일말의 의구심을 극복하는 데 도움이 될 것이다. 준비하고 예행 연습하면 또 다른 이점이 있다. 이야기하는 데 도취되어 이야기의 핵심이 없어질 정도로 자세히 말하는 위험을 줄일 수 있다.

자신의 경험을 검토할 뿐만 아니라, 자신의 상품과 서비스에 호감을 갖고 있는 다른 사람에게 물어보아야 한다. 고객이 자신의 상품을 구매하고 친구나 동료에게 추천해준 이유가 무엇인가? 이게 바로 이야깃거리가 된다.

제 4 장

반대의견의 예상과 처리

반대의견의 공포로 많은 사람이 중도에 영업을 포기하지만, 최고의 영업전문가는 반대의견이야말로 판매 과정의 정상적인 부분이라는 것을 안다. 준비만 되어 있으면, 반대의견은 영업전문가에게 마무리의 실마리를 제공해줌으로써 실질적으로 도움이 된다. 이 장을 통해 알 수 있듯이 백만 불 원탁회의 영업전문가는 확신으로 마무리한다.

반대의견 처리

판매 제안에 질문을 못하거나 반대의견을 제기하지 못하는 가망고객이나 고객을 조심하라. 이러한 사람은 대개 가장 판매하기 힘든 가망고객이다. 왜냐하면 가망고객이 질문하거나 반대의견을 제기하는 것이 세상에서 가장 자연스러운 일이기 때문이다. 능숙한 영업전문가는 질문이나 반대의견이 진지하게 표출되는 한 이 두 가지 반응이 진정한 관심의 반증이라 여기며 반가워한다. 가망고객이나 구매자가 누구이든 그리고 상품이나 서비스가 무엇이든지 상관없이 질문과 반대의견을 환영해야 한다. 질문과 반대의견을 통해 가망고객이 말하려는 것은 다음과 같다. "예, 말씀하신 거에 관심이 있습니다. 그러나 제안을 수용하는 데 방해가 되는 걱정거리가 있습니다. 이 걱정거리를 없애주시면 판매 마무리가 됩니다." 판매 저항의 증거에 대해 항상 긍정적 태도를 유지하라.

반대의견을 극복하는 데 긍정적 태도 외에 영업전문가가 할 수 있는 일이 무엇이 있을까? 이 질문에 답하기 위해 반대의견에 답변하기 가장 좋은 때, 사용할 수 있는 기법 그리고 특정 반대의견에 답변하는 방식을 차례로 논의하기로 한다. 논의상 가망고객은 상품과 서비스에 대한 니즈가 있고 구입할 경제적 여력도 있다고 가정하겠다.

답변하기 좋은 때

반대의견에 답변하기 가장 좋은 때가 언제냐고 물으면 대부분의 영업전문가는 재빨리 "즉시"라고 대답할 것이다. 일반적인 경우에만 해당되고 고객이 장애물을 뛰어넘도록 도울 수 있는 적절한 시간이 따로 있기도 한다. 여기에서 네 가지 접근법을 설명한다. 특정 상황에 맞는 적절한 방법을 선택하라.

1. 반대의견을 예상하라

한 가지 확실한 예외를 제외하곤 반대의견에 답변하기 가장 좋은 때는 반대의견이 제기되기 전이다. 자신의 경험이나 회사 동료의 경험을 통해 잘 알고 있는 것으로 빈번히 제기되는 공통적 반대의견은 쉽게 이렇게 할 수 있다. 이 규칙의 유일한 예외는 영업전문가가 강력한 답변을 갖고 있어 미리 답변하기보다 가망고객이 반대의견을 제기하도록 의도적으로 기다리는 상황이다. 이런 상황에서는 능숙한 시간 조절로 상당한 보상을 얻을 수 있다. 답변을 통해 제안을 바로 마무리 시점으로 옮길 수 있다.

한 가지 예를 살펴보자. 영업전문가가 가망고객을 새로운 주택개발지로 주의 깊게 모시고 가 가망고객이 특별히 좋아할 만한 집 안으로 안내한다. 영업전문가는 가망고객이 중요하게 생각하는 모든 항목을 승인받은 상태이다. 그러나 가망고객이 쇼핑시설이 부족하다고 반대의견을 제기할 것을 경험을 통해 영업전문가는 알고 있다. 영업전문가는 반대의견을 사전에 방지하기보다는 반대의견이 제기되기를 기다렸다. "글쎄, 집이나 위치는 마음에 쏙 드는데, 주위에 쇼핑할 곳이 없네요"라고 가망고객이 말했을 때 영업전문가는 이렇게 대답했다. "말씀하신 바는 잘 알겠습니다. 저도 똑같이 생각합니다. 이 근처에 현대식 쇼핑센터 건축 계약이 체결되었다는 사실을 아시면 기쁘시겠지요?"

기민한 영업전문가는 자신이 종종 부딪히는 골치 아픈 반대의견의 목록을 늘 작성해둔다. 그런 다음 이들을 자신이 진정으로 해줄 수 있는 가장 효과적인 답변을 준비해두었다가 판매 제안에 넣어 사용한다. 이를 통해 가망고객이 제기할 수 있는 반대의견의 수를 최소화시킨다. 가망고객으로서는 반대의견을 제시해 영업전문가로 하여금 방어적이 되게 하려는 기회가 무산된다. 왜냐하면 반대의견에 이미 답을 했기 때문이다.

2. 반대의견에 즉시 답변하라

몇몇 반대의견은 제안할 때 미리 답변을 준비하지 못하는 경우도 있다. 가망고객이 진지하게 반대의견을 제기하면 즉시 답변을 하여야 한다. 그렇지 않으면 가망고객이 질문에 답변하는 당신의 능력을 의심하게 된다. 아래의 상황과 같은 예외를 제외하고는 진지한 반대의견에 즉시 답변해야 할 또 다른 합당한 이유가 있다. 진지한 반대의견에 영업전문가가 답변을 하지 못하면, 가망고객은 종종 특정한 그 문제에만 매달리느라고 다른 논의 사항은 전혀 귀 기울이지 않게 된다. 이렇게 가망고객의 마음이 고착 상태에 빠지면, 영업전문가는 타협을 해야 하고 전체 판매 제안도 빈약해진다. 이들은 자신감을 잃고 가망고객의 신뢰도 잃게 된다.

다음 예를 통해 교훈을 배울 수 있다. 한 고객이 값비싼 최첨단 35mm 카메라를 주의 깊게 살펴보고 있다가 다음과 같이 진지하게 질문을 하였다. "<판매원의 이름>님, 이게 새로 나온 셔터인가요?" 판매원은 자기 자신의 이야기에 흠뻑 빠져 아주 짧게 "대단하죠"라고 답변한 뒤 카메라에 대한 자신의 독백을 계속했다. 다시 한 번 고객은 셔터에 대한 답변을 듣고자 노력했다. 고객은 완전히 무시당한 채 셔터를 보면서 멍하니 서 있었다. 판매원이 카메라에 대해 조잘거리면서 상황을 눈치를 챘어야 했는데 그러지 못하고 마무리의 예비 타진을 시도했다. "정규 할부방식이 좋습니까 아니면……?" 마침내 고객이 말할 차례가 되었다. "<판매원의 이름>님! 당신이 지껄인 말을 한 마디도 듣지 않았어. 내가 알고 싶었던 것은 셔터란 말이야!" 이 말과 함께 고객은 바람처럼 자리를 떠났다.

3. 답변을 늦춰라

반대의견에 답변을 늦춰야 할 상황에는 다음 두 가지가 있다. ① 고려할 만한 핵심 사항과 관련이 없는 반대의견, ② 가치판매가 제공되기 전에 가격에 대한 질의가 있을 때. 첫 번째 상황에서 어떻게 말해야 되는지 살펴보자.

> **영업전문가:** "<가망고객의 이름>님! 질문하신 내용은 민감한 부분입니다. 사실 조금 있다 다른 특징과 연관시켜 조심스럽게 말씀드릴 예정이었습니다. 지금은 우리가 방금 논의한 디자인 특징을 이해하셨는지 확인하고 싶습니다."(말을 멈추지 말고 바로 판매 제안으로 돌아간다.)

두 번째 상황 즉 조기에 가격에 대한 질의가 있는 경우 경륜 있는 영업전문가는 가치 이야기가 충분히 될 때까지 보류한다. 다음 예를 보라.

영업전문가(가망고객에게 사무기기를 판매): "<가망고객의 이름>님! 의문의 여지없이 가격은 항상 중요합니다. 그러나 이 기기가 고객님이 원하는 대로 시간이 절약되지 않고 경제성이 없으면 가격이 얼마여도 관심이 없을 것은 자명하지 않겠습니까? 가격을 염두에 두기 전에 이 기기로 무엇을 할 수 있는지 살펴보시죠"(즉시 판매 제안을 진행한다. 말을 멈추지 않는다.)

상품이나 서비스에 대해 주의와 관심을 확보했거나 또는 가망고객이 예상하는 가격대보다 상당히 높다는 것을 알았을 때 영업전문가는 가끔 판매 단계 초기에 가격을 언급하기도 한다. 이렇게 진행한다.

영업전문가: "예, <가망고객의 이름>님! 가격이 상당히 비쌉니다. 상당한 금액이지만, 이 기기는 그 정도 아니 그 이상의 가치가 있다는 것을 확실히 보여드릴 수 있습니다."(말을 멈추지 말고 다시 판매 제안으로 돌아가라. 간단히 해결하라.)

4. 반대의견을 무시하라

반대의견이 가치가 없거나 중요하지 않으면 가능한 무시하라. 그러나 다시 거론될 때는 꼭 답변을 해야 한다. 다시 말하지만 카메라 판매원처럼 하지 마라! 반대의견 무시 기법을 자주 사용해서는 안 되며, 가망고객이 아주 하찮은 유형의 변명을 할 때만 사용하여야 한다.

반대의견에 답변하는 기법

확실히 검증된 기법은 엄청난 가치를 갖고 있으며 반대의견과 질문에 답변하는 데 사용할 수 있다. 완전히 익숙해져 쉽고 완벽하게 사용할 수 있을 때까지 연습하라. 아래 논의와 대화는 두 가지 전제조건하에 진행된다. ① 가망고객은 구입할 자금 여력이 있다. ② 가망고객은 상품이나 서비스에 대한 진정한 니즈가 있다.

다음과 같은 기법을 설명할 예정이다.

- 간접적 또는 "예, 그러나"
- 부메랑
- 상쇄
- 질문
- 직접 부정

특정 판매 상황에 따라 효과가 있는 기법이 다를 수 있다. 어떠한 답변 방식을 사용하건 상관없이 가망고객이 하는 말을 주의 깊게 듣고 공손하게 답변해야만 한다. 다른 사람에게서 똑같은 반대의견을 들은 경험이 있더라도, 반대의견을 심사숙고했고 가망고객의 의견을 존중한다는 느낌을 행동과 답변을 통해 가망고객에게 주어야 한다. 결국 반대의견에 답변한 다음에는 제안의 다음 단계로 넘어가야 한다. 호미로 막을 일을 가래로 막을 일로 만드는 것같이 제안을 복잡하게 만들지 마라. 건방지고 오만하고 모욕적인 분위기를 만들어 가망고객을 바보로 느끼게 만들지 마라. 이 기법으로 가망고객의 홍수같은 질문을 막을 수 있고 자신이 어느 정도 발전했는지 이정표로 삼을 수 있다.

간접적 또는 "예, 그러나" 기법

부드러운 답변으로 분노를 달랠 수 있다는 말이 있다. 바로 이런 이유 때문에 다른 기법보다 이 기법을 많이 사용한다. 반대의견의 예리함을 무디게 하거나 연기시키거나 또는 옆으로 비끼게 하는 가장 훌륭한 방법이다. 간접적 방법을 다른 기법과 조합하여 가장 자주 사용한다. 가망고객을 단호하게 부정하는 것을 피하는 방법이다.

> **영업전문가**: "그렇게 생각하시는 고객님을 이해할 수 있습니다. 제가 방문했던 다른 분도 똑같이 느끼셨습니다. 그러나 지난 6년간 신형 플라스틱이 현재 제조되는 어떤 유형의 유리와 똑같이, 아니 그보다 더 내열성이 있다는 사실이 입증되었습니다."

부메랑 기법

이 기법을 종종 "방향 전환하는 대응" 또는 "전화위복 대응" 방법이라고 부른다. 영업전문가가 가망고객의 반대의견을 구매해야 할 이유로 바꾸는 것이 바로 이 방법이다. 영업전문가는 가망고객에게 실제 이렇게 말한다. "이 상품을 선택해야 할 가장 강력한 이유가 바로 그것 때문입니다!" 이 기법을 적용할 기회를 얻으면, 언제나 효과적이라는 것을 알 것이다.

> **가망고객**(자사의 주택 페인트 서비스를 설명하기 위해 방문한 영업전문가에게): "주택을 페인트할 경제적 사정이 안 되는데……."
>
> **영업전문가**: "선생님께서 그렇게 말씀하시니 너무 고맙습니다. 지금 당장 주택 페인트하는 데 소액 투자를 할 여력이 안 되면 혹독한 이번 겨울을 맞아 페인트 비용의 몇 배나 되는 수리비용은 더욱 더 감당할 수 없다는 사실을 알기 때문에 말씀드리는 것입니다."

또는,

상쇄 기법

상쇄 또는 우수한 사실 기법은 가망고객의 반대의견을 인정하고 그 의견을 상쇄하고도 남을 우수한 점을 강조하는 것이다. 영업전문가는 하나의 상품으로 모든 사람을 만족시킬 수 없다는 사실을 활용한다. 영업전문가가 자동변속장치가 장착된 자가용을 판매하려고 하는데 고객이 비경제적이라고 반대의견을 제시한다. 영업전문가는 이렇게 말한다. "연비가 떨어지는 게 사실입니다. 그러나 나중에 새 차를 구입하기 위해 보상판매를 할 때 고가로 판매할 수 있어 더 경제적입니다." 소매 보석상에게 소개한 금 세공품이 다른 것보다 가벼우면 영업전문가는 세공 단위당 저가격과 판매할 때 어떻게 이것을 활용할 수 있는가를 강조할 것이다. 고객이 가격이 비싸다고 반대하면, 고가를 정당화할 수 있는 특징과 서비스를 설명할 것이다. 이 기법은 반대의견을 제거하지 못한다. 오히려 가망고객의 관심을 이 반대의견을 상쇄할 수 있는 장점으로 돌린다. 다른 기법에 비해 많이 사용되지 않지만 큰 효과를 발휘할 수 있는 몇 가지 상황이 존재한다.

질문 기법

영업전문가는 일반적인 가망고객과 영업전문가의 관계를 바꿔 질문을 하는 게 이 기법이다. 성실한 자세로 가망고객이 말을 하도록 격려하기 위해 사용되는 이 기법은 가장 가치 있는 기법으로 입증되었다. 비록 "왜?"라는 단 한 마디로 구성된 질문일지라도 가망고객에게 질문을 해서 반응하도록 자극할 뿐만 아니라, 이들의 생각을 명확히 하는 데 도움이 되고 영업전문가에게 효과적인 답변을 생각할 시간적 여유가 생긴다. 반대의견에 답변하기 위해 질문을 하면 가끔 가망고객이 자신의 반대의견에 답변을 하도록 도울 수 있다. 왜냐하면 가망고객은 자신의 입장을 방어하고 정당화할 필요가 있기 때문이다. 하나의 예를 살펴보자.

가망고객: "당신이 제시한 상품을 좋아하지만, 당신이 일하고 있는 회사의 제품은 하나도 사고 싶지 않습니다."

영업전문가: "솔직하게 말씀해주셔서 고맙습니다. 그런데 저를 도와주시면 더욱 더 고맙겠습니다. 우리 회사를 그렇게까지 생각하게 만든 일이 무엇입니까?"(그러면 가망고객은 자신을 괴롭힌 것이 무엇인지 줄줄이 설명할 것이다. 영업전문가는 경청하면서 반대의견에 효과적인 답변을 준비하면 된다.)

가망고객: "다른 회사의 서비스를 이용하면 더 싸다고 그러던데요."

영업전문가: "글쎄요, <가망고객의 이름>님! 서비스를 통해 무얼
원하시는지 상관없이 정말 가격이 싸면 다 된다는 말씀입니까?"

가망고객: "그런 사람은 세상에 아무도 없을 겁니다. 공장운영을 개
선하는 데 어떤 도움이 되는지에 관심이 많습니다."(여기서 영업
전문가는 자신의 질문 기법을 사용해서 가망고객이 반대의견에
대답하도록 이끌었다.)

직접 부정 기법

이 방법은 가망고객의 반대의견을 단호히 부정하는 것이다. 가망
고객이 틀렸다고 직설적으로 말한다. 이 방법을 사용하기 좋은 때
가 있지만, 경험이 풍부한 사람만이 쓸 수 있다. 가망고객이 상품이
나 서비스에 대해 부정확한 반대의견을 제시하거나 또는 당신이나
당신 회사에 대해 심각한 명예훼손적 발언을 하면 직접 부정만이
상황을 적절하게 평정할 수 있는 유일하고 만족스러운 수단일 것이
다. 그러나 가망고객이나 고객을 심각하게 공격하지 않도록 주의를
해야 한다. 그렇지 않으면 가망고객의 적대심이 불타올라 더 큰 논
쟁이 벌어질 수 있다. 대개 "예, 그러나" 기법을 변형해서 사용하는
게 좋다.

> **가망고객**: "이 청소기는 0.125마력밖에 안 되네요."
>
> **영업전문가**: "정말로 그럴까요? 아닙니다. 0.25마력입니다. 우리 회사는 이보다 적은 출력을 갖는 청소기는 청소기 기능을 발휘할 수 없기 때문에 이보다 마력이 적은 제품은 제조한 적이 이제껏 한 번도 없습니다."

또는,

> **가망고객**: "당신 회사는 약속을 지켜본 적이 없어요. 서비스 보장이라고 해놓고는 한 번도 이행한 적이 없어요."
>
> **영업전문가**: "정말로 그럴까요? 아닙니다, <가망고객의 이름>님! 제가 지금 말씀드리는 사실이 그 말이 거짓이라는 증거입니다. 40년 이상 우리 회사는 고객에게 만족스러운 서비스 제공을 통해 서비스에 대한 명성을 쌓아왔습니다. 고객님의 니즈에 맞춘 서비스 보장을 계약서에 써드립니다."

가망고객이 제기한 반대의견에 답변하기

반대의견을 성공적으로 처리하기 위한 핵심은 두 가지 유형의 반대의견을 구분하는 영업전문가의 능력에 달려 있다. ① 영업전문가의 제안을 듣지 않거나 구매결정을 내리지 않기 위해 하는 변명 또는 "구실"의 반대의견, ② 판매 제안에 진지한 관심이 있다는 증거로서의 진정한 반대의견. 지금 설명한 대로 보면 두 가지 주요한 반대의견은 뚜렷하게 구별되지만, 실제 많은 판매 상황에서는 신속하고 확실하게 차이를 인식할 수 없다. "난 지금 너무 바빠요"라는 말을 서로 다른 가망고객이 똑같이 할 수 있다. 가망고객 갑에게는 제안을 듣는 것을 피하기 위한 변명을 의미한다. 반대로 가망고객 을에게는 정직한 반대의견을 의미한다. 가망고객 을에게는 실제 다른 일이 있어 만날 수 없다는 것을 의미한다. 경험을 통해 개발된 자신의 판단이야말로 이 두 가지를 구분할 수 있고 유일하게 믿을 수 있는 기반이다. 앞으로 가망고객 행동의 두 가지 수준이나 식별할 수 있는 특징을 살펴보겠지만, 판단은 자기 자신이 해야 한다.

따라서 분석의 편의상 반대의견이 두 주요 집단, 즉 변명과 구실 그리고 진짜 반대에서 제기되었다고 가정한다.

변명과 구실

가망고객이 가장 많이 제기하는 일곱 가지 변명과 구실을 소개한다. 특정 상황에서는 반대의견이 진짜일 수도 있음을 명심하여야 한다. 따라서 각 항목은 두 가지 상황을 염두에 두고 논의할 예정이며, 반대의견이 구실이거나 또는 진짜일 때 사용할 수 있는 기법을 소개할 것이다.

1. "다시 한번 생각해봐야겠습니다"

이 말은 때때로 다른 방식으로 표현된다. "더 살펴봐야겠습니다." 또는 "지금 결정할 수 없습니다". 변명의 반대의견을 말한 거라면 각 답변은 가망고객이 결정을 해야 할 상황을 피하려는 노력의 일환이다. 많은 가망고객은 극단적으로 회피하려 할 것이다. 가망고객이 이런 형식의 말을 하면, "망설이는 또 다른 이유가 있으십니까?" 또는 "그게 선생님의 유일한 이유이십니까?"라는 질문이 매우 도움이 된다. 가망고객이 부정적으로 답변하면 실제 역사적 사건이나 일화를 통해 결정을 연기하면 지금 당장 얻을 수 있는 비용 절감이나 이익 또는 혜택을 미루는 것밖에 안 된다는 사실을 영업전문가는 알려주어야 한다. 가망고객이 또 다른 이유가 있다고 주장하면 더 면밀하게 탐사하여 망설이는 진짜 이유를 밝혀내고 제거하는 데 힘을 기울여야 한다. 또는 반대로 가망고객의 확신을 얻기 위해 긍정적 요소를 지속적으로 이야기하면 이러한 변명의 반대의견은 쉽게 무시될 수도 있다.

제안을 정말로 다시 생각해볼 시간을 갖고 싶어 하는 몇몇 가망고객도 있을 수 있다. 어떤 사람은 다른 것을 꼭 둘러보거나 비교할 수 있는 대상이 소개되어야만 한다고 생각할 수 있다. 이런 가정 하에서는 이렇게 말할 수 있다. "이것을 구매하는 게 선생님께 얼마나 중요한 일인지 확실히 알겠습니다. 그렇기 때문에 결정에 대해 다시 한번 생각하실 때 또는 이와 비슷한 다른 제품을 찾아보실 때 이 상품이 지닌 장점을 꼭 염두에 두시길 강력히 권합니다." 그런 다음 영업전문가는 비교와 요약을 통해 세부적인 청사진을 창조하고, 가망고객이 가장 현명한 선택을 했다고 생각을 할 수 있도록 제안에서 핵심 사항을 말해준다. 영업전문가는 언제나 다음 약속을 정해야 한다. 왜냐하면 가망고객이 다음 번 상담 때까지는 최종 결정을 내리지 못할 거라고 쌍방이 여기서 가정했기 때문이다. 이를 통해 영업전문가는 제안에 대해 가망고객의 확신을 높일 수 있는 기회를 가질 수 있다.

2. "누구와 의논하는 게 좋을 것 같은데……"

둘 이상의 동업자가 있는 회사를 방문했을 때 이런 답변을 자주 듣는다. 동업자의 동의 없이는 어떤 결정도 불가능하기 때문에 제안에 대해 논의하는 것은 시간낭비일 뿐이라고 하면서 가망고객이 상담 초기에 가장 편리하게 쓸 수 있는 변명이다. 법인영업을 할 때는 의사결정 권한이 있는 사람에게 하여야 한다. 이야기 전개상 가망고객이 동업자와 이야기할 필요가 있음을 내비추었다고 가정하자. 영업전문가는 이렇게 말해야 한다. "예, 선생님께서 이 건에 대해 동업자분과 상의하고 싶어 하시는 것을 알겠습니다. 그러나 동업자분께서도 선생님의 의견을 듣고 싶어 하실 것입니다. 선생님께서는 이 단계의 업무 공정에 익숙하시기 때문에 이 상품의 장점을 충분히 판단하실 수 있습니다. 이런 이유로 선생님의 의견을 먼저 듣고 싶습니다. 그런 다음 동업자분에게 제안 내용을 설명 드리겠습니다. 의문 사항이 발생하면 선생님께서 동업자분에게 상세히 설명하실 수 있지 않겠습니까?"

제3자와 논의할 필요성이 진짜 있으면, 반대의견은 더 이상 변명으로 취급하지 말고 두 동업자를 함께 만날 수 있는 약속을 정하는데 힘을 기울여야 한다. 이러한 상황에서는 어떤 사람이 주도적 성격을 지니고 있는지 재빨리 발견할 수 있어야 한다. 그런 다음 두 동업자에게 얘기하더라도 주도적인 사람에게 가장 강력하게 호소하여야한다.

3. "지금 너무 바쁩니다"

이것은 흔하지만 진정한 반대의견일 수 있다. 진짜라면 서로 좀더 편한 시간에 약속을 다시 잡는 게 좋다. 사전에 미리 약속을 정하면 수많은 지연 현상을 피할 수 있다.

변명의 반대의견이라면 영업전문가는 이렇게 말해야 한다. "바로그 이유 때문에 제가 <가망고객의 이름>님을 찾아뵌 것입니다. 선생님께서 너무나 바쁘시기 때문에 제 제안에 정말 관심을 갖게 되실것입니다." 이와 비슷한 변명의 반대의견에 이런 답변을 할 수도 있다. "선생님께서 아무리 바쁘시더라도 <구체적인 금액>의 수익 즉매주 특별한 수익을 안겨줄 상품을 살펴보실 시간이 없다고 하지 않을 것이라 확신합니다." 이렇게 변명의 반대의견을 처리하면 영업전문가는 판매 제안을 시작할 준비가 되어 있고 가망고객이 원하는 모든 것을 현실화시킬 수 있다고 설득할 준비가 된 것이다.

응용할 수 있는 또 다른 상황이 있다. 가망고객이 사무를 보느라바쁠 때 이렇게 말할 수 있다. "<가망고객의 이름>님! 저만큼 바쁘신 것 같기 때문에 절대 선생님의 시간을 10분 이상 뺏지 않겠습니다. 10분 후에 선생님께서 정말로 관심을 보이지 않으시면 바로 돌아서 나가겠습니다. 괜찮으시죠?" 더 이상 지체하지 말고 판매 제안을 시작하라.

4. "지금 살 형편이 안 돼요"

영업전문가가 가장 흔하게 듣는 변명의 반대의견은 "형편이 안 돼서"이다. 여기에 대응하기 위해서는 영업전문가는 부메랑 방법 즉 반대의견을 구매할 이유로 만드는 기법을 가장 효과적으로 사용할 수 있다. 예를 들어 가망고객이 제안에 형편이 안 된다는 딱지를 붙이면 이렇게만 얘기하면 된다. "제가 판매하는 이 상품이 없기 때문에 선생님께서 형편이 안 되시는 것입니다."

일부 가망고객이나 고객은 상품이나 서비스를 구매할 경제적 여력이 진짜 없을 수도 있다. 이러한 사람에게 구매하도록 설득해서는 안 된다. 어떠한 상황에서도 가망고객이나 고객에게 자신의 금전적 여력을 초과해서 구매하도록 해서는 안 된다.

5. "관심 없어요"

변명이든 진짜이든 상관없이 이러한 반대의견을 들으면 영업전문가로서 자신을 점검해보아야 한다. 앞에서 설명한 기법을 적절하게 사용해서 가망고객의 관심을 끄는 데 실패했다는 것을 나타내기 때문이다. 이제까지 써온 관심끌기를 다시 분석하기 위해 적어보아라. 그리고 이러한 반대의견을 대응하는 몇 가지 방법이 있다. 변명의 반대의견이라면 "예, 그러나" 기법이 때때로 효력을 발휘할 수 있으나 "예" 요소를 억제하라. "<가망고객의 이름>님! 선생님의 상황과 아주 유사하면서 선생님께서 잘 알고 계시는 분이 소유한 공장의 과거 사례에 관심이 있으실 것입니다." 그런 다음 일화를 연결시키고 제안의 장점을 재빠르게 입증하도록 진행한다. 가망고객의 상황이 특별하지도 않고 그래서 다른 사람이 경험한 해결책이 적절하다는 것을 보여주는 게 목적이다.

단순히 무관심한 사람도 있을 수 있다. 이런 사람의 마음을 바꿀 수 있는 영업전문가는 아무도 없다.

6. "현재의 거래처에 만족하고 있습니다"

변명의 반대의견이라면 영업전문가는 자주 대응함으로써 긍정적 결과를 얻을 수 있다. 영업전문가는 이렇게 말한다. "예, 현재의 거래처가 훌륭하다는 사실을 잘 알겠습니다. 그러나 매월 추가로 <특정 금액>의 수익을 올릴(또는 원재료의 경우 중단 없는 공급 보장) 수 있는 라인(또는 추가적인 원재료 공급처)을 추가할 수 있는 기회를 간과하지 않으시리라 확신합니다." 영업전문가는 현재의 거래처와 거래를 중지하라는 것이 아니라는 것을 가망고객에게 강조한다. 가망고객이 자신의 이익을 위해 사업을 공유하면 좋다는 것을 제안하는 것이다.

진짜 반대의견이고 당신의 상품을 추가하는 것이 현재 상품과 중복이 되면 진짜 문제가 된다. 이럴 때 가장 좋은 제안은 정당화될 수 있다면 가망고객(대개 소매상이나 도매상)에게 두 상품을 똑같이 옆에 진열하라고 설명하는 것이다. 어떤 상품이 더 잘 팔리느냐는 시간이 지나면 알 수 있다. 또는 고객의 서로 다른 선호도 때문에 두 상품을 모두 갖출 필요가 있다고 입증할 수 있다. 산업용품을 판매한다면 이전에 제안한 것을 알려줄 수 있다. "두 개의 거래처가 하나의 거래처보다 낫죠!"

7. "이 일을 하는 친구나 친척이 있습니다"

대개 이 변명은 가망고객이 방문을 거절하려고 하거나 또는 대면 상담 중에 상담을 끝내려고 할 때 많이 사용한다. 가망고객은 이 일을 하는 친구나 친척이 있을 수 있지만, 이 변명의 반대의견을 통해 구매하지 않으려고 하는 것이다. 이들은 피할 수 있다면 어떤 것도 구매할 마음이 실제로 없다. 이럴 땐 "예, 그러나" 접근법이 가장 좋다. "<가망고객의 이름>님의 충성도는 확실히 존경스럽습니다. 저는 더 많은 사람이 우정에 진정한 가치를 부여하길 바랍니다. 그러나 가끔 선생님도 아마 그러시겠지만 이런 의문이 생깁니다. 진심으로 우리에게 관심이 있고 완전히 객관적인 시각을 갖고 있는 타인으로부터 얻을 수 있는 것을 친구한테서도 얻을 수 있을까라는 의문입니다. 때론 선생님께서 특히 개인적인 일과 관련된 것을 아주 친밀한 다른 사람에게 알리고 싶지 않은 적이 있으실 것입니다."

영업전문가는 그런 다음 돕고자 하는 정직하고 뜨거운 욕구와 함께 제안하는 상품이 가망고객에게 어떻게 더 낫게 기여할 수 있는지를 소개한다. "제가 제안하는 상품과 서비스가 선생님의 니즈를 충족시키는 데 비교 우위가 없다면, 선생님과 거래할 자격이 없습니다."

물론 이 일을 하는 친구나 친척이 진짜 있고 반대의견을 제거할 수 없어 판매가 성사되지 않는 특수한 상황도 있을 수 있다.

진정한 반대의견

상품이나 서비스 또는 회사 아니면 당신에 대한 진짜 반대의견이 있으면 가망고객에게 긍정적이고 만족할 만한 답변을 제공해야 한다. 아래 있는 일곱 개의 진정한 반대의견은 직접 당신의 제안과 관련되어 있기 때문에, 가망고객의 동의를 얻을 수 있도록 노력해야 한다. 구매 의사결정을 늦출 생각이 없다면 이러한 반대의견에 즉시 답변해야 한다.

1. 가격 수준

"냉소주의자는 누구인가? 모든 것의 가격을 알면서 그것의 가치는 하나도 모르는 사람이다." 그러나 일반적인 가망고객은 냉소주의자가 아니다. 「윈더미어 부인의 부채」에서 보여 준 오스카 와일드의 날

카로운 관찰은 영업전문가의 어휘로 다음과 같이 변형되어야 한다. "훌륭한 가망고객은 자신에게 가치 있는 것에 대한 가격을 알고자 하는 사람이다." 사람은 스타일이나 품질 그리고 내구성과 같은 속성에 더 관심을 갖는다. 이러한 가치가 종종 제일 먼저 떠오른다.

이제껏 몇 번이고 입증했듯이 이러한 가치를 알려주면 상품이나 서비스를 구매할 것이다. 모든 사업적 거래에는 동서고금을 막론하고 가격이 일부분을 차지하지만 가격만으로 판매가 되는 적은 거의 없다는 사실을 명심해야 한다.

상품에 긍정적 태도를 갖듯이 가격에 대해서도 그러해야 한다. 가격이 적절하다는 사실을 자기 자신부터 확신한 다음 이러한 확신을 신념에 찬 목소리로 가망고객에게 전달하라. 이렇게 해야만 가망고객의 태도가 긍정적으로 바뀔 수 있다는 것을 기대할 수 있다. 가격 반대에 대한 몇 가지 접근법이 아주 도움이 될 수 있다. 여기에는 가격을 제시할 때의 제안, "너무 비싸요"라는 고객에 대한 대응 방안, "가격 할인"을 요구하는 구매자의 처리 방법, 가격 비교 문제의 대응, 구모델 보상 판매와 같은 것이 포함된다. 절대 가격을 팔지 말고, 언제나 가치를 팔아라. 가격을 정복하려 하지 말고, 언제나 가치를 높여라.

상품이나 서비스에 대한 가치 이야기를 충분히 전달한 직후가 가격을 제시할 수 있는 가장 유리한 때이다. 제안을 통해 가망고객의 관심을 확보하고 그들의 욕구를 자극하고 그들의 확신을 확보했을 때만 가격보다 가치가 더 무게가 나갈 수 있다. 판매 과정 초기에 가격을 제시하는 게 유리할 수 있는 유일한 상황이 있다. 가망고객이 염두에 둔 상품이나 서비스의 가격보다 상당히 비싸다는 것을 알았을 때는 가망고객의 주의와 관심이 확보된 직후에 가격을 제시하는 것이 좋다. 이럴 땐 이렇게 말하면 된다. "예, <가망고객의 이름>님! 이 상품 또는 서비스의 가격은 <금액>입니다. 지불하는 데 꽤 벅찬 금액일 수 있지만, 비용만큼 아니 그 이상의 가치가 있다는 것을 확실히 보여드릴 수 있습니다." 지체 없이 제안을 진행시킨다. 가망고객이 갖고 있는 가격 공포에 대한 고민을 없애버리고 비용을 희미하게 만들고 상품에 대한 욕구를 자극할 수 있는 가치 이야기를 해줄 수 있다. 이제껏 지적했듯이 대부분의 경우 가치 이야기를 제일 먼저 하고 그 다음에 가격을 제시하는 것이 가장 좋은 과정이다.

구매자가 "가격이 너무 비싸요!"라고 말하면 특정 수단으로 되돌아가야 한다. 많은 영업전문가, 특히 판매 현장에 입문한 지 얼마 안 되는 신참 영업전문가는 자신이 파는 상품과 서비스의 가격이 높다고 생각하면 이러한 부정적 태도를 자주 가망고객에게 전달한다. 조그마한 의혹에도 가망고객은 크게 반응한다! 대부분의 경우 판매 제안을 잘못한 것이지 가격이 잘못된 것은 아니다. 가망고객의 이익에 부합되는 건전한 가치 이야기를 가망고객에게 전달하면 이러한 상황은 결코 일어나지 않는다. 오늘날 고급시장이 존재하고 있으며, 판매하는 상품이나 서비스의 우수한 특징을 조리 있게 보여주기만 하면, 이러한 어려움은 쉽게 극복될 수 있을 것이다.

"가격이 너무 비싸요!"라고 하는 가망고객에게 긍정적인 자세로 상품이 지닌 수많은 혜택과 특질을 보여주어라. 고객이 기꺼이 더 많이 지불할 정도로 상품의 훌륭한 특장점을 소개하라. 싼 게 비지떡이라는 사실과 고가품을 구매하는 것이 장기적으로 볼 때 더 낫다는 것을 고객에게 강조하라. 자주 인용되는 존 러스킨(John Ruskin)의 유명한 조언은 아직도 유용하다. "어떤 사람도 세상의 모든 것을 약간 나쁘게 만들어 약간 싸게 팔 수 있다. 가격만 생각하는 사람은 이렇게 하는 사람의 합법적 희생자이다."

이러한 반대의견이 제기되면 다음과 같은 방식도 도움이 된다. 가격을 세부적으로 나누라. 가망고객에게 주택을 페인트하는 데 얼마가 든다고 말한 비용에 관심을 집중시킨다. 그런 다음 가망고객에게 이렇게 말한다. "이렇게 고급스럽게 페인트를 하면 향후 최소 5년간은 페인트칠할 일이 없을 것입니다. 연간 비용으로 보면 <금액>이고, 주당 비용으로 보면 <금액>으로, 가족이 앞으로 계속 살 집을 잘 보존하는 데 수천 불의 유지비용밖에 안 듭니다. 이렇게 중요한 투자 대상을 보호하는 데 쓰는 비용치곤 헐값이지 않습니까?"

구매자가 "가격이 너무 비싸요!"라고 말할 때마다 구매자에게 가격의 중요성을 최소화할 수 있도록 건전하고 가치 있는 판매 이야기를 제공했는지 자문해봐라. 구매자에게 제공하는 제품이나 서비스를 구매했을 때의 구체적 수익이나 만족감을 확실히 제시하라.

간혹 모든 영업전문가는 제시된 가격을 흥정해서 깎으려는 가망고객을 만난다. 이런 상황에서도 마찬가지다. 가치 이야기에 기초해서 확신을 갖고 가격을 제시했고 가격을 내릴 여지를 전혀 보이지 않으면, 가격을 할인하려는 가망고객의 시도는 사라지게 된다. 공정한 시합을 호소하는 것 또한 효과가 있다. 가망고객에게 말하라. "<가망고객의 이름>님! 우리 회사는 모든 고객에게 이 상품의 가격이 동일하다는 사실에 자부심을 갖고 있습니다. 제가 없어도 다른 분이 더싼 가격으로 구입하는 불상사는 벌어지지 않을 것이라는 사실을 확실히 말씀드릴 수 있습니다. 이러한 일은 결코 벌어지지 않습니다." 그런 다음 제시한 상품의 특징에 대해 반복하라. 이러한 반대의견은 대응 가격을 제시하지 않고 그대로 방치해둠으로써 최소화시킬 수있다. 가격을 제시할 때 늘 이런 식으로 하라. "예, 이 상품의 가격은 <금액>입니다. 여기에는 운송과 서비스 비용이 다 포함되어 있습니다. 다른 회사가 제공할 수 없는 특별한 품질을 지닌 우수한 상품입니다." 이 방법을 통해 가망고객이 향유할 수 있는 혜택을 강조할 수있고, 가격에 대한 관심을 줄일 수 있다.

그래도 반대의견을 제기하는 가망고객이 있을 수 있다. "경쟁사에서 똑같은 상품을 더 싸게 팔아요." 비록 가망고객이 정말로 믿고 있지만 사실이 아닌 것으로 가정하라. 그리고 이러한 태도를 입증할 합당한 사실을 발견해야만 한다. 능숙한 질문을 통해 가망고객의 주의를 상품에 집중시킨 다음 비교하라. "다른 기계도 이 기계처럼 베어링이 많이 있었습니까? 이 기계처럼 진동을 없애기 위해 다섯 군데에 장착되어 있었습니까? 두 기계가 보기엔 비슷하지만 산출해내는 성과엔 상당한 차이가 있습니다." 이런 방식이 추천할 만한 과정이다. 직접 가망고객의 말을 부정하면 가망고객에게 적대심만 불러일으킨다. 가망고객의 말이 사실이라면 당신으로부터 구매를 정당화할 수 있는 조건, 서비스, 배송, 명성 등 특정 이점을 추가로 언급하라. 이러한 요소가 혹시라도 있을 약간의 가격 차이보다 더 중요하다는 것을 강조하라.

2. 보상판매

가전제품, 산업용 기계 및 장치, 사무기기와 같은 많은 제품은 새로운 모델에 대한 욕구로 판매될 뿐만 아니라, 구모델의 보상판매를 통해서도 판매될 수 있다. 보상판매를 하려면 영업전문가는 구모델을 평가할 수 있는 능력과 구모델에 대한 가격대를 설정할 수 있는 재치가 있어야 한다. 영업전문가가 보상판매에 너무 관대하면 새로운 상품을 판매해서 얻는 이익이 줄어들거나 또는 완전히 없을 수가 있다. 평가를 너무 짜게 하면 고객은 당연히 다른 곳을 알아본 후 보상판매 가격을 높이 쳐주는 경쟁사의 상품을 구입하게 되므로, 중용을 취해야 한다. 보상판매를 정직하게 취급해야 하며, 공정한 가격을 가망고객에게 제시해야 한다. 보상판매를 할 때 가격 동의를 얻는 데 어려움을 겪는 영업전문가는 십중팔구 자기 자신이 문제를 야기한다. 평가할 때 구모델을 엉성하게 살펴보거나 가격을 낮추기 위해 혹평을 하면서 왜 가망고객이 반발을 하거나 제안을 받아들이지 않는지 의아해한다. 이러한 문제를 해결하는 데 도움이 될 몇 가지 제안을 소개한다.

판매의 한 부분으로 보상판매를 고려하고 있다면 구모델의 가치를 평가하기 전에 먼저 늘 신모델의 가치 이야기를 하여야 한다. 대부분의 영업전문가는 보상판매 가격을 마음대로 후하게 정할 수 없으며, 최소한 가망고객이 후하다고 느낄 정도는 드물기 때문에, 이 점이 아주 중요하다. 이러한 상황하에서 노련한 영업전문가는 새로운 상품에 대한 가망고객의 욕구가 열렬히 원하는 수준으로 높아지도록 상품을 소개하는 데 노력한다. 이렇게 한 다음에 구모델의 가격을 평가한다. 보상판매 가격을 통해 판매를 시작하지 마라. 먼저 새 상품을 판매해야 한다. 보상판매 가격을 바로 묻는 가망고객에게 이렇게 이야기해야 한다. "<가망고객의 이름>님! 물론 쓰시고 계신 제품의 보상판매 가격을 충분히 쳐드릴 것입니다. 그러나 신형 기기가 고객님의 업무 요구에 합당한 특질을 모두 갖추었는지 먼저 살펴보셔야 하지 않겠습니까?" 그런 다음 즉시 새 기계의 시연을 시작하라.

보상판매 상황에서 영업전문가가 자주 간과하는 한 가지 사항이 있다. 보상판매의 가치는 새 상품의 장점으로 완벽하게 증명되어야 한다는 사실이다. 아주 간단한 절차를 따르면 이렇게 할 수 있다. 구형 모델을 엉성하게 살펴본 후 평가하지 말고, 가망고객이 구형 모델에서 기대하는 가격이 어느 정도인지에 대해 아이디어를 얻도록 노력하라. 가망고객이 얻고자 하는 가격은 대개 제공되거나 제공될 수 있는 것보다 높다. 따라서 가능한 최대로 제공하겠다는 확신을 가망고객에게 심어주는 것이 당신의 역할이다. 회사에서 제공하거나 또는 자신이 만든 감정평가표를 사용하는 게 바람직하다. 감정평가표는 구형 기계를 수리할 때 필요한 항목과 가격 등을 나열한 용지이다. 판매할 수 있는 보상판매 항목을 기입한다. 서류가방에 다양한 기계부품의 현재 가격표를 넣고 다녀라. 가격을 제시하기 전에 중고 기계의 부품 가격을 통해 가망고객이 무엇을 기대할 수 있을지 상기시켜주기 위해 이 감정평가표를 세련되게 보여주어라. 지금껏 한 일이 가망고객에게 어떻게 비추어졌을까? 평가를 마구잡이로 하는 게 아니라는 것을 가망고객에게 입증했고, 이들에게 당신의 판단에 대한 일종의 확신을 심어주었다. 당신이 현실적인 금액이 얼마인지 알 때까지 보상판매 가격을 제시하는 것을 늦췄다. 이 금액이 가망고객이 갖고 있는 비슷한 상태의 기기 부품의 시장가와 비슷할 때, 당신의 말은 더욱 설득력이 높아진다.

가망고객이 경쟁사에서 더 나은 보상판매를 받을 수 있다고 주장하면 일부 제조사는 그런 상황이 아님에도 더 고가의 보상판매를 할 수밖에 없는 이유를 설명해주어야 한다. 보상판매에서 더 많이 받은 금액 이상으로 신형 제품을 구매할 때 손해본다는 사실을 지적하라. 많은 경우 당신 회사가 제공하는 추가적인 품질이나 서비스가 가격 차이를 상쇄하고 남는다고 입증할 수 있다. 무엇보다도 보상판매를 할 때 새로운 제품과 구형 제품에 대한 보상판매가라는 두 개를 판매하고 있다는 사실을 명심하라. 구형 모델의 가치를 매기기 전에 늘 새것을 먼저 판매하라. 가능하다면 영업전문가가 아닌 제3자의 감정 평가를 활용하는 것이 최선이다.

3. 적절한 재고

이러한 반대의견의 목소리는 소매상에서 자주 나오고 가끔씩 산업재 구매자에게서 나온다. 가망고객이나 고객이 현재 충분한 재고를 갖고 있고 더 이상 재고가 쌓이면 처리할 수 없다고 영업전문가에게 말한다. 가끔은 핑계나 구실로 다른 때는 진짜 반대의견으로 사용되는 말이다. 소매상의 최고의 관심사는 더 많은 수익이라는 사실을 모든 영업전문가는 알고 있다. 그럼 소매상은 어디서 수익을 창출할까? 두 가지 요소인 판매된 매출액을 평균재고금액으로 나눈 것 한 마디로 재고회전율이다. 모든 제품이 동일한 재고회전율을 보이지 않는다는 사실이 이러한 반대의견에 대응할 수 있는 핵심이다. 당신의 제품을 재고로 갖고 있으면 재고회전율이 상당히 높아지기 때문에 수익도 높아진다는 것을 관련 사실과 통계를 갖고 가망고객에게 보여주면 된다. 판매되지 않는 상품을 갖고 있는 게 과잉재고를 갖는 것이라고 세련되게 가망고객에게 설명하라. 창고에서 바로 소비자로 판매되는 제품은 아무리 많이 갖고 있어도 과잉재고가 아니라는 것을 환기시켜 주어라. 전문 구매부서나 임원이 관리하는 산업재 시장에서 과잉재고는 대개 가망고객이나 영업전문가가 통제할 수 없는 상황에 기인한다. 재고를 더 많이 쌓는 게 유리한 상황에 대한 믿을 만한 정보를 탐색하라. 그러나 어떤 상황에서도 공급 중단이나 가격 급등과 같은 일이 발생할 만한 충분한 자료가 없는 한 반대의견에 대한 답변이나 마무리 기법으로 재고 확대를 이야기하지 마라.

4. 제품의 품질

가격 경쟁을 피할 수 있는 가장 효과적인 방법은 품질을 파는 것이다. 상품이나 서비스를 가치 있도록 만드는 특징의 합계가 바로 품질로 대표된다고 늘 생각하라. 비록 싼 상품을 팔아도 지불하는 가격 대비 품질이 높다는 것을 알려주어야 한다. "예, <가망고객의 이름>님! 모든 사람을 만족시키는 한 가지 상품은 세상엔 존재하지 않습니다. 그러나 이 상품은 시장에 나와 있는 어떤 상품보다 저가이면서 가치 있는 혜택이 많이 있습니다. 몇 가지 가치 있는 혜택을 소개해 드리면……" 반대로 상품이나 서비스가 고가이면, 추가 금액을 장단기적으로 보상받을 수 있는 우수한 품질에 대해 설명하라. "<가망고객의 이름>님! '싼 게 비지떡이다'라는 옛말이 있습니다. 선생님도 개인적으로 이런 경험을 해보셨을 것입니다. 장기적으로 볼 때 그리고 단기적으로 보아도 품질이 우수한 이 상품을 선택하면 더 많은 돈을 절약할 수 있고 더 많은 돈을 벌 수 있습니다. 정말 훌륭한 품질의 상품이죠!"

더 좋은 것을 선호하고 소득도 증가함에 따라 영업전문가는 높아진 가치와 더 높은 성과를 강조해서 고품질 상품을 판매할 수 있는 기회가 엄청나게 늘어났다는 사실을 다시 한번 명심할 필요가 있다. 이 장의 앞 부분에서 배운 대로 따라하면 아주 쉽게 할 수 있다. 자신의 상품과 서비스에 탁월한 품질이 있다는 것을 확실히 믿고 있기 때문에 판매할 상품과 서비스만 골라라. 비록 저가 상품군의 상품이라도 구매자를 충분히 만족시킬 수 있다.

5. 서비스 불만족

이러한 반대의견에는 신용정책, 배송, 고충처리, 유지 및 수리 서비스, 광고, 기타 회사에서 제공하는 서비스에 대한 비판이 포함되어 있다. 이러한 반대의견의 일부는 가망고객이 자발적으로 밝히지만, 가망고객의 마음을 혼란스럽게 만드는 다른 것이 있나 명확히 파악하려면 숙련되게 질문할 필요가 있다. 가망고객이 무이자 할부 기간이 충분히 길지 않다고 주장하면, 다른 고객의 경험을 통해 제품의 구매 주기가 짧기 때문에 무이자 할부 기간을 장기로 할 필요가 없다는 것을 입증하라. 배송이 느리다고 하면 일반적 상황에서는 아주 빨리 도착한다는 사실을 알려라.

고충처리 문제는 사무실에서 가능한 직접 처리하는 것이 가장 좋다. 고충처리의 어려움에 직면하면 빠르게 처리하는 것이 좋다. 고객의 부담감을 덜어주는 것이 가장 좋은 접근법이다. 그런 다음 회사와 고객을 동등하게 대우해서 문제를 해결하도록 노력하라.

유지 및 수리 서비스에 대한 반대의견은 회사의 가장 큰 관심사항이 이 부분에 대한 고객만족이라는 사실을 조심스럽게 지적하면서 답변하여야 한다. 회사에서 제공하는 서비스의 종류와 금액을 설명한다. 그리고 서비스 기한이나 핵심적인 서비스 사항의 변경에 대해 자세히 설명한다. 이러한 반대의견의 유형을 가장 조심스럽게 처리하여야 한다. 판매의 최종 마무리에 결정적인 영향을 미친다. 경쟁과 표준화로 상품 간의 차이가 점점 줄어들고 있다는 사실을 언제나 명심하라. 더 나은 서비스만이 판매로 이어질 수 있다.

광고하지 않았기 때문에 고객이 반대하면, 상품의 장점을 이야기하면서 판매하도록 하거나 여러 가지 상품을 더 잘 촉진할 수 있는 광고 외의 수단을 설명하라. 개인적으로 내부와 외부 디스플레이 요소나 현장 판매를 통해 다양한 매체에 광고하지 않아도 상품이 잘 팔리고 있다는 것을 입증할 수 있다. 가망고객에게 하지도 않을 광고 계획으로 현혹시킬 생각이란 아예 하지 마라.

6. 회사에 대한 편견

회사의 재무적 안정성, 배경, 정책, 인력에 대한 의구심이 이러한 편견에 포함된다. 광고를 거의 하지 않는 소형 회사의 영업전문가라면 이런 유형의 반대의견에 자주 부딪힐 것이다. 숙달된 영업전문가는 이러한 반대의견을 이미 예상하고 있기 때문에 흔들리지 않는다. 이들은 회사의 재무적 안정성을 입증하는 서류 자료를 갖고 다닌다. 회사 이름이나 배경을 전혀 모르는 가망고객에게 이렇게 설명한다. "<가망고객의 이름>님! 놀랄 일이 아닙니다. 이쪽 업계에 수많은 다른 회사가 있다는 사실을 알면 아마 놀라실 것입니다. 실제로 이 업계에는 150여 개의 회사가 있습니다. 우리 회사가 그중 최고입니다. 회사 소개와 함께 품질 좋은 상품계열도 안내해드리겠습니다."

정책이나 인력에 대한 다양한 편견을 잘 다루려면 가망고객 또는 고객이 알고 있는 것을 모두 다 말하도록 유도한 다음 기존에 발생된 문제를 해결하기 위해 다양한 노력이 시도되고 있다는 것을 확신시키면 된다. 당신 자신과 관련된 편견으로 당신과 거래를 하고 싶지 않다고 말하면 공정한 시합에 대한 그들의 정서에 강력히 호소하라. 이렇게 말할 수 있다. "<가망고객의 이름>님! 고객님께 제가 그렇게 느끼시도록 했다는 사실을 말씀해주셔서 감사드립니다. 이와 같은 일이 다시는 발생하지 않도록 확실히 하겠습니다. 또한 고객님의 충고에 깊이 감사드립니다." 충고를 받은 다음엔 이러한 상황에서 특정한 이 가망고객 또는 고객과 향후 어떤 기회를 만들 수 있을지는 스스로 결정할 수 있다.

7. 상호주의 경쟁

소매상이나 특히 산업재 구매자에게 판매할 때 영업전문가는 언젠가 상호주의 경쟁에 직면하게 된다. "저 업체가 우리 제품을 구매하기 때문에 저 업체에서 구매합니다"라고 말하는 구매자가 전형적인 상황이다. 주의 깊게 다루면 종종 이러한 반대의견을 제거할 수 있어 처음에는 판매할 수 없을 것으로 생각했던 판매를 대부분 할 수 있다. 이 반대의견에 답변하려면 당신에게 구매하더라도 상호주의 고객을 잃는 것이 아니라는 사실을 가망고객에게 확신시켜야 한다. 제안의 가치 측면을 강조하면 가능하다. 상품이나 서비스를 사용함으로써 얻을 수 있는 수많은 혜택을 하나하나 알려주고 "예, 그러나" 기법을 적용하라. "<가망고객의 이름>님! 선생님의 생각을 확실히 알겠습니다. 우리 모두는 고객을 유지하기 위해 어떤 일이라도 다 합니다. 우리 모두는 고객 중 한 분도 잃고 싶어 하지 않습니다. 제가 가장 꺼리는 일이 바로 선생님의 고객에게 해를 끼치는 일입니다. 잠시 상황을 재고해보시면, 이번 주문은 저에게 주시고 다음번은 선생님의 기존 고객에게 주시는 게 합리적입니다. 이렇게 말씀드리는 이유는 이제껏 설명 드린 바와 같이 우리가 제공하는 제품군과 훌륭한 서비스를 통해 선생님이 커다란 이익을 얻을 수 있기 때문입니다. 이뿐만 아니라 공급처가 하나가 아니라 근사한 공급처 두 개를 갖게 됨으로써 공급에 차질이 없는 경영을 확실히 하실 수 있습니다." 이렇게 하면 당신에게 주문하는 의사결정을 정당화할 수 있도록 이성의 힘을 사용할 기회를 가망고객에게 줄 수 있다. 제안된 이 방법을 따르면 이런 유형의 반대의견에 좌절감을 맛보지 않을 것이다.

두 가지 제안

1. 경쟁자를 절대 공격하지 마라

이렇게 하면 경쟁자에게 선전포고를 하게 되고 가망고객의 마음에 의심을 불러일으키게 된다. 가망고객은 혼자 생각한다. "이 영업전문가의 경쟁사 상품군을 살펴보는 게 낫겠는걸. 좋지 않은 것이 그렇게 잘 팔릴 리가 있겠어." 결과적으로 주문을 경쟁사에 넘기는 꼴이 된다. 늘 명심하라. 끊임없이 경쟁자를 공격하면, 가망고객은 공정한 시합 감각을 위해 경쟁자를 방어해야 한다는 소명의식을 느끼게 된다. 가망고객이나 고객이 경쟁사에 대해 물어보면 이렇게 말하는 게 좋다. "경쟁사가 훌륭한 제품을 만든다는 데 의문의 여지가 없습니다. 좀 더 정확히 말씀드리면 좋은 제품을 만들지 않는 회사는 이 업계엔 없다는 사실입니다. 제가 우리 회사에 입사한 이유는 업계 회사 중 가장 훌륭한 제품을 생산하고 있다고 굳게 믿고 있기 때문입니다. 하나하나 품질과 특징을 들어 이것을 증명할 수 있습니다." 그런 다음 영업전문가는 사실과 증거를 쭉 제시할 수 있다. 영업전문가가 경쟁사를 언급한 방식을 주의 깊게 살필 필요가 있다. 영업전문가는 경쟁사의 회사명을 언급하지 않았다. 창조적인 영업전문가는 경쟁사에 대해 불쾌하거나 좋지 않은 이야기를 절대 하지 않는다. 이들은 경쟁사가 화제에 오르더라도 영업전문가로서의 자신의 능력, 자신이 제공하는 상품에만 의존한다. 자신의 상품이 지닌 특장점을 강조할 뿐 경쟁사를 헐뜯는 데 시간을 낭비하지 않는다. 경쟁이 없는 상황에서 판매를 하기는 어렵지만, 경쟁사를 매도하고 경쟁사의 제품을 헐뜯는 일은 언제나 어리석은 짓이다. 영업전문가가 경쟁사 없이 판매할 수 있다고 기대하는 사람은 아무도 없다. 아주 비현실적인 일이다. 그러나 경쟁 상황을 당신의 상품과 서비스에 있는 특장점과 가치 그리고 품질을 토대로 대응할 수 있다.

2. 회사에 충성심을 발휘하라

영업전문가는 너무나 자주 가망고객의 의견에 동의하고 반대의견을 완화시키기 위해 회사에 심한 비판을 하는 일이 있다. 이것보다 더 치명적인 실수는 없다. 영업전문가가 자신이 대표하는 회사를 부정적으로 언급하면 결국 자기 자신은 물론 회사나 상품과 서비스에 대한 존경심의 상실로 이어진다. 모든 사람은 다른 사람이 갖는 충성심을 존경한다는 사실을 인식하라. 충성심을 유지할 수 없다면 회사를 바꿔라.

반대의견 처리 즉석 조언

제안을 준비할 때,

- 의사결정권자에게 접근했는지 확인하라.
- 어떤 일이 있어도 약속이 늦춰지지 않도록 확실히 하라.
- 시작하기 전에 연관성 높은 모든 재무적 요소와 예산 사항이 토의되었는지 확인하라.

- 가망고객의 목표와 욕구 그리고 이러한 것을 실현시키는 데 위협 요소가 되는 문제점을 파악했는지 확인하라. 가망고객이 문제를 해결할 수 있도록 자극하라.

- 당신의 상품이 더 나은 해결책을 제시한다는 사실을 입증하라.

반대의견이 제기되면,

- **절대 논쟁하지 마라.** 가망고객과 논쟁하면서 반대의견에 대응하지 마라. 논쟁은 쉽게 판매 강요로 인식된다. 반대의견을 논쟁에서 이기는 기회로 생각하지 말고 더 많은 것을 배울 수 있는 기회로 생각하라.

- **절대 공격하지 마라.** 가망고객과 반대의견을 분리해서 생각하라. 반대의견을 물리치고 싶지 가망고객을 내쫓길 원하는 게 아니다. 가망고객의 진짜 생각이 무엇인지 알려고 노력하고, 가망고객이 틀렸다는 것을 입증하려는 어떠한 내색도 비치지 말고, 이들에게 진지한 관심을 보이도록 노력하라. 이러한 내색은 가망고객의 자존심을 위협하는 개인적인 공격으로 인식되기 쉽다.

- **주의 깊게 경청하라.** 방해하지 말고 가망고객이 반대의견을 편하게 말할 수 있게 하라. 가망고객이 전달하려는 내용을 이해했다는 것을 확인시켜라. 가망고객을 존경하고 있으며 가망고객의 의견을 소중하게 생각한다는 것을 전달하라.

- **"그러나" 대신 "그리고"를 사용하라.** 반대의견을 접하면 "그러나"라는 말을 사용하지 않도록 노력하라. 대신 "그리고"를 사용하라. "그러나"라는 말을 듣는 가망고객은 자기 생각이 도전받거나 거절당한다는 느낌을 갖게 된다. 반대로 "그리고"를 많이 들으면 가망고객은 당신의 말을 더 경청하게 될 것이다.

- **반대의견을 다시 말하라.** 이렇게 하면 종종 가망고객이 자신의 반대의견에 해답을 제시하기도 한다. 부연해서 말하는 방법은 이렇다. "선생님의 말씀을 정확히 이해했는지 살펴보겠습니다. 선생님께서는……라고 말씀하셨습니다." 가망고객은 당신이 빠뜨린 사항을 명확히 알려줄 것이고 이러한 시도를 진심어린 관심의 증거로 여길 것이다.

- **상세한 설명을 부탁하라.** 고객에게 반대의견을 상세하게 설명해달라고 부탁하라. 이때 빈정거림이나 경멸이 아니라 진지함과 관심어린 태도로 해야 한다. 이렇게 접근하면 반대의견 자체를 해소할 수 있는 동기가 부여되고 반대의견을 명확히 하고 판매 마무리를 준비하는 데 필요한 시간을 벌 수 있다.

- **긍정적으로 대응하라.** 가망고객을 배려한다는 느낌이 실리도록 대응하라. "그런 의견을 제시해주셔서 기쁩니다. 많은 고객분이 〈당신의 대응〉을 아시기 전까지 그와 똑같이 생각하셨습니다."

- **비언어적으로 태도를 강화하라.** 시선을 맞추고 위협적이지 않은 자세를 유지하면서 침착하게 말하라.

- **효과적인 대응의 반응을 확인하라.** 가망고객이 당신의 대응에 대해 반대의견을 제기했는지 확인하라. 가망고객의 반대의견이 없었다고 가정하지 마라. 다음과 같은 표현을 사용하라. "이로써 그 점이 명확해지지 않았습니까?" "이게 선생님께서 찾던 해답 아닙니까?" "그 질문에 답해드렸으니, 이제 다음 사항을 말씀드려도 좋겠습니까?"

반대의견을 통해 목표를 확인하라

효과적으로 반대의견을 처리하는 핵심 요소 중 하나가 특히 가망 고객의 말을 들을 때의 민감성이다. 대부분의 논쟁이 끊임없이 이어지는 이유는 무엇일까? 한쪽이 소리치면 상대방도 소리치게 되고, 목소리의 크기와 격렬함이 점차 커지게 된다. 반대로 한쪽이 속삭이거나 낮고 느린 목소리로 이야기하면 상대방도 똑같이 한다. 아기가 울면 울음의 정도라든가 크기 그리고 속도에 따라 우는 이유와 목적이 전달된다. 아기는 울음에 따라 결과가 다르다는 것을 일찍부터 배운다. 아기는 말을 하기 전에 이미 부모로부터 다양한 소통방법을 습득한다. 성인도 말로만 소통을 하는 게 아니다. 신체언어가 더 많은 의미를 전달한다.

소통에는 ① 메시지 ② 발신자 ③ 수신자의 3가지 요소가 있다. 숲속에서 가장 큰 나무가 쓰러지면 가장 큰 소리를 낼 수 있지만, 듣는 사람이 아무도 없으면 소용이 없다. 아기가 울어도 아무 반응이 없으면 아기는 니즈의 심각성 ─ 젖은 기저귀, 추위, 배고픔, 고통, 지루함 ─에 따라 울음의 속도와 고저를 바꿀 것이다. 심지어 울음을 그치기도 한다.

　어린이가 잘못된 행동을 해서 가르치고 지도할 필요가 있을 때면 메시지를 받아 반응할 것이라는 뜻을 전달할 수 있는 반응기술을 사용해야 한다. 예를 들어 자녀가 싸워 오빠가 여동생을 때렸을 때 반응하는 방법은 여러 가지가 있다. 감정적으로 야단치려면 다음과 같이 말할 수 있다. "여동생을 때리다니 참 나쁜 놈이네. 앞으로도 계속 그러면 혼날 줄 알아." 이 일이 재발할 가능성이 있기 때문에 이 사례를 활용해서 교훈을 주면서도 아이가 당신을 일시적으로 미워하지 않도록 하려면 다음과 같이 이야기할 수 있다. "사람을 때리면 위험하지. 동생이 정말 크게 다쳤으면 어떡할 뻔했니. 우리 한번 이야기 좀 해볼까? 뭐 때문에 화가 났니?"

　두 사례를 다시 살펴보자. 첫 번째 사례에서 아이는 비난받았고 위협받았다. 두 번째 사례에서는 개인이 아니라 사건이 논의의 초점이 되었고 질문이 주어졌다.

　"난 다 봤다!" 애들이 싸우고 있는 방에 들어가 진정시킨 다음 무슨 일이 있었냐고 물어보면 애들은 이렇게 이구동성으로 대답할 것이다. "아무 일도 아닌데요." 한 백만 불 원탁회의 회원이 다음과 같은 이야기를 소개했다.

애들이 어렸을 때 집에 도착해 방에 들어가면서 제가 했던 첫 번째 일은 "난 다 봤다!"라는 말이었습니다. 그런 다음 애들의 흥분을 힘들게 가라앉히고 나서 그날 벌어진 일을 상세히 그리고 빠르게 파악하기 위해 애들의 이야기를 들었습니다. 모든 애들이 다른 애들을 비난하는 소리를 들어야 했습니다. 애들이 하는 말을 전부 믿을 수는 없었지만 오늘 하루 어떤 일이 벌어졌는지 전체적인 윤곽을 재빨리 파악할 수 있었습니다. 저는 심판관이 되고 싶지 않아, 어떤 행동도 취하지 않았습니다. 저는 단지 들으면서 "그래"라고만 말했습니다. 비난하는 대신 질문함으로써 바로 소통을 했으며 대화에 끼어들 수 있었습니다.

비록 직접 질문을 하지는 않았지만, 어쨌든 질문이 되었습니다. 애들은 제가 본 것이 무엇인지 궁금해하며 개별적으로 자기와 관련 없는 일을 즉시 생각해냈습니다. 애들은 자기 자신을 변명하면서 다른 형제자매가 말하는 것을 경청했습니다. 저는 애들의 일을 심각하게 받아들이지 않았지만 그 일이 소통되게 만들었습니다. 더욱이 이를 통해 저녁 대화를 시작했습니다.

텔레비전에서 들은 말과 생각이 달라 텔레비전 앞에서 악담하는 사람을 본 적이 있는가? 이들은 텔레비전에 출현하지 않았던 사람이나 수년 전에 만들어진 영화에 출연한 사람에 대해 떠든다. 말을 한다는 것은 대화의 연결고리를 만들려는 것이지 독백하는 걸 의미하지 않는다. 말을 하면 발신자와 메시지 그리고 수신자가 구분된다. 영업전문가는 청취자의 관심을 모으는 것이 첫 번째 할 일이다. 이 청취자는 대화가 진행됨에 따라 반대하거나 동의하거나 아니면 대화에 푹 빠지게 된다. 대화가 시작되기 전까지는 요청된 만남에 수반되는 정중함이나 또는 "쇼 한번 해봐!"라는 태도만 존재한다.

모든 상담은 ① 긴장 부분과 ② 업무 부분의 두 개로 구성된다. 모든 판매 모임에는 두 세력이 영역을 다투는 긴장 부분이 존재한다. 비록 우호적인 동물끼리도 분위기를 확실히 알 때까지는 주위를 맴돈다. 니즈가 확실히 존재하고 이해되었을 때 판매는 가장 효과적으로 이루어진다. 그러나 고객의 의견에 의심이나 냉랭함이 묻어 있을 때는 판매를 하려고 하면 안 된다. 긴장 부분은 겨우 10초 정도일 수 있고 어떨 때는 그 이상 길 수도 있다. 어떨 때는 상담 내내 긴장의 연속일 수 있다. 한 가지 확실한 것이 있다. 긴장을 해소시키지 않는 한 판매는 없다.

따라서 날씨나 스포츠 또는 사무실의 장식품이나 모임 장소에 대한 가벼운 이야기를 하는 게 좋다. 이렇게 하면 긴장을 완화시킬 수 있다. 역으로 너무 가벼운 이야기만 하면 모임의 목적이 흐려진다. 긴장이 풀릴 때까지는 업무 부분을 이야기할 생각을 하지 마라. 상대방의 마음이 아직 열리지 않은 상태이다. 모든 접근법과 사전 작업이 적절히 이루어지면 이 부분은 그리 오래 지속되지 않을 것이다. 결국 가망고객은 당신이 왜 이 자리에 있는지 알게 되고 조금씩 호기심을 갖게 된다. 몇 분간 즐겁게 가벼운 이야기를 나누면 서로 친밀해지고 편안하게 생각하게 된다. 판매의 전회가 전체 과정 가운데 중요한 부분이다.

어떻게 상담이 진행되느냐는 대부분 태도에 의해 결정된다. 거래

상대방은 대개 비슷한 사고방식을 갖고 있지만, 판매 상황에서는 상호 동의하는 계약을 맺기 전까지는 양 극단에 있게 된다. 초기의 태도가 전체적인 진행 사항을 결정한다. 간단히 말해 살아가면서 하고자 하는 대부분을 성취하는 것은 바로 자기 자신이다. 상대방으로부터 도움을 받으면 좀 더 쉽게 풀릴 수 있지만 '자기 스스로 하라'는 오래된 격언은 특히 판매에 딱 맞는 말이다.

어떤 모임의 안건도 당신 스스로 만들어야 한다. 왜냐하면 당신이 전화해서 약속을 잡았기 때문이다. 따라서 상담에서 발생할 모든 일에 사전 대비를 완벽하게 하라. 형사 재판에서 변호사는 자신이 답을 알지 못하는 질문을 하는 경우는 거의 없다. 최고의 판매 상황은 제안에 익숙하고 상대방과 친밀할 때이다. 학습과 지속적인 기초 작업이 아주 중요하다. 승리하려는 의지는 준비하려는 의지 없이는 소용없다.

회사 입사 초기에 교육과정에서 배워서 준비했던 옛날 제안을 기억하는가? 그 제안이 진부하다고 생각했는가? 옛날 제안을 되돌아보고 그중 몇 부분이나 자주 사용했는지 솔직하게 인정하라.

두 사람이 만나면 언제나 한 사람 또는 두 사람 모두 무언가를 판매한다. 사업상 거래할 때 무언가 성사시키는 것이 목적이다. 성사시키되 자기 자신의 고통이나 당혹감을 최소화시키는 것이 더 중요하다. 최악의 상황도 예상한다. 말이나 정신적으로 가망고객과 대결하지 않고 원하는 것을 얻기 위해 거래를 조종하려고 노력한다. 한 백만 불 원탁회의 회원이 이렇게 지적했다.

저와 아내는 여행을 자주 하는데 가방과 짐이 많은 편입니다. 호텔의 사환이나 택시 기사로부터 짐 무게가 전부 얼마나 되냐, 짐 모두가 당신 거냐는 말을 듣곤 합니다. 이제 역할을 바꿔 이제껏 들었던 말을 그들에게 해서 빈정거림과 질문을 모두 없앴습니다. 우린 아직도 무거운 짐을 갖고 여행하지만 그들에게 이렇게 말합니다. "짐이 무겁습니다. 이것을 처리해줄 수 있습니까?" 그러면 사환은 전형적으로 힘센 남자처럼 반응합니다. 이들은 속으로 이렇게 생각할 것입니다. "물론 이 정도쯤이야 쉽게 다룰 수 있지!" 제 질문을 통해 짐이 무겁다는 사실을 잘 알고 있고 적절한 상황이 아니면 다른 사람에게 부탁할 것이라는 것을 확실히 전달합니다. 일반적이고 즉각적인 반응은 "예"이고 대답을 했기 때문에 짐이 아무리 무거워도 아무 소리 않고 운반해줍니다.

사무실에서 "이 일이 좀 어렵지만 당신이 처리할 수 있을 거로 생각합니다"라는 태도로 지원부서 직원에게 접근하면, 이들은 일이 조금만 힘들어도 물러서거나 당신에게 도움이나 편의를 요청하러 온다. 거의 똑같은 말을 사용하더라도 약간 다른 접근법을 사용하면 완전히 다른 결과가 나올 수 있다. 이렇게 말해보라. "이 일은 어렵지 않습니다. 할 수 있는 데까지 해주십시오" 이렇게 말하면 직원은 자신의 한계를 잊은 채 또 필요하다면 당신에게 도움을 요청할 수 있다는 사실을 알고 자유롭게 실험하고 전진할 것이다. 왜냐하면 목표에 대해 부정적이거나 좁게 확정짓지 않았기 때문이다. 이렇게 하면 다른 사람의 지평을 확대하거나 일일이 간섭해야 일을 할 수 있는 사람의 업무 자세를 바꾸는 데 도움이 된다.

초기에 적절한 단어를 사용해서 말하고 이야기가 전개됨에 따라 알게 되는 사실을 조절하면 상담의 진행 상황을 거의 통제할 수 있다. 지금 벌어지고 있는 일이 무섭고 부정적이라는 메시지를 전달할 수도 있고 논리적이고 편안한 사항이라고 가르쳐줄 수도 있다. 반대 의견과 질문이 나올 것임을 알고 있기 때문에, 이것에 대립하거나 저항하는 것이 아니라 합리적으로 받아들이게 할 수 있고 갈망하도록 만들 수 있다. 생명보험의 판매 상황을 예로 들면, 어떤 영업전문가도 상담을 다음과 같이 말하면서 시작하지 않는다. "이것은 진짜 심각한 문제입니다. 수익자가 보험금을 타려면 선생님이 사망하셔야 합니다." 고객의 마음은 곰 잡는 덫처럼 꽉 닫힐 것이며, 고객은 당신이 떠날 때까지 나머지 상담 내내 공손한 무관심을 보이거나 몸을 꼬면서 참을 것이다.

그러나 "자, 함께 이유를 생각해보시죠"라는 태도로 인사를 하면 완전히 다른 무대가 놓이게 된다. 가망고객과 최초의 접촉 즉 약속 잡기를 다시 한번 검토해보자. 다음 두 표현 중 어떤 것이 나을까? "월요일 또는 수요일 중 어느 날 제가 방문할까요?(Can I see you on Monday or Wednesday?)", "월요일 또는 수요일 중 어느 날 저를 만나고 싶어 합니까?(Can you see me on Monday or Wednesday?)" 첫 번째 사례에서 영업전문가가 주어이고 고객은 목적어가 된다. 요일을 선택할 수 있지만 약속에 대한 결정권은 고객에게 전혀 주어지지 않았다. 두 번째 질문에서 단어의 순서만 바꿨을 뿐인데 고객이 갑자기 의사결정권자의 자리에 놓이게 된다. 고객은 이제 객체가 아니라 주체가 된다. 고객이 선택할 수 있다. 이렇게 함으로써 다른 사람에게 끌려간다는 느낌을 없앨 수 있다.

불확실한 상황에서 반대의견을 제시하는 쪽으로 기울지 않도록 선택권을 부여하고 올바른 단어를 사용하는 좋은 예가 바로 위의 두 질문이다. 약속 잡기라는 똑같은 주제를 검토해보자. 먼저 만나자는 데 대한 최초의 반대를 제거함과 동시에 첫 번째 모임을 효과적으로 갖기 위해서 어떻게 할 것인가? 이렇게 질문하도록 하라. "언제 오실 수 있습니까?" 가망고객이 이사 자리에 있다면, 당신은 이제 회장 자리 옆에 있게 된다.

이 질문이 여러 가지로 도움이 될 뿐만 아니라 심각한 선택 마무리를 할 수 있다. 둘 중 하나를 선택 — 이 중 하나는 당신에게 우호적인 상황으로 연결될 수 있는 — 하기보다 한 단어를 사용해서 이와 똑같은 효과를 발휘했다. "언제"라는 말은 당신이 아니라 가망고객의 마음 속에 수많은 선택거리를 안겨준다. 더욱이 만남이 있을 거고 장소는 바로 당신 사무실이라는 가정이 전제되기 때문에 또 하나의 이점으로 작용한다. 자기 영역에서 약속을 갖는 장점을 생각해보라.

단지 질문을 했다는 사실 하나만으로 가망고객은 당신 사무실에서 만날 것을 예상할 수 있게 된다. 당신 사무실에서 모임을 갖자고 확신 있게 말하면 당신의 자제력과 이렇게 하는 것이 일반적 관례임을 알릴 수 있다. 당신이 반응하도록 기대한 대로 다른 사람은 반응한다. 고객은 영업전문가가 자신의 감정이나 상품에 확신을 갖기를 기대한다. 판매 과정을 가장 효율적으로 진행하는 데 결코 과도한 강요와 독단이 필요하지 않다. 쌍방이 모두 이익을 얻는 과정이다.

가망고객은 영업전문가의 사무실에서 회의를 하기 때문에 다른 사람의 방해를 받지 않고 전체 토론의 주제에 몰입할 수 있게 된다. 당신은 시간과 비용 그리고 자동차 마모비용을 엄청나게 절약할 수 있다. 조사가 필요한 질문이 제기되어도 다음 회의 때 논의하자면서 엉성하게 답변하는 대신 바로 그 자리에서 할 수 있다. 당신이 제안하는 주제에 초점이 맞춰지고 당신이 통제할 수 있다. 당신은 좀 더 전문가답게 비친다.

영업점에 방문한 경험이 없는 가망고객은 방문하길 약간 꺼릴 수도 있다. 여기 효과적인 대응방식이 있다. "가끔은 생각 없이 돈을 벌 때보다 계획을 세우면 더 많은 돈을 벌 수 있습니다." 또 다른 것을 살펴보자. "가끔은 집중하지 않고 시간을 절약하는 것보다 계획을 세우면 더 많은 시간을 절약할 수 있습니다. 약속드리겠습니다. 아무런 방해도 없습니다. 다른 데서 회의하는 것보다 짧은 시간 안에 끝낼 수 있습니다."

사무실에서 회의를 몇 번 시도한 다음 어떤 활동이 사무실에 적절한지 검토하라. 이렇게 하면 수많은 반대의견을 극복할 수 있다. 가망고객이 당신 사무실을 방문했다는 사실만으로 상당한 신뢰를 보이는 것이다. 중요한 사항에 초점을 맞출 수 있으며 불필요한 사소한 것을 제거할 수 있다.

말로 모든 이야기를 할 수는 없다

전화로 가망고객과 통화할 때 목소리만 들어도 가망고객의 분위기가 어떤지 알 수 있을까? 가망고객이 적절한 말만 한다고 가정하자. 부적절한 말은 한 마디도 하지 않았다. 가망고객이 입을 꼭 다물었는지 알 수 있는가? 전화선을 통해서라도 긴장감을 느낄 수 있는가? 말이 뻣뻣하고 차갑다. 대화에 시퍼런 날이 감돈다. 대화 속에 따뜻함도 없고 기쁨도 없다. 사실 대화라고도 할 수 없다. 전화통을 붙잡고 독백하고 있는 것이다.

반대로 전화받는 상대방이 특별히 행복한지 알 수 있는가? 비록 볼 수는 없지만 미소짓는 소리를 들을 수 있다. 미소는 신체언어도 아니다. 이는 청각언어이다. 두 눈이 있는 사람보다 소리에 더 민감한 맹인처럼 기능할 필요가 있다.

시각, 청각, 촉각, 후각, 미각

운이 좋게도 건강한 사람이라면 다섯 가지 감각을 타고난다. 농담 삼아 또는 무례하게 여섯 번째 감각을 가진 사람에 대해 이야기한다. 영업전문가는 무슨 일이 벌어지고 있는가를 감지할 수 있는 또 다른 감각을 갖고 있어야 한다. 즉 다섯 가지 감각 외에 자각이라는 영업전문가로서 핵심 감각을 지녀야 한다. 모든 감각을 동원해 가망고객이 하는 말이나 신체언어로 하는 말을 해석할 수 있으면, 반대의견을 여과하는 과정이 훨씬 쉬워질 수 있다.

일반적으로 가망고객의 세 번째 반대의견이 진정한 반대의견이지만 모든 반대의견이 다 중요하다. 가망고객의 말을 경청하는 데 모든 주의력을 집중하고 있음을 보여주고 이 모든 약속 과정을 심각하게 받아들이고 있음을 정당하게 알려주어라. 상담 과정에서 발생하는 모든 상황을 잘 인지하고 있어야 한다. 일부 사항을 무시했지만, 고객이 눈치채지 못했거나 아니면 수용한 것처럼 보이더라도 시간이 흐르면 그렇지 않다는 것이 드러난다. 잔디밭을 걸을 때 밟힌 잔디는 잠시 쓰러지지만 조금 있으면 다시 일어선다. 의식과 무의식 그리고 천부적인 느낌은 모두 기록되었다가 시간이 지나면서 다시 나타난다.

무대장치의 모든 것이 모임에 중요한 영향을 미친다. 당신 사무실에서 약속을 정하는 게 최선이지만, 가망고객의 집이라도 무대장치를 손볼 필요가 있으면 해야 한다. 거실의 탁자가 상담하는 데 적절하지 않으면, 약간 바꿔도 되는지 물어봄으로써 쉽고 편하게 통제력을 확보할 수 있고 긍정적인 영향을 미칠 수 있다. 예를 들어 이야기하려는데 라디오가 켜져 있으면, 무시한 채 이야기하려 하지 마라. 라디오를 꺼도 되는지 물어보라. 상대방은 항상 이렇게 말한다. "꺼야 되나요?" 원하는 효과를 얻으면 약간의 통제력을 획득할 수 있다. 부드럽게 했지만, 고객은 이제 당신의 말을 경청할 것이다.

탁자 위가 지저분해 빈 공간이 필요할 때 탁자 위에 있는 것을 함부로 옆으로 치우지 마라. 당신이 치우고 싶은 곳으로 옮겨도 되냐고 물어보아라. 이렇게 함으로써 다른 사람의 물건을 소중하게 생각하고 있다는 것을 보여준다. 당신 주위에 어떤 일이 일어나고 있는지 잘 자각하고 있다는 것을 알려주기도 한다. 또한 공식 모임으로 특별한 예의를 지켜야 한다는 사실을 나타내기도 한다. 아마도 고객은 스스로 탁자 위의 물건을 치울 것이다. 어떤 경우에도 고객의 눈과 귀는 당신을 주목하게 된다. 자기 집에서 주도권을 갖고 있는 사람이 당신이라는 사실을 가망고객이 알게 되면 반대의견은 적어질 것이다.

상담하기에 편하고 좋은 공간을 발견하면, 그 쪽으로 이동하는 게 어떤지 물어보아라. 그런 다음 일어서서 그 쪽 방향으로 걸어가라. 이 또한 회의를 심각하게 생각하고 있다는 것을 반증하며 가능한 최선의 분위기를 만들려고 애쓴다는 것을 보여줄 수 있다.

모든 말이 의미가 있는 것은 아니다

가끔 반대의견이 단지 입에서 나온 말에 불과할 때가 있다. 신체언어가 의도의 심각성을 더 잘 표현한다. 대부분의 반대의견은 단지 대화에 불과하다는 사실을 명심하라. 아무 말도 없는 것보다 뭔가 말하는 것이 좋다. "살 형편이 안 돼요"라는 흔한 불만이 나오면, 대부분의 경우 사실이 아니다. 그렇지만 놀라지는 마라. 이 말이 가장 많이 듣는 반대의견이다. 고객 입장에서는 무릎 반사운동과 같다. 대부분 이 말은 "더 이야기해주세요"이다.

추가 질문을 하거나 강조하고 싶은 핵심 사항을 반복하면서 이러한 반응을 처리할 수 있어야 한다. 반대로 가망고객이 벌떡 일어나 "살 형편이 안 된다니까요!"라고 소리치면, 말보다 신체언어가 더 징확한 의미를 갖는다. 이 사람의 행동을 믿고, 상품이나 서비스에 대한 논의는 다음 기회에 하겠다고 제안하는 것이 좋다. 이렇게 하면 다음에 전화하는 것을 선택할 수 있다.

가망고객이 가능한 늦게 만나려고 하거나 안 만나려 하면 "연기 가능한" 측면을 간청하고 있는 것이다. 다시 한번 가망고객은 이렇게 말하고 있는 것이다. "더 이야기해주세요. 무슨 말인지 잘 들었습니다만, 즉시 행동을 취할 만큼 충분하게 듣지는 못했습니다."

가망고객이 흉금을 터놓고 이야기하면서 미소 짓고, 대화를 통해 솔직한 답변을 주고받고 우호적인 분위기를 발산하면, 신체언어도 이렇게 된다. 진지함이 교류되는 개방된 환경을 의미한다. 이러한 분위기 속에서 모든 상담에서 우리가 해야 할 일, 즉 해결책을 몹시 갈망하도록 적절히 니즈를 노출시키는 일을 한다는 것이 즐거워진다.

한 걸음 더: 반대의견을 예상하라

반대의견을 예상함으로써 영업전문가는 강력한 기술을 개발할 수 있다. 영업전문가가 가망고객의 니즈와 태도를 완벽하게 이해했다면, 이들의 진정한 관심 사항이 무언지 평가할 수 있어야 한다.

판매 과정은 언제나 예측 가능한 상태를 유지해야 한다. 영업전문가는 정보조사 양식을 사용해 니즈를 확인하고 해결 모델을 설계하여 제시한 다음 판매 마무리를 한다. 반대의견을 예상할 수 있는 영업전문가는 ① 가망고객의 의문사항과 관심사, ② 이러한 의문사항과 관심사를 모델을 통해 해결하는 방법을 손쉽게 파악할 수 있다.

가망고객은 상품이나 서비스가 필요 없다거나 또는 상품과 서비스에 그렇게 많은 돈을 쓰고 싶지 않다고 이야기할 것이다. 가망고객은 시간을 좀 더 갖고 싶다거나 또는 다른 대안을 알아보고 싶다고 얘기하기도 한다. 가망고객이 무슨 말을 하든지 상관없이 영업전문가는 준비되어 있어야 하고 훌륭한 답변을 갖고 있어야 한다.

가망고객이 어떤 대기업에 근무하고 있다고 가정하자. 영업전문가는 이 가망고객이 동료를 무척 존중하고 있다는 사실을 알고 있다. 가망고객이 동료와 상의할 필요를 느낄 정도의 의혹이 있으면, 가망고객이 이러한 근심을 표현하기 전에 영업전문가는 가망고객의 동료를 만나 제안을 검토해달라고 부탁할 것을 고려해야 한다. 이렇게 함으로써 잠재적으로 부정적인 것을 긍정적 기회로 전환시킬 수 있다.

다음과 같은 규칙이 있다. 문제에 봉착하기 전까지 잠재적 판매는 이루어지지 않는다. 영업전문가는 문제를 예상해야 한다. 문제가 수면 위로 떠올라야만 영업전문가가 납득이 가도록 해결할 수 있고 가망고객을 고객으로 만들 수 있는 기회를 가질 수 있다.

가망고객은 의사결정을 내릴 준비가 되어 있지 않다는 것을 망설이거나 또는 미루는 것을 통해 신호를 보낸다. 영업전문가가 가망고객을 너무 섣불리 재촉하면 관계를 망칠 위험에 봉착하게 된다. 영업전문가는 이해와 동정을 보임으로써 가망고객의 니즈에 진정한 관심을 표시할 수 있고 또한 두 사람 사이에 형성되는 신뢰의 고리를 강화시킬 수 있다.

"늦추고 싶어요"라고 가망고객이 말하면, 영업전문가는 가망고객의 목표를 검토하고 가망고객의 목적에 대한 이해가 제대로 되었는지 재확인할 필요가 있다. 영업전문가는 이렇게 말해야 한다. "늦추고 싶다는 말씀을 들었습니다. 질문 하나 드려도 괜찮겠습니까? 시간이 지나면 이 결정을 좀 더 쉽게 하실 수 있겠습니까? 연기할수록 선생님의 목표를 성취하기 힘들고 값비싼 대가를 치러야 합니다."

반대의견이 제기되어 방어적 입장에 서기보다 영업전문가는 반대의견이 제기되기를 예상함으로써 공격적 입장에 설 수 있다. 세 가지 알(R)이라는 전략을 많은 강사가 가르친다. 반복하라(Repeat), 안심시켜라(Reassure), 다시 시작하라(Resume). 좋은 접근법은 고객을 감동시켜 행동으로 옮기게 하는 것이다. 영업전문가는 다음과 같이 말하는 법을 익힐 필요가 있다. "선생님께서 ……라고 저는 느꼈습니다." "고객님과 같은 경우……라고 저는 믿습니다." "제가 선생님의 입장이라면……" 영업전문가가 반대의견을 먼저 말하면, 가망고객은 더 이상 문제의 소유권을 주장하기 힘들게 된다. 반대로 가망고객이 먼저 말하면, 소유권을 주장하면서 반대의견을 방어하게 된다.

질문하라

정보조사를 통해 충분한 니즈를 발견하지 못해 반대의견이 생기는 경우가 종종 있다. 가망고객이 니즈를 못 느끼면, 판매할 기회는 거의 없게 된다. 영업전문가는 니즈를 형성해야 한다. 니즈를 형성해야만 대부분의 반대의견이 중도에서 사라진다.

니즈를 형성하는 한 가지 방법은 첫 번째 상담 동안이나 또는 한 번의 상담으로 판매하는 상황에서는 마무리하기 전 어느 때나 질문을 하는 것이다. 예를 들어 가망고객이 최근 거액의 구매를 한 이유가 무언지 또는 당신이 판매하는 상품에 어떤 이유로 관심을 갖고 있는지 질문할 수 있다. 답변을 통해 동기부여 요소가 무엇이고 어떻게 상품을 자리매김할지 실마리를 얻을 수 있다. 마무리의 후반부로 갈수록 가망고객은 상품이나 서비스가 필요 없다고 말하기가 힘들어진다. 왜냐하면 영업전문가가 가망고객에게 동기를 부여하는 요소가 무엇인지 이미 알고 있기 때문이다.

답변을 기록하라

가망고객에게 가장 중요한 개인적인 재무 목표를 알려달라고 요청하는 동안 아주 완벽한 정보조사를 꼭 실시해야 한다. 이 정보를 꼭 기록해야 한다. 마무리하는 동안 특정 반대의견을 물리치는 데 효과적으로 사용될 수 있다.

> **가망고객**: "이것을 하고 싶지만 지난 번 상담 이후 새로운 비용 지출이 생겨 상품을 구입할 여력이 안 되네요. 나중에 여유가 되면 다시 살펴봅시다."

영업전문가: "예를 들어 무슨 비용입니까?"

가망고객: "예, 새 타이어와 휴가."

영업전문가: "예, 확실히 알겠습니다. 비용이야 늘 생기기 마련이죠. 지난 번 상담 때 논의했던 개인적 재무 목표, 그리고 가족과 사업 목표를 검토해서 정확히 기록했는지 확인해보도록 하겠습니다. 재무적 안정성 그리고 가족과 사업이 현재와 같이 제대로 유지되는 것이 가장 큰 관심 사항이라고 말씀하셨습니다. 그런데 선생님이 조금 전에 하신 말씀에 따르면 이 부분을 '타이어와 휴가'로 바꿔 읽어야 되는데 맞습니까?"

가망고객: "음……."

영업전문가: "재무적 목표와 상관없는 타이어는 샀는데 고객님의 재무 목표 달성에 꼭 필요한 것은 살 수 없다는 말씀입니까?"

공포를 극복하고 판매하는 뇌로 프로그램하라

백만 불 원탁회의 회원은 전 세계적으로 금융 서비스업의 엘리트를 의미한다. 그러나 놀랍게도 회원 10명 중 9명이 약간의 제한적 공포를 갖고 있다. 10명 중 1명은 심각한 제한적 공포 즉 좋아하지 않거나 할 수 없는 공포증을 갖고 있다. 20명 중 1명은 극복할 수 없는 강박적 사고나 행동에 시달리고 있다. 실제 지능이 높고 창조적이고 상상력이 풍부한 백만 불 원탁회의 회원일수록 공포를 갖고 있을 가능성이 높다!

따라서 대부분의 영업전문가는 근심과 공포가 한 자루 가득 있다. 어떤 사람은 자루가 크고 어떤 사람은 작을 뿐이다. 아마도 당신은 마대자루처럼 클지도 모른다. 당신의 자루에 뭐가 차 있는지 그리고 더 중요한 것으로 비우는 방법을 검토해보자.

보통 사람은 누구나 공포가 있다. 보통 사람은 누구나 심리적 문제를 안고 있다. 보통 사람은 공포병이 있고 강박관념이 있다. 다 괜찮다. 이러한 공포가 관리되지 않고 방치되어 영업전문가가 기울이는 인간적 노력의 모든 수준을 제한하고 한정지울 때 문제가 된다.

왜 공포 기제를 갖게 되었을까? 우리 몸은 "싸움-도주 기제 (fight-or-flight mechanism)"라는 아주 무섭고 긴급한 상황을 다루는 체계를 갖고 있다. 우리 몸의 신장 위쪽에 두 개의 작은 선이 있는데 여기에서 가장 강력한 자극제 즉 아드레날린을 분비한다. 이것이 분비되면 피가 근육으로 몰려들어 힘이 두 배 또는 네 배가 된다. 맨손으로 사자를 죽일 정도가 된다. 70대 할머니가 뒤뜰에 나갔다가 브레이크가 풀린 차에 깔린 손자를 본 이야기를 읽어본 적이 있었을 것이다. 할머니는 쏜살같이 달려가 차를 들어올려 손자를 구했다. 다음날 누군가 차의 무게를 계산해보니 318킬로그램이었는데, 이 할머니는 위급 상황이 아닌 평상시에는 45킬로그램밖에 들지 못했다. 273킬로그램을 추가로 들 수 있는 힘이 아드레날린에서 나왔다. 사자를 죽이거나 차를 들어올릴 때는 위대한 약이 되지만, 판매 제안을 하거나 대화를 하거나 또는 개척전화를 할 때는 그리 좋지 않다.

자루 속의 뇌

"뇌 높이뛰기" 세계 기록을 아는가? 최근 올림픽 경기를 본 적이 있는가? "뇌 높이뛰기"는 메달 경기가 아니다. 뇌는 높이뛰기를 못한다. 다리가 없기 때문이다. 두뇌는 마치 1미터 80센티미터짜리 벽 뒤에 누워 있는 것처럼 행동한다. 말을 해주어야 무슨 일이 일어나는지 알 뿐이다.

두뇌는 이야기하는 모든 것을 맹신한다. 현실과 상상을 구분하지도 못한다. 두뇌는 초고속 컴퓨터이다. 초당 1억 개의 계산을 하며 절대 오류가 없다. 2+2 = 5라고 컴퓨터를 프로그램하면 컴퓨터는 이것을 사실로 받아들이고 스스로 수정하지 않는다.

사람이 태어난 순간부터 비어 있는 두뇌는 자체적으로 프로그램을 시작한다. 불행하게도 경쟁적이고 비교하는 가혹한 사회에 살면서 대부분의 초기 프로그램은 꽤 부정적인 방향으로 흐른다. 부모, 친구, 동료 그리고 권위 있는 사람으로부터의 파괴적인 혹평이 자루 속에 들어간다.

부정적 프로그램

18세가 될 때까지 한 개인은 180,000개의 부정적인 개인적 평가를 받고 25,000시간의 부정적인 권위주의적 입력을 받는다는 추정치가 있다. 따라서 "자루" 속에 있는 대부분의 믿음은 부정적이거나 실패에 관한 메시지이다. 두뇌 프로그램의 50%는 5세 때 만들어진다. 80%의 프로그램은 8세 때 만들어진다. 따라서 우리 삶의 대부분은 우리가 전혀 좋아하지 않는 8살짜리 아이에 의해 결정된다. 개인적, 직업적 그리고 재무적 조언을 여덟 살난 스승에게서 구하는 사람이 있을까? 아무도 없다!

디즈니랜드

디즈니랜드에 간 네 살짜리 아이에게 무슨 일이 벌어질지 아는가? 애는 하루 종일 어른의 무릎과 허벅지에 시달리게 된다. 네 살짜리 애에게 어른은 해를 가리는 키가 5미터이고 몸무게가 165킬로그램이나 되는 거인이다. 엄청난 높이에서 나오는 것은 비난으로 가득 찬 권위적이고 위협적인 목소리이다. 초기 두뇌를 프로그램한 메시지가 바로 이런 것이다.

어렸을 때 이러한 프로그램에 도전할 수 없기 때문에 듣는 것을 모두 받아들였으며, 이것은 모든 행동을 통제하는 최면 후의 제안으로 남아 있게 된다. 죄의식을 느낄 수 있는 행동 예를 들어 시간을 낭비하거나, 미숙하게 굴거나, 노는 데 너무 많은 시간을 쓰거나, 침착하지 못하면 자루는 약간씩 무거워지기 시작한다. 실패 메시지와 거절이 꽤 많이 섞이면 자루는 부풀어오르기 시작한다.

두뇌의 우선순위

두뇌가 하지 않는 두 가지 일이 있다. 하나가 죽는 거고 다른 하나가 품위를 떨어뜨리는 것이다. 언제라도 자신의 삶이 위협받거나 자신의 자아가 도전받게 된다고 두뇌가 믿으면, 엄청난 양의 아드레날린이 분비되어 고전적인 걱정증후군을 경험하게 된다.

가장 흔한 공포증은 다음과 같다.

1. 대중 앞에서 연설하는 공포
2. 죽음의 공포

공포의 중요도를 따져보면 대부분의 사람은 연설하기보다는 죽는 게 낫다고 생각한다. 사람은 실수하거나 혹독한 평가를 받는 것을 너무 걱정한다. 코미디언이 이 걱정거리를 이렇게 표현했다. 희극배우로서 제대로 웃기지 못하면 당신은 "그만두거나(die)", "인기가 떨어진다(bomb)." 제대로 하면 관객을 "몹시 웃기거나(slay)", "압도할 수 있다(kill)." 이 표현은 일의 위험성을 제대로 묘사하고 있다.

대부분의 사람이 판매는 관객 한 사람 앞에서 연설하는 일이라는 사실을 깨닫지 못하고 있다. 많은 사회적 교류 역시 한 사람의 관객을 상대하는 일이다! 어떤 사람은 천 명의 관객 앞에서 공포 없이 연설할 수 있음에도 불구하고 동일한 사람이 심각한 고민 없이는 개척 전화를 하거나 판매 제안을 하거나 또는 데이트 신청을 하는 데 용기를 내지 못하는 게 현실이다. 이 모든 것은 "자루 속에 있는 두뇌"에게 무슨 말을 하는지에 달려 있다.

가망고객이 거절하면 판매를 하지 못하고 그러면 평판이 떨어지게 되는 등과 같이 두뇌가 당신에게 말하면, 한 마디 한 마디의 말에 따라 몸에서 아드레날린이 방출되게 된다. 공포스러운 말을 사용할 때마다 자루를 흔들게 된다. 흔들릴 때마다 가장 강력한 자극제가 분출되어, 숨이 가빠오고 땀이 흐르고 심장 박동 수가 빨라지고 가슴이 꽉 조이는 등 죽음이 임박한 증세를 느끼게 된다. 부정적인 언급을 할 때마다 대량의 아드레날린이 분출된다. "난 거절당할 거야……" "동료에게 웃음거리가 될 거야……" "아내(또는 남편)가 날 하찮게 생각할 거야……" "난 일자리를 잃을지도 몰라……" "판매량을 달성하지 못하면 강등될 거야……"

무서운 생각이 자꾸만 쏟아져 아드레날린이 계속 더 많이 분출되면 불편한 증세를 더 심하게 경험할 것이다. 집중하거나 기억하는 데 어려움을 겪거나 비현실적인 느낌이나 현재의 상황에서 도피하고자 하는 엄청난 충동을 느끼게 될 것이다. 이제 공포는 관리할 수 없는 단계가 되었다. 고통을 피하기 위해 활동을 피하려고만 한다. 망설이기만 한다. 얼어붙었다. 말조심하라. 당신의 두뇌가 듣고 있다!

"만약에"와 "다른 사람은 어떻게 생각할까"

살아가면서 성숙해지지만, 어른이 되어도 지속되는 어릴 적 두 가지 공포를 자루에 채워넣고 있다. 그것은 바로 "만약에"와 "다른 사람의 생각"이다. 만약에는 상상 속에 있는 재앙이다. 만약에 옷장 속에 괴물이 숨어 있으면 어떻게 될까? 만약에 실수를 하면 어떻게 될까? 다른 사람이 초조하고, 무능력하고, 떨고 있고, 흔들리고 있는 나를 보면 어떻게 될까? 판매나 사회적 상황에서 벌어질 비극적인 사건만 계속 상상한다.

다른 사람의 생각은 "다른 사람은 나를 어떻게 생각할까"이다. 넥타이에 얼룩이 묻은 것을 보면 다른 사람은 어떻게 생각할까? 이런 차분한 얼굴 밑에 숨어 있는 흔들리는 겁먹은 인간이 있다는 것을 안다면 다른 사람은 어떻게 생각할까? 다른 사람에게 호감을 사고 받아들여지기를 바라는 절망적 욕구로 당신에 대한 다른 사람의 생각에 아주 큰 가치를 두게 된다.

자루에 "상상 속의 재앙"과 "다른 사람의 생각"으로 가득 차 있으면 새로운 노력을 할 때마다 발목이 잡히는 것을 명확히 알 수 있다.

당신의 파수꾼

마침내 당신의 삶과 소중한 자아의 안전을 지키기 위해 하루 24시간 내내 당신의 어깨 위에 앉아 보호해주는 파수꾼을 채용한다. 파수꾼은 당신의 한계를 잘 알고 실패하지 않도록 하기 위해 더 높은 목표로 상승하는 것을 제한한다. 파수꾼은 거절당하거나 파면당할 수 있을지도 모르기 때문에 모험하는 걸 제한한다. 성장하고자 한다면 파수꾼이 있다는 사실을 인식하고 제거하도록 노력해야 한다. 파수꾼은 "상상 속의 재앙"과 "다른 사람의 생각", 당신의 결점, 당신의 약점, 당신의 죄의식과 실패를 끊임없이 상기시키면서 제한하라고 재잘거린다.

대부분의 영업전문가는 파수꾼의 부정적인 목소리에 너무 익숙해져 존재 사실조차 의식하지 못하고 있다. 자기를 통제하는 것이 있는데도 존재 사실조차 모른다.

1억 7천만 명의 중독자

부정적 자루를 갖고 다니는 효과가 과장되었다고 생각하면 다음 사실을 살펴보라. 미국에는 1억 7천만 명의 사람이 마약, 술, 일, 담배, 그리고 음식 중독자로 추정된다. 그런데 미국 성인 인구는 1억 7천만 명이다. 따라서 중독을 불완전한 인간으로서 고통을 제거하는 파괴적 습관이라고 정의한다면, 결국 우리 사회의 모든 성인은 어른의 외모 속에 아직도 살아 있는 여덟 살짜리 어린애를 위협하는 것을 잠재우기 위해 무언가를 해야 한다는 파괴적인 집착과 강박적인 욕구를 가졌거나 또는 갖고 있다는 것을 의미한다.

자신의 자루를 한 번도 점검하지 않아 벌어질 수 있는 결과를 이해하는 것이 중요하다. 자루 속에 무엇이 있는지 이해하지 못하면, 현재의 성공 수준과 상관없이 사기꾼과 같은 느낌을 갖게 될 것이다. 실패하기는 쉽다. 그렇게 되도록 프로그램되었기 때문이다. 그러나 성공은 다르다. 성공은 기대가 따라야 하고 성공은 더 큰 책임감과 더 큰 성과가 필요하다. 성공은 두려운 일이다.

실망하지 마라. 사실 모든 사람이 불쾌한 이 자루를 성인 때까지 갖고 다닌다. 목적은 자루를 대청소해 가볍게 하는 것이다. 자루 속에 무엇이 있는지 인식하는 것부터 시작하라. 메시지에 귀를 기울여라. 무슨 말을 하고 있는가? 누구의 목소리인가? 내게 도움이 되는가? 메시지를 듣고 이해했다면 무언가를 할 수 있다.

사고 정지

파괴적이거나 두려운 메시지를 해결하는 가장 강력한 수단은 사고 정지(thought stoppage)라 불리는 과정이다. 당신 내면의 목소리를 주의 깊게 점검하면 모든 부정확하고 한정적이고 실패 지향적인 메시지를 걸러낼 수 있다. 이렇게 하라. 이런 메시지가 나오면 "그만"이라고 말한 다음 심호흡을 하고 천천히 하나부터 넷까지 센다. "그만"이라는 단어는 컴퓨터 명령어와 똑같이 마지막 문장은 수용할 수 없다고 당신 두뇌에 알려주어 두뇌가 재프로그램되게 한다. 지금부터는 어떤 수용할 수 없는 메시지가 있으면 즉시 멈춰야 한다. 넷까지 세면서 문장의 정확성을 따져본 다음에 긍정적이고 지원적인 메시지가 되도록 변경하거나 재구성한다.

삶의 어떠한 상황에서도 이 방법을 사용할 수 있지만, 특히 새롭고 도전적인 일을 하려고 할 때나 실패의 목소리가 크게 들릴 때 사용하면 좋다. 어떤 때나 즉시 사고 정지를 사용하면 움츠러들게 하는 정신 프로그램을 많이 없앨 수 있다.

공포

"공포(fear)"는 다음 네 가지를 의미한다.

- F = 잘못된(False)
- E = 과장(Exaggerations)
- A = 보이는(Appearing)
- R = 진짜(Real)

당신이 듣게 되는 파수꾼 목소리의 대부분은 과장되었고 부정확하기 때문에 불필요한 경보를 울리고 그러면 아드레날린이 분출된다. "당황해 죽겠다"라는 표현이 좋은 예가 된다. 당황해서 죽지는 않는다. 그러나 이 표현은 "진짜같이 보이는 잘못된 과장"이기 때문에 주머니를 흔들 것이다. 자기 자신을 겁주는 일을 멈추고 스트레스가 많은 상황에서 자기 자신에게 뭐라고 하는지 아주 주의 깊게 듣기 시작하라. 부정적이고 파괴적이고 과장되었으면 사고 정지 방법을 사용하라. 정확성을 따져보라. 사실인가 아니면 상상 속의 재앙인가? 자신에게 물어보아라. "내가 나에게 뭐라고 하는 거지? 이게 도움이 될까?"

지금부터는 부정적으로 들리는 모든 말을 따져보고 논쟁하라. "고객에게 헌신하도록 요구해도 헌신하지 않을 것이다." 논쟁하라. "사실이 아니다. 그건 내 생각일 뿐이다. 내 생각은 종종 틀리기도 하지 않았는가?" 재구성하라. "고객이 나에게 헌신한다면, 고객은 더 이상 다른 영업전문가를 볼 필요가 없어 안심할 것이다." 내부의 목소리. "불경기인데 대량 주문을 요청하면 거절당할 거야." 멈추고 하나, 둘, 셋, 넷을 세라. 논쟁하라. "사실이 아니야. 내 생각일 뿐, 내 생각이 종종 사실이 아닐 수도 있지." 재구성하라. "내가 요청하지 않으면 그들은 답변할 기회조차 가질 수 없어. 내가 요청하지 않으면 주문을 받아내지 못할 확률이 100%가 되지." 내부의 목소리. "그들은 내가 너무 밀어붙인다고 생각하는 것 같다." 멈추고 하나, 둘, 셋, 넷을 세라. 논쟁하라. "사실인지 잘 모르겠는데." 재구성하라. "과감하게 선택하고 결과를 받아들이면 돼." 그리고 마지막으로 여행객이라면, 내부 목소리. "비행기는 안전하지 않아." 멈추고 하나, 둘, 셋, 넷을 세라. 논쟁하라. "가장 안전한 운송수단이지. 26,000년간 매일 비행기를 타야 한 번 사고가 난다." 재구성하라. "아무리 해도 사고가 날 비행기 표를 살 수가 없을 것이다."

지금부터는 모든 내부의 목소리에 도전해서 논쟁하고 재구성하라. 뛰어난 논쟁과 재구성의 예는 판매 화법 책에서 쉽게 찾아볼 수 있다. 갖고 있는가? 흥미롭게도 판매 화법 책을 통해 일상적인 판매 상황에 대응할 수 있는 실마리를 찾을 수 있을 뿐만 아니라, 자기 자신의 내부 사고도 재구성할 수 있는 놀라운 지침을 얻을 수 있다. 자신에 대해 부정적인 말이 내부에서 분출되면 논쟁하고 자신을 강화시킬 수 있는 수많은 개인적 화법을 창조하라.

파수꾼을 최신화시켜라

최전선을 지키는 파수꾼은 새로운 정보를 종종 듣지 못한다. 당신의 두뇌와 파수꾼을 재프로그램시키는 데 사용할 수 있는 방법이 바로 승리이다. 두뇌는 당신이 한 말을 믿지 않고 성과에만 관심을 갖는다. 따라서 논쟁하고 재구성한 다음에는 당신이 거둔 승리를 이야기해주어라. 두뇌에 당신의 무용담을 이야기해주라. 당신이 이룬 성장과 변화를 연관지음으로써 재확인시키고 진정시켜라. 여덟 살짜리 아이가 어른인 당신의 결정을 오염시키도록 만들지 마라. 도전하고 재구성하라. 매번 즉시 사고 정지를 사용하라!

성공 수단

판매 성공을 개선하려면 자신의 주머니에 있는 내용물을 잘 알고 있어야 한다. 제한시키고 항상 틀린 부정적 변명이나 꼬리표에 도전하라. 논쟁해서 자기 자신에 대한 긍정적 표현인 긍정적 주장으로 바꿔라. 중요하지 않은 초등학교 때의 경험이 어른의 삶을 제한하게 만들지 마라. 젊었을 때는 모든 사람이 사교성이나 자신감이 부족하지만, 성인으로서 자신의 두려움에 도전하지 않으면 영원히 지속될 것이다. 모든 혐오증과 기피증은 항상 어린 시절 거절이나 실패의 공포와 관련되어 있다. 논쟁하고 재구성하라. "요청에 대한 거절은 나를 거절한 게 아니다." "나를 좋아하지 않으면 어떻게 될까?" 논쟁하고 재구성하라. "모든 사람이 나를 좋아해야 되는 것은 아니다. 오직 나 자신만 기쁘게 하면 되지."

여덟 살짜리 아이는 다른 사람으로부터 호감을 사고 인기가 있고 받아들여지고 싶어 하는 절박한 욕구가 있다. 성숙해짐에 따라 이런 것이 어른의 목표가 아니라는 것을 깨닫게 된다. 이러한 초기 프로그램을 바꾸지 않으면, 자기 내부가 아닌 외부에서 만족을 계속 찾을 것이고 실패나 거절감에 극단적으로 취약하게 될 것이다.

디즈니랜드 재방문

디즈니랜드를 방문한 것을 기억하는가? 165킬로그램의 몸무게와 5미터 키의 거인을? 네 살 때 당신이 이렇게 클 것이라고 생각해보았는가? 자기만의 자동차나 신용카드를 갖는 것은? 야심 있고 성공적인 영업전문가가 되는 것은? 생각해본 적이 없었을 것이다! 파수꾼에게 이제는 당신이 거인이라는 사실을 말해주어라. 부정적인 주머니를 대청소해서 성숙하고 지원적이며 배려하는 성공 메시지로 대체하라.

좀 더 높은 단계로 성장할 때는 주머니에서 부정적인 실패 프로그램이 분출된다는 사실을 깨닫고 있어야 한다. 성장하려면 이러한 메시지를 들어야 하고 하나하나 모든 것을 논쟁해서 재구성해야 한다. 파수꾼은 당신이 편안해하는 수준을 알고 있다. 점진적으로 성장할 때는 수용하지만, 급격하게 변할 때는 경종을 울린다. 막대한 아드레날린을 방출함으로써 당신에게 경고하게 되고, 결국 불편함을 느껴 시도하지 못하게 된다. 겁먹은 파수꾼을 안심시키는 방법을 배워야 한다.

인지된 효능

자신감은 효과적으로 상황을 처리할 수 있다는 신념(인지된 효능)에서부터 개발된다. 성공적인 결과물을 산출하는 데 자신감이 많을수록 불편함은 적어진다. "내가 처리할 수 있어"라고 주머니에게 말하라. 성장은 성공적인 노력 즉 승리에 달려 있다는 사실을 명심하라. 두뇌는 말을 믿지 않는다. 두뇌는 오직 승리만을 믿는다. 목표를 향해 나아가면서, 모든 성공적인 노력을 충실하게 기록하라. 이러한 성공을 검토함으로써 성장의 의지를 창출할 수 있고, 더 높은 성공 수준으로 올라설 수 있다.

부탁하기

거절당할 두려움 때문에 종종 부탁하지 못하는 경우가 있다. 어린 시절 무언가를 부탁했는데 얻지를 못하면 사랑받지 못한다는 느낌을 받았다. "그들이 나를 사랑했으면 그걸 내게 줬을 텐데." 당신의 파수꾼이 가끔 그 결과를 상기시켜 부탁하는 걸 어렵게 만든다.

그러나 부탁하지 않으면 실패 확률은 100%이다. 어떤 것이라도 부탁할 수 있다! 이제는 사실을 안다. 어떤 사람도 당신을 거절할 수 없다. 거절할 수 있는 것은 당신의 요청 사항뿐이다.

대부분의 사람은 "아니오"라고 말하길 힘들어한다. 어린 시절 부모님이나 윗사람에게 "아니오"라고 이야기하면 처벌받을 가능성이 높았다. 그래서 사람은 부탁에 대해 "아니오"라고 말하길 힘들어한다. 어린 시절의 두려움을 소멸시켜라. 파수꾼을 억누르고 부탁하라, 부탁하라, 부탁하라!

무감각

접촉혐오증을 극복하려면 항상 "상상 속의 재앙"과 "다른 사람의 생각"이라는 실패와 거절 메시지를 다루어야 한다. "자루 속의 두뇌"는 현실과 상상의 차이를 인식하지 못하기 때문에, 동료나 친구와 함께 방문과 판매 상황을 연습할 필요가 있다. 상상 속의 상황을 설정한 다음, 지원 집단에게 당신을 거절하고 괴롭히고 듣기 싫어하는 말을 하도록 하라. 이러한 반응을 처리할 수 있도록 연습하라. 이 과정을 통해 공포에 대한 감각을 없앨 수 있기 때문에 실제 상황을 처리할 수 있는 자신감을 개발할 수 있다. 익숙해지면 모욕으로 느끼지 않게 된다. 연습하라, 연습하라, 연습하라! 공포와 대면하면 공포는 사라지게 된다.

이러한 똑같은 기법을 사용해서 실무력을 더 높은 수준으로 향상시킬 수 있다. 당신 내부의 목소리는 당신의 수준을 안다. 상상 속의 실습 교육을 통해 높은 수준으로 향상시킬 수 있으며, 전에는 편하지 않았던 더 높은 수준의 위험에 대해 무감각해질 수 있다.

행복

독립선언문에 모든 사람이 행복을 추구할 권리가 있다고 쓰여져 있음에도 불구하고 자루 속의 내용물은 그렇지 않다. "충분히 놀았으니 장난감을 치워라!" "손이 한가하면 아주 나쁜 일을 하게 된다!" "언제 철들래?" 이것은 바쁜 사회를 반증하는 말이다. 어린 시절 정신없이 바쁘게 살도록 만들었다.

네 살배기 아이는 하루에 325번 웃는 데 비해 어른의 하루 평균 웃음 횟수는 15번이다. 성장하면서 웃음은 두들겨 맞고 위협받고 냉소적으로 거절당했다. 주머니를 점검하고 즐거운 시간으로 당신 삶을 재프로그램하고 이제껏 만들어진 죄의식을 없애라. 당신의 목표는 잃어버린 310번의 웃음을 되찾는 것이어야 한다.

대부분의 한계는 스스로 인식한 공포로 창조된다. 당신의 부정적인 파수꾼을 침묵시켜라. 당신의 부정적 믿음과 실패 메시지를 논쟁하고 재구성하라. 사고 정지 기법을 사용하고 죄의식 프로그램을 없애버리고 두뇌를 재프로그램하기 위해 승리 예행연습을 사용하고 자루를 끊임없이 점검하고 대청소하라. 그리고 즐겨라. 이제 당신은 거인이다!

진정한 반대의견 발견

가망고객의 반대의견은 종종 거짓일 수 있다. 영업전문가의 감정에 상처를 주지 않으면서 "아니오"라고 말하려고 사용되는 책략인 경우가 많다. 반대의견에 접했을 때 가장 먼저 할 일은 가망고객이 진실을 말하고 있는지 여부를 알아내는 것이다. 가망고객이 말한 그대로 받아들여야 하는가 아니면 당신을 없애기 위해 위장술을 사용한 것인가?

반대의견의 진정성 여부를 판단하는 기법을 다음과 같이 진행할 수 있다.

> **영업전문가**: "고객님의 의견에 비추어 볼 때 이 상품은 고객님께 적당합니까?"(늘 의견을 요청해서 가망고객의 상태를 타진하라. 이렇게 하면 반대의견을 노출시킬 가능성이 아주 높기 때문에 초특급 마무리 "시도"가 된다. 반대의견을 처리하려면 반대의견이 언급되어야 한다.)
>
> **가망고객**: "한번 생각해봐야겠네요."

> **영업전문가:** "선생님께서 그렇게 말씀하시는데 뭔가 이유가 있으십니다. 어떤 것인지 여쭤어봐도 되겠습니까?"
>
> **가망고객:** "괜찮습니다."
>
> **영업전문가:** "이유가 뭔지 알고 싶습니다."
>
> **가망고객:** "경쟁사를 살펴보고 싶습니다."
>
> **영업전문가:** "잠깐만 경쟁사를 살펴보지 않겠다고 가정했을 때는 이 상품이 선생님에게 적당합니까?"

가망고객에게 상품이 적당한지 여부를 물어보았다. 가망고객은 생각해봐야겠다고 했고 또 경쟁사를 살펴봐야겠다고 대응했다. 한번 생각해보시지 않겠느냐 여부를 묻지 않았다. 적당한지 여부를 물어보았다. 당신이 물어본 질문 사항에 가망고객이 반응했기 때문에 가망고객의 상태를 정확히 충족시킬 권리가 생겨 원래의 질문을 반복했다.

앞의 질문을 끝만 다르게 해서 반복할 수 있다.

> **영업전문가:** "경쟁사를 살펴보지 않겠다고 잠시 가정하겠습니다. 그러면 이 상품을 구매하는 것이 적당한지 선생님의 의견은 어떠십니까?"
>
> **가망고객:** "글쎄요, 확신할 수가 없는데요."

가망고객의 상태를 정확히 맞췄고, 가망고객은 다른 "아니오"를 말했다. 생각해봐야겠다는 것과 경쟁사를 살펴봐야겠다는 답변은 진짜가 아니었다. 따라서 거기에 답변해서는 안 된다. 대신 진짜 반대 의견이 무엇인지 찾도록 노력해야 한다.

영업전문가: "고객님께서 주저하시는 데는 뭔가 다른 이유가 분명히 있으시죠. 무엇인지 여쭈어봐도 되겠습니까?"

가망고객: "현재 돈이 빠듯해서."

영업전문가: "돈 문제는 없다고 잠시만 가정하겠습니다. 그러면 이 상품을 구매하는 것이 적당한지 선생님의 의견은 어떠십니까?"

가망고객: "글쎄요, 내게 필요한 것인지 확신할 수가 없네요."

영업전문가: "그렇게 말씀하시는 데는 분명 다른 이유가 있을 것입니다. 진짜 이유가 무엇인지 여쭤봐도 되겠습니까?"

가망고객: "이게 필요하다고 생각하지 않습니다."

영업전문가: "이 상품이 필요하다고 잠시만 가정하겠습니다. 그러면 이것을 구매하는 것에 대해 선생님의 의견은 어떠십니까?"

가망고객: "음, 물론 적당하죠. 그러나 정말 지금 당장 이게 필요하다고 생각하지는 않아요."

진짜가 아닌 모든 반대의견은 사라졌고 이 중 어떤 것도 영업전문가가 답변하지 않았다는 사실에 주목하라. 이 기법은 가망고객이 진정한 반대의견을 드러낼 때까지 반복된다. 가망고객이 이 상품을 지금 당장 사용하거나 필요하다고 생각할 수 없었다. 그럼 어떻게 해야 될까?

> **영업전문가:** "이해할 수 있습니다. 그런 말씀을 하신 고객분이 계셨습니다. 그러다 보니 의문점이 하나 생겼습니다. 선생님의 현재 상황에도 불구하고 이 상품을 구입하면 혜택을 받을 수 있겠습니까? 이게 의문점입니다."

이렇게 하는 데는 두 가지 목적이 있다. 첫 번째는 영업전문가로서 가망고객이 느끼는 바를 이해한다고 전달하고 이러한 느낌을 받은 사람이 한 사람만이 아니라고 안심시킴으로써 가망고객과 공감하고자 했다. 동정하지 않고 공감한다. 두 번째로 가망고객의 반대의견을 질문으로 바꾸는 미묘한 기법을 사용했다. 질문이 이제 하나 제기되었다고 가망고객에게 말하면서, 질문을 현재의 상황에도 불구하고 혜택 여부가 있는지 여부와 연결시켰고, 가망고객의 반대의견을 질문으로 바꿨다. 그리고 가망고객에게 질문이 있으면 거기에 답변할 의무가 있다.

반대의견에는 답변을 못해도 질문에는 답변할 수 있다. 핵심 표현은 다음과 같다. "그러다 보니 의문점 하나가 생겼습니다. 선생님의 현재 상황에도 불구하고 이 상품을 구입하면 혜택을 받을 수 있습니까? 이게 의문점입니다." "아니오, 질문이 안 돼요"라고 설혹 가망고객이 말해도 당신이 이길 수 있다. 왜냐하면 당신이 해야 할 말은 "의문점이 무엇입니까?"이다. 가망고객은 대개 다음과 같이 말하면서 대응할 것이다. "질문은 바로……" 이렇게 되면 반대의견이 당신에게 질문으로 바뀌게 된다. 반대의견을 어떻게 다루느냐가 판매의 모든 것이 된다. 니즈를 창출하고 가망고객이 지불할 능력이 있으면 판매를 할 수 있게 된다. 가망고객의 "질문"에 답하기 위해서는 니즈를 다시 판매해야 한다. 니즈를 재판매했으면 가망고객에게 물어보아라. "지금 당장 상품을 구매하는 게 선생님 의견으로는 더 적당하다고 생각하십니까?" 그런 다음 판매를 마무리하라!

핑계를 반대의견으로 착각하지 마라

상담이 진행되는 동안 제기된 반대의견을 대응하는 능력이야말로 영업전문가의 가장 귀중한 자산 중 하나이다. 여기에는 훈련과 상품지식 그리고 타고난 지성이 필요하다. 가망고객의 지능지수가 얼마나 높고 그들이 대학졸업 때 성적이 얼마나 좋은지에 상관없이 자신이 판촉하는 상품의 복잡한 제요소를 알지 못하면 반대의견에 답변할 때 쩔쩔매게 된다.

"판매는 모든 다른 문제와 비슷합니다." 대형 부동산 회사의 사장이 말했다. "아무리 어렵더라도 한번 문제를 규명할 수 있으면 풀 수 있습니다." 문제를 규명할 수 없으면 세상의 모든 훌륭한 말을 동원해도 원하는 결과를 성취할 수 없다. 따라서 가망고객이 직면한 문제라든가 또는 이들이 제기한 반대의견에 좋은 답변으로 정리해줄 수 있으면, 99%의 일은 끝난 것이나 다름없다.

반대의견에 확신에 찬 대응을 하려면 일정한 지적 능력이 필요하다. 두 고객이 정확히 똑같은 주장을 제기하지도 않을 것이며 판매 트레이너나 관리자가 사용하던 대로 똑같은 방식도 똑같은 단어도 사용하지 않을 것이다. 다른 고객으로부터 똑같은 질문이 나오더라도 다른 답변이 필요하거나 답변하는 방식이 달라야 한다. 가망고객의 말 속에 숨어 있는 생각을 인식하고 이러한 생각을 수년간 배운 모든 것과 관련시키려면 기억력 이상이 필요하다. 우리는 이것을 기민한 지성이라고 한다.

그러나 반대의견에 대응하기 위해서 가능하다면 검증이 상품의 이해보다 더 귀중하다. 검증이란 반대의견과 핑계를 구분하는 능력을 말한다. 크게 강조할 수는 없지만 반대의견과 핑계는 비록 새벽과 황혼처럼 서로 접하는 부분도 있지만 낮과 밤처럼 확실히 구분된다.

반대의견과 핑계를 구분할 수 있는 테스트나 규칙을 정하기는 어렵다. 비록 차이가 크지만 상품이나 고객에 따라 달라질 수 있다. 다른 말로 하면 어떤 상담에서는 반대의견이라도 다른 상담에서는 핑계일 수 있다.

반대의견이란 무엇인가? 최고의 백만 불 원탁회의 회원이 반대의견을 다음과 같이 정의했다. "가망고객이 결정하지 못하고 자신이나 회사를 위해 올바른 해답을 열심히 찾는 상황 하에서 선의로 정당하게 제기한 주장이다. 유망한 구매의 특정 측면에 충분한 정보가 전달되지 않거나 의심이 있는 것이다."

핑계란 무엇인가? 동일한 사람의 경험에서 추출한, 특히 핑계를 버릇처럼 남발하는 사람에 대한 기억을 통해 추출한 이 영업전문가의 정의는 이렇다. "판매 마무리를 지연시키거나 영업전문가에게 마지막으로 '아니오'라고 답변하는 유쾌하지 않은 일을 하지 않기 위해 마무리 전체를 피하려고 노력하는 가망고객이 제기한 주장이다."

단어 하나하나를 보면 마치 사과와 배처럼 두 정의는 다른 듯이 보인다. 그러나 사실은 그렇지 않다. 핑계를 믿도록 자신을 속인 가망고객의 선의에 의해 핑계가 제기될 수 있다. 정당한 반대의견이 아니라는 어떠한 말에도 이들은 화를 낼 것이다.

훌륭한 영업전문가는 반대의견을 판매를 심화시키는 데 도움이 되는 요소로 만들 수 있다. 수년 전 33세에 세계적으로 가장 큰 보험대리점의 사장이 된 찰스 브록(Charles Brock)은 다음과 같은 인상적인 말을 했다.

> 저는 모든 상담에서 늘 가능한 빨리 "아니오"를 불러냅니다. 모든 사람은 자신의 내부에 특정 분량의 "아니오"를 갖고 있으며 또한 밖으로 표출돼야 됩니다. "아니오"를 불러내는 질문을 상담 초기에 해야 한다고 늘 생각합니다. "아니오"라는 말을 듣자마자 제가 알고 있는 최고의 판매 단어인 "왜"를 적용합니다.

이와 같은 일련의 노력을 통해 고객은 자신이 구매하지 않으려는 시도에서 "아니오"라고 말한 다음엔 자신을 팔기 시작합니다. 저에게 "예"는 병 속에 있는 포도주입니다. "아니오"는 병마개입니다. 병마개를 따지 않는 한 포도주를 즐길 수 없습니다.

반대의견이란 타당하게 추가 정보를 요청하는 것이며, 판매를 시작해서 끝날 때까지 다음과 같은 요청 없이 순탄하게 이루어질 것으로 생각하기 힘들다. "꽤 비싸군요. 좀 더 저렴한 것 없나요?"와 같은 것이 이러한 반대의견에 해당한다. 두 가지 방식으로 대응할 수 있다. 덜 비싼 유사한 상품이나 제품 또는 서비스를 찾아보는 것이 첫 번째 방식이다. 판매하고 있는 것이 비싸 보이지만 효과 측면이나 내구연한 그리고 가격당 품질로 보면 더 싸다고 주장하는 것이 두 번째 방식이다.

"너무 비싸다고 생각하는데요"는 동일한 표현이지만 핑계일 가능성이 높고, 부정적인 대답을 부드럽게 표현한 것이다. "이와 같은 종류를 살 여유가 안 돼요"라고 가망고객은 덧붙여 말할 것이다. 이런 고객은 실제로는 상품을 살 여유가 충분한 사람일 가능성이 높다. 비용문제는 이번뿐만 아니라 전번 상담 때에도 몇 번이고 검토되었지만 마무리를 향해 나아가고 싶지 않기 때문에 동료나 영업전문가의 눈에 어리석게 보이지 않으면서도 탈출할 수 있는 탈출구를 찾고 있는 것이다.

비록 선의에 의해 질문이 제기되었더라도 그 질문의 정당성을 확인할 수 있는 유일한 경험법칙을 규정하려는 시도는 불가능하다. 영업전문가는 자신의 직관을 믿을 수도 없다. 근본적으로 현장 지식과 고객에 대한 이해 그리고 수년간 상품 판매를 통해 축적한 경험에 의존해야 한다. 영업전문가는 책임감 높은 구매자가 더 추진하기 위해 정당하게 요청하는 추가 정보를 행동하지 않으려는 핑계로 추가 정보를 요청하거나 의혹을 표현하는 것과는 상당히 다르게 취급해야만 한다.

한 백만 불 원탁회의 회원의 이야기를 들어보자.

제 상품을 세부 사항까지 함께 검토한 한 은행장의 사무실에 앉아 있었던 일이 생각납니다. 그때까지 그분은 상담할 때마다 제 상품에 동의하지 않는 또 다른 이유를 찾아내곤 했습니다. 인내심을 갖고 각각의 이의에 답변을 해드렸습니다. 사무실에서 세 번이나 계획을 수정했는데 이를 하기 위해서 매번 새롭게 계산하고 추가 정보를 조사하느라 사무실 직원 몇 명이 많은 시간을 투여하게 되었습니다. 그리고 지금 "아내와 상의를 해봐야 합니다"라고 말하는 상냥하고 친절하고 미소 짓는 신사분을 마주보고 있습니다.

배우자의 동의에 반대할 생각은 추호도 없었으나, 이제까지 상담의 전체적인 흐름이나 수주간 듣고 답변했던 반대의견의 성격, 이 은행가의 역할이나 그의 부인이 은행 일에 관심이 전혀 없다는 것에 대한 지식으로, 이제까지 오랫동안 의심했던 상황을 순간적으로 파악할 수 있게 되었습니다.

"잘 알겠습니다"라고 말하면서 그의 반대의견을 액면 그대로 받아들이는 척했습니다. "부인과 당연히 상의하셔야 합니다. 결정을 하시면 전화를 주시겠습니까?" 그리곤 정중하게 자리를 떴습니다. 후속 파일에서 그의 명함을 제거했는데 이런 행동은 제가 취할 수 있는 가장 극단적인 방법이었습니다. 제가 그 일을 더 이상 재촉하지 않고 또 판매 마무리를 위한 별도의 노력을 하지 않아 그분은 행복했을 거라고 확신합니다.

이후 뒷이야기는 거의 예측할 수 있었습니다. 약 1년 후에 그분은 저에게 전화를 해 상품을 사도록 괴롭히지 않은 것에 대해 소리를 질러댔습니다. 일 년 전에 이 신사분을 한 번 더 방문했더라면 저와 그의 시간을 낭비했을 뿐만 아니라 가장 친절한 방식으로 저를 거절하려고 했던 그분을 당혹하게 만들었을 거라는 것을 알고 있습니다.

"아내와 상의해봐야겠습니다"라고 말했을 때 저는 즉시 핑계라는 것을 알았습니다. 그러나 똑같은 말을 다른 가망고객인 친구가 사용했을 땐 연기하기 위한 정당한 이유라고 확신했습니다. 이 둘 사이에 어떤 차이가 있을까요? 두 번째 사람은 자신뿐만 아니라 직계 가족까지 생명보험 보장금액을 단체보험을 통해 획기적으로 늘릴 것을 고민하고 있었습니다. 자신이 소유하는 회사가 있으며, 그의 부인도 개인적으로 경영에 참여하고 있었습니다. 더욱이 그는 항상 사업에 대해 부인과 논의하였으며 부인의 지식과 조언을 귀중하게 생각하고 있다는 것을 알 정도로 오랫동안 잘 알고 있었습니다.

어떤 대답을 반대의견이나 핑계로 구분하는 일은 어리석다. 그러나 영업전문가는 둘을 구분할 수 있는 능력이 있어야 한다. 그렇지 않으면 판매가 이루어질 수 없는 데 시간과 노력을 낭비하게 된다. 어떤 사람에게 핑계는 정중하게 "아니오"라고 말하는 것이다. 무뚝뚝하지만 정직하게 "아니오"라고 듣고 싶어 하겠지만, 어떤 식으로 위장되었더라도 그 단어를 인식해야 한다.

아마도 "아니오"라고 말하는 방법으로 핑계를 사용하는 걸 싫어할 것이다. 가망고객이라면 부정적인 의사결정이라고 말할 수 있을 정도의 성실성과 선의 그리고 용기가 있어야 한다고 생각하기 쉽다. 또 이러한 답변을 얻어내지 못하는 영업전문가라면 자신의 사고를 바꾸거나 다른 직업을 알아보는 게 좋을 거라고 생각할 것이다. 핑계가 지적인 질문일 수 있지만 가능할 수 없는 판매를 하도록 지속적인 노력을 요구하기 때문에 장기적으로 볼 때 불친절한 것으로 생각하기 쉽다. 더욱이 핑계로 영업전문가가 잘못 판단할 수 있을 거라고 볼 수도 있다. 주어진 판매를 실행하는 데 실패한 진짜 이유를 알지 못하면 유익한 것은 아무것도 배울 수 없다는 것이 중요한 사실이다.

임원이라도 부정적 답변에 명확한 이유를 밝힐 수 없는 입장이 되는 경우가 있다. 도산과 구조조정이라는 유령과 힘겹게 싸우고 있는 회사라면 절박한 재무적 어려움 때문에 주어진 상품이나 서비스 중 최저가조차도 구매가 불가능하다는 말을 영업전문가에게 하고 싶어 하지 않을 것이다. 이러한 회사의 진짜 재무 상태는 외부에는 효과적으로 숨기기 때문에 영업전문가가 숨겨진 어려움을 알 수가 없다. 이러한 경우 그 사실을 논의할 수 없거나 이유를 밝힐 수 없기 때문에 임원은 구매를 확실히 거절한다고 말하지 못한다. 이게 바로 친절함이고 성실성이고 공정한 시합이다.

현실에서는 반대의견과 핑계 사이에 "중간지대"가 있다. 예를 들어 판매의 전체 과정상 필요한 행동을 피하려고 선의로 정당한 논쟁을 사용하는 경우가 있다. 이제까지 벌어진 상황에 비추어 볼 때 마무리 시점인데 가망고객은 실수하지 않으려고 더 생각할 시간을 달라고 끊임없이 요구한다. 어떤 사람은 아주 심각한 의사결정도 충동적이고 재빠르게 하지만 다른 사람은 욕구가 행동으로 옮기기까지 느긋하게 생각하고 싶어 한다.

후자의 범주에 속하는 사람은 자신의 배우자와 상의해야 한다고 얘기하지는 않는다. 이들의 모든 반대의견은 사실이다. 반대의견은 예상보다 더 많고 여기에는 부자연스러운 것뿐만 아니라 실제적인 것도 포함된다. 이러한 상황에서 가망고객은 필요한 추가 정보를 얻기보다는 약해진 저항을 보강하고 행동하지 않을 이유를 찾기 위해 생각할 수 있는 것은 실제적이든 상상 속의 것이든 무엇이든지 마구잡이식으로 반대의견을 내놓는다.

이러한 가망고객에게는 답변을 제공해야 하고 "양자 택일"의 상황에 직면하게 해야 한다. 이들의 지연 질문은 고질적인 연기자(procrastinator)의 안전장치가 아니다. 두 가지 유형의 질문 모두 적절하게 답변해야 하지만 핑계의 경계에 있는 것을 다룰 때는 영업전문가는 마무리에서 점점 멀어질 수 있는 옆길로 빠지지 않도록 세심한 주의를 기울여야 한다. 질문과 대답의 통로 즉 대화와 토론이 판매의 마무리로 가고 있는가? 이것이 언제나 중심에 있어야 할 기준이자 점검 항목이다. 대답이 "아니오"이면 지체 없이 원래 길로 다시 돌아가야 한다.

영업전문가는 대화를 자신이 원하는 채널과 경로로 해야 하지만, 이렇게 할 때 가망고객이 이야기를 실제로 이끌고 있다고 느낄 수 있도록 해야 한다. 가능하면 언제나 당신이 원할 때나 당신이 준비가 되어 있을 때 반대의견과 핑계가 나와야 한다. 예를 들어 고가 가격에 대한 반대는 가망고객이 제공되는 장점이나 받을 수 있는 도움을 충분히 확신한 다음에야 효과적으로 처리될 수 있다. 그렇게 되면 그전에 논의할 때보다 훨씬 강력하게 마무리 주장을 펼칠 수 있을 것이다. "비싸다고 말씀하셨나요? 그 반대죠. 이 상품을 통해 지금 현재 낭비되는 노동력이나 수리비 그리고 공간이 훨씬 많이 절약됩니다. 선생님께 꼭 필요하고 값에 비해 품질이 좋고 돈을 절약해주는 기기이기 때문에 비싼 것입니다." 이 시점부터 제안 사항은 이 상품과 서비스가 얼마나 훌륭한 것인지로 된다.

언제 어디에서나 상품을 팔 때 말한 대로 혜택이 있다는 것을 강조하는 것이 중요하다. 가장 작은 가게든 가장 큰 가게든 카운터 뒤에 있으면 효과적인 판매를 하기 위해서 정밀하게 조사되고 답변되어야 할 수많은 반대의견과 핑계를 들을 수 있다.

판매하는 데 엄청난 도움을 줄 수 있는 네 가지 지침이 되는 경구가 있다.

1. 핑계란 없다. 다만 핑계의 이유만 있을 뿐이다.
2. 반대의견에 반대할 만한 것은 없다. 다만 대답만 있을 뿐이다.
3. 반대의견으로 가장한 핑계를 반대할 만한 것은 없다!
4. 모든 반대의견을 해결하는 것을 목표로 삼자.

완화시키고, 격리시키고, 실체를 밝혀라

반대의견에 대응할 때 첫 번째 할 일은 심호흡을 하고 안정을 취하는 것이다. 그런 다음 반대의견을 완화시키고 격리시킨 다음 실체를 밝혀내기 시작하라. 이 방법과 다른 기법은 고객 앞에서 사용하기 전에 연습할 수 있는 효과적인 대응 기술이다.

완화시켜라

가망고객에게 동의하지 않으면서 반대의견을 호의적으로 생각한다는 느낌을 주는 것이 목적이다. 예를 들어 가망고객이 거래를 끝내고 싶다고 말할 때 이렇게 말할 수 있다. "늘 있는 일입니다. 왜 그렇게 생각하시는지 알려주시지 않겠습니까?" 이것이 완화시키는 것이다.

격리시켜라

또 다른 반대의견이 있는지 확인하라. "그것 외에 꺼리시는 다른 이유는 없습니까?" 가망고객이 더 이상 없다고 말하면, 당신의 상황은 호전될 수 있다.

실체를 밝혀라

"<가망고객의 이름>님! 그 점에 대해 완벽하게 만족시킨다면 오늘 구매하는 데 다른 반대의견은 없으시죠?" 가망고객이 또 다른 장애물이 있다고 말하면 이렇게 대답해야 한다. "음, 그렇다면 마음속에 뭔가 다른 생각이 있으신 게 분명합니다. 말씀해주시지 않겠습니까?" 대화를 하면서 숨겨진 더 많은 반대의견을 "밝혀내야만" 한다.

부메랑

"죄송합니다, <가망고객의 이름>님! 너무 바빠서 고객님을 만나뵐 수 없겠습니다." 부메랑처럼 가망고객 쪽으로 공을 돌려보낸다.

> **영업전문가**: "<가망고객의 이름>님! 선생님도 바쁘시고 저도 바쁩니다. 제가 왜 전화드렸다고 생각하십니까? 선생님께서 바쁘지 않을 때 시간을 잡기 위해서입니다. 그러면 저와 함께 편한 시간을 보낼 수 있습니다."

이렇게 해서 긍정적인 방식으로 반대의견을 가망고객 쪽으로 되돌릴 수 있다.

> **가망고객**: "살 형편이 안 돼요"
>
> **영업전문가**: "살 형편이 안 되신다고요? <가망고객의 이름>님! 이게 없기 때문에 형편이 안 되시는 것입니다. 바로 이런 이유에서 우리가 앉아서 상의를 해야 합니다."

인정하고 보상하라

가끔 정당한 반대의견에 부딪혀, 정당성을 인정할 수밖에 없는 경우가 발생한다. 회피할 생각을 하지도 마라. 어떠한 화려한 술책을 생각하려고도 하지 마라. 3F〔생각하고(Feel), 생각했고(Felt), 알아냈습니다 (Found)〕를 인정하면서 반대의견에 보상하라.

> "선생님이 어떻게 생각하시는지 알겠습니다. 솔직히 말해 다른 분도 똑같은 방식으로 그렇게 생각하셨습니다. 그러나 우리가 알아낸 바에 따르면……"
>
> "<가망고객의 이름>님! 저도 고객님 의견에 동감합니다. 저도 그렇게 생각하고 있기 때문에 고객님께서 생각하시는 바를 이해할 수 있습니다. 다른 분에게 ……하도록 하는 방법을 알아내기 전까지 다른 분도 똑같이 생각했습니다."

네 가지 기본적 반대의견

대부분의 판매 훈련 과정에서 반대의견을 다음 네 가지로 분류한다. ① 니즈 없음, ② 서두르지 않음, ③ 돈이 없음, ④ 확신이 없음. 가망고객의 반대의견을 예상할 수 있는 영업전문가는 구매 시합에서 한 걸음 앞설 수 있다. 예상할 수 없으면, 영업전문가는 가망고객이 제기한 반대의견의 정확한 성격을 파악한 다음 그 반대의견을 극복할 수 있도록 적절하게 대응할 필요가 있다.

1. 니즈 없음

전형적으로 "니즈 없음"의 반대의견은 다음과 같다. "아시다시피 수년 전에 똑같은 제품을 구입해 갖고 있습니다. 당신 상품이 괜찮아 보이지만 내게 필요한지는 모르겠습니다."

영업전문가는 가망고객의 반대의견이 구매할 동기부여가 없어서 그런지 이해하지 못해서 그런지 아니면 니즈에 직면하는 것을 두려워하고 있는지를 확인해야만 한다. 구매할 동기부여가 부족하다면 영업전문가는 가망고객을 만난 것이 아니기 때문에 가망고객으로 만들기 위한 준비를 해야 한다. 이해 부족이 인지되면 영업전문가는 판매 마무리를 시도하기 전에 뒤로 돌아가서 가망고객이 한 약속을 다시 환기시킬 필요가 있다. 문제가 되는 것이 거절이라면 영업전문가는 니즈의 실체와 가망고객에게 개인적 또는 사업적으로 미칠 경제적 영향을 설명해야 한다.

2. 서두르지 않음

"서두르지 않는" 반대의견은 거의 대부분 필연적인 일을 연기하려는 시도에 불과하다. 이러한 반대의견에 명확한 입장을 취해야 한다. 이렇게 말하라. "너무 끈질겨 달갑지 않은 그런 부류의 영업전문가가 되고 싶지 않습니다. 제가 물러서길 원하시면 말씀하십시오. 그러면 이 건은 없던 일로 하겠습니다." 갖고 있지 않은 것은 잃어버릴 수가 없다.

가망고객에게 여유를 주면, 대부분은 생각을 바꾼 후 이렇게 말한다. "아! 아닙니다. 구매하고 싶지만, 지금 당장은 불가능합니다." 이유가 뭔지 알려달라고 가망고객을 달랠 수 있다. 주의 깊게 경청하면 가망고객의 설명을 통해 판매 방법을 알 수 있다.

영업전문가에게 핵심은 가망고객이 다음 단계를 지시하도록 만드는 것이다. 영업전문가는 가망고객의 헌신이 필요하다. 결국 가망고객이 구매하거나 또는 구매하지 않겠다는 사실을 영업전문가에게 말해줄 것이다. 인내심과 끈기를 통해 영업전문가는 판매를 만들어낼 것이다. 핵심은 포기하지 않는 것이다. 영업전문가는 항복하지 않고 가망고객을 곤경에서 구해주어야 한다.

3. 돈이 없음

이 반대의견은 앞의 두 개보다 다루기가 훨씬 쉽다. 영업전문가가 가망고객의 니즈와 상황을 제대로 이해했다면 구매 제안은 가망고객이 구매할 수 있는 범위 이내에서 이루어질 것이다. 가망고객이 해야 할 올바른 일이라고 믿는 영업전문가는 판매를 할 수 있다.

4. 확신 없음

이러한 반대의견을 사용하는 가망고객은 대개 더 많은 정보를 필요로 한다. 영업전문가가 제일 먼저 할 일은 가망고객이 한 말을 어떻게 생각하는지 명확하고 분명하게 밝히는 것이다. 들은 것을 반복함으로써 영업전문가는 가망고객의 말을 주의 깊게 경청했다는 사실을 확인시킬 수 있다. 가망고객이 자신이 한 말을 반복해서 들음으로써 자신이 한 말이 자기가 진정으로 의미하는 바와 일치하는지 평가할 수 있다는 점이 또 다른 이점이 된다.

영업전문가는 이러한 반대의견을 "아직 나를 확신시키지 못했어"라고 가망고객이 말한 것으로 명심해야 한다.

영업전문가가 인내심을 갖고 반대의견을 다루면 가망고객에게 배려를 쌓을 수 있다. 영업전문가가 반대의견을 무시하면, 가망고객은 자신에게 최선의 일을 하도록 영업전문가가 도움을 주기보다 판매하는 데 더 관심이 있다고 결론지을 것이다.

반대의견은 공포의 표현

반대의견은 가망고객의 공포에 대한 표현일 뿐이다. 즉 과도한 구매에 대한 공포, 적기에 비용 지급을 못할 것 같은 공포, 실수에 대한 공포, 엉터리 회사나 개인으로부터 구매하는 것에 대한 공포이다. 영업전문가는 가망고객이 두려워하는 것을 발견할 수 있으면, 가망고객이 자신의 공포를 말하게 함으로써 궁극적으로 극복할 수 있도록 도울 수 있다. 영업전문가가 가망고객의 공포를 무시하면, 가망고객은 신뢰할 수 없어 다른 방식 즉 다른 영업전문가를 찾아 공포를 해결할 것이다.

반대의견은 판매 과정의 한 부분이라는 사실을 명심하라. 영업전문가는 반대의견을 실제보다 부풀려서는 안 된다. 영업전문가는 가망고객이 진정으로 말하는 것이 무엇인지 경청하고 평가하기만 하면 된다. 영업전문가는 촉진자의 역할을 한다. 즉 가망고객이 자신의 니즈를 평가하고 자신에게 제공된 상품과 서비스가 다른 대안보다 더 자신의 니즈에 맞는지 결정하도록 도울 뿐이다. 영업전문가는 맨 먼저 가망고객이 자신의 니즈를 이해하도록 도와야 한다.

가망고객은 실수할 두려움을 이해하거나 극복하기 위해 영업전문가에게 도움을 요청하는 경우가 너무나 많다. 반대의견을 판매 과정의 자연스러운 한 부분으로 여기는 영업전문가는 반대의견에 필요한 것 또는 가치보다 더 많은 힘을 기울일 것이다.

징후로서의 반대의견

판매 과정을 적절하게 수행하면 대부분의 반대의견은 사전에 방지할 수 있다. 반대의견에 대한 전형적인 이유는 몇 개뿐이다.

1. 가망고객에게 표면적으로 혜택이 충분하지 않다. 분명 혜택이 많이 있는데도 가망고객에게 전달하지 못했거나 또는 명확하게 제시하지 못했다.

2. 반대 반응은 단순한 습관이거나 가망고객이 판매 상황에 놓여졌을 때 방어기제로 작동되는 조건화된 반응이거나 교묘한 술책이다.

3. 가망고객이 판매 방문을 받을 정도로 시간 여유가 없거나 영업전문가를 싫어하거나 또는 그 회사를 싫어할 때 영업전문가를 제거하는 방법으로 반대의견을 사용한다.

4. 가망고객은 잘못된 의사결정을 내리는 것을 두려워하기 때문에 더 많은 "쇼핑"이 필요하다고 주장한다.

5. 가망고객이 제안된 상품과 서비스를 이해하지 못했기 때문이다.

6. 사람은 본능적으로 변화에 저항한다.

다행스럽게도 이러한 모든 이유를 예상할 수 있고 판매 과정을 적절하게 수행하면서 다양한 단계에서 해결할 수 있다. 상담 도중에 부딪히는 어떤 반대의견에도 해답을 갖고 있다는 것이 정말 중요하다. 가능한 수많은 대응 방법을 기억하라. 대응을 전혀 하지 않는 것과 똑같이 부적절하게 사용하거나 문맥에서 벗어난 생경한 대응도 판매를 망칠 수 있다는 사실이 더 중요하다. 부적절한 대응을 하는 데는 태도, 목소리의 고조, 신체 언어를 포함한 모든 형태가 관련되어 있다. 문맥에서 벗어난 대응이란 적절하게 연결된 판매 과정에 통합되지 못했다는 것을 의미한다.

어떤 의미에서 각각의 판매 사례는 독특하지만, 대부분 상당히 표준화된 과정을 따른다. 최초의 긍정적 분위기 형성, 완벽한 정보 조사의 수행, 목표와 목적의 결정, 니즈 또는 문제의 발견, 해결책의 제안 그리고 마무리의 과정으로 잘 구성되어 있으면, 확실한 통제력을 유지하면서 제안에 대한 가망고객의 걱정을 해소할 수 있는 이정표 역할을 할 수 있다.

마무리 단서인 반대의견

반대의견을 달성할 수 없는 목표로 보는가 아니면 판매를 마무리하는 데 도움이 되는 수단으로 보는가? 많은 영업전문가에게 반대의견은 단순한 소통수단이다. "아니오"라는 말은 "결코 아니오"를 의미하지 않는다. 가망고객이 "예"라고 말하지 않았다는 것을 의미할 뿐이다. 왜일까? 아마도 가망고객의 문제에 해결책을 적절하게 소통하는 데 실패했을 것이다. 아마도 가망고객이 자신에게 문제가 있다는 사실을 이해하지 못하고 받아들이지 못했을 것이다.

판매 과정에서 준비는 아주 중요하다. 앞으로 나오게 될 가능한 모든 반대의견을 이해하고 예상하는 것, 그리고 이러한 걱정을 처리할 때 따라야 할 올바른 방향을 갖는 것이 중요하다.

반대의견은 기회가 된다. "어떤 사람에게는 쓰레기가 다른 사람에게는 보물이다"라는 구절을 상기하라. 어떤 영업전문가는 반대의견을 커다란 장애물로 생각할 수 있다. 다른 사람에게 이것은 더 많은 정보를 요청하는 것에 지나지 않는다. 반대의견이 나오면 상품이나 서비스의 또 다른 추가 특징을 설명하거나 또는 이미 언급했지만 명확히 전달되지 않은 몇 가지 특징을 확실히 하고 확대하는 기회로 삼아라.

반대의견을 피드백의 기회로 삼아라. 판매하는 것에 대해 가망고객이 어떻게 생각하는지가 피드백에 나타나기 때문에 환영해야 한다. 사실 가망고객에게 뛰어난 질문과 언급을 하도록 늘 권해야 한다. 피드백을 통해 가망고객의 생각이 어느 방향에 있는지 알 수가 있다. 제안에 대한 이유도 설명하지 않은 채 "아니오"라고 말하면서 걱정거리를 숨기는 것보다는 가망고객의 육성을 통해 걱정거리를 듣는 게 훨씬 좋다.

반대의견을 통해 판매 마무리의 단서를 얻을 수 있다. 즉 반대의견을 통해 가망고객이 가장 중요하게 생각하는 점을 알 수 있다. 가망고객의 질문을 성공적으로 처리하면, 긍정적인 행동을 하도록 요청할 수 있다.

가망고객은 자신의 걱정거리나 질문이 처리되는 것을 설득이나 선전으로 볼까? 예시, 추가 정보, 자료 그리고 논리를 통해 다른 사람에게 다른 관점을 수용할 수 있도록 성공적으로 설득할 수 있다.

이야기나 예시를 사용하면 가망고객의 마음을 상하게 하지 않으면서 다른 사람에게 적용된 그들의 반대의견에 대한 해답이나 결과를 가망고객에게 보여줄 수 있다. 방어적인 상태가 되지 않고 다른 사람의 경험을 통해 배웠다는 느낌을 가질 수 있다. 이야기를 하면 긴장된 순간을 이완시키면서 이야기 속의 사람에게 가망고객의 주의를 이전시킬 수 있다. 가망고객에게 해줄 자신만의 이야기가 없다면 다른 영업 전문가한테 빌려오면 된다. 수년간 영업활동을 하면 수많은 이야기를 쌓아놓을 수 있을 것이다. 가망고객에게 이야기의 도덕적 교훈을 따로 말할 필요는 없다. 가망고객 스스로 결론을 내리도록 하라. 가망고객을 설득하려고 하지 마라. 가망고객 스스로 자신을 설득할 것이다.

한 백만 불 원탁회의 회원이 이 전략을 입증했다.

최근 애리조나 주에 있는 자동차 판매점을 소유한 3명의 공동 소유주와 상담하였습니다. 저는 생명보험을 통한 매매협정을 체결하라고 강력히 촉구하였습니다. 그들은 모두 협정서를 만들고 생명보험을 구입하는 데 동의했습니다. 보험 청약서에 서명을 하고 초회 보험료를 납입했습니다. 그러나 망설임 때문에 세 분 중 한 분이 건강검진을 연기했습니다. 건강검진을 받기 전에 경비행기 추락 사고로 그분과 그분의 배우자가 사망하였습니다. 생명보험도 효력이 발생되지 않은 상태였을 뿐만 아니라 협정서에 서명도 하지 않은 상태였습니다. 유언에 따라 그의 나이 어린 자녀가 사업체의 삼분의 일을 상속받게 되었습니다. 자동차 판매점은 사업의 특성상 지속적으로 대출한도 내 대출을 받을 필요가 있었습니다. 나이 어린 자녀와 후견인은 추가 대출을 거부했습니다. 이로 인해 발생된 혼란으로 단 30일 만에 사업체는 망했습니다.

동업자의 나이 어린 자녀와 사업을 같이하고 싶습니까? 이 실화를 통해 백만 불 원탁회의 영업전문가는 고객이 즉시 행동하도록 동기 부여했다.

설득의 또 다른 기법은 가망고객이 평가할 수 있도록 추가 자료와 정보를 제공하는 것이다. "처음 제공된 자료에 따라 왜 고객님이 그렇게 느끼시는지 알 수 있습니다. 그러나 추가 정보를 보시면 다르게 느끼실 것입니다." 근거가 되는 더 많은 사실과 통계치를 만들어낼 수 있다면 제안의 신뢰성을 높일 수 있다.

또 다른 백만 불 원탁회의 영업전문가의 예를 통해 이 점을 확실히 이해할 수 있다.

가망고객이 생명보험 가입을 거부하면서 "아내가 재혼하면 되지!" 라고 말했습니다. 저는 이렇게 답변했습니다. "최근 재혼 통계를 보기 전까지 저도 늘 그렇게 생각했습니다. 30세 이상 10년 단위로 과부의 재혼에 대한 보험업계 경험 통계수치에 따르면 30세는 1,000명 중 403명이 재혼하고, 40세는 1,000명 중 193명이 재혼하고, 50세는 1,000명 중 86명이 재혼하고, 60세는 1,000명 중 46명이 재혼합니다."

이 숫자 중 가망고객이 모르는 것은 자녀가 있는 여성의 재혼율이다. 나이 어린 자녀가 있는 과부의 경우 이 자녀를 흔쾌히 맡아 키워

줄 남성을 찾는 데 어려움이 있다. 40세부터 50세 사이의 과부 재혼율이 20%도 안 되는 사실에 주목할 필요가 있다. 그리 밝은 미래가 아니다.

제안이 1쪽짜리 제안서일 수도 있고, 판매하고 있는 상품과 관련된 분석과 계산 그리고 자료를 작성하려고 컴퓨터를 사용할 수도 있다. 대부분의 상담에서는 이 정도는 아니지만, 필요한 경우에는 이렇게 지원되어야 한다.

가끔 논리를 통해 가망고객을 설득할 수 있다. 가망고객이 반대의견을 제기할 때 특정한 행동 경로에 따른 파생효과를 숙고하지 못하는 경향이 있다. 질문을 하고 예상 가능한 함정과 결과를 논리적으로 분석해줌으로써 가망고객 스스로 자신의 반대의견에 해답을 찾게 해줄 수 있다.

가망고객과 논쟁을 벌이면 반대의견에 대한 반응을 선전으로 여길수가 있다. 논쟁하면 새로운 정보를 추가하지 않고 동일한 사실에 대해 좀 더 독단적으로 된다. 이렇게 되면 가망고객은 좀 더 방어적이되고 마음을 닫게 된다. 전투는 이길지 몰라도 전쟁에서는 패하게 된다. 논쟁으로 이러한 결과를 초래하거나 또는 가망고객의 마음이 닫히는 것을 느끼면 방향을 전환해 다른 이야기를 하면서 긴장을 완화시켜라.

선전이란 가망고객이 말하는 것을 듣지 않거나 또는 가망고객의 상황에 맞지 않는 "정형화된" 대답으로 잘못 대응하는 것을 말한다.

몇몇 영업전문가는 가망고객을 겁주려고 한다. 가망고객이 위협 때문에 구매하게 되면 고객으로서 수명은 아주 짧을 것이다.

반대의견을 적절하게 다루는 것은 가망고객의 니즈를 충족시키는 전체 과정 중 한 단계에 지나지 않는다. 각 단계는 다른 단계로 이어져 결국 판매하는 상품을 성공적으로 구입하는 데까지 연결된다. 이러한 자연스러운 전개는 영업전문가가 미리 계획해놓은 것이다. 첫 번째 단계는 관계를 구축하는 것으로, 자연스럽게 대화를 하고 가망고객이 자신이 갖고 있는 생각을 공유하는 데 편안함을 느낄 수 있도록 해야 한다. 공감할 수 있고 다른 사람을 잘 돌볼 수 있다는 사실을 가망고객이 알기를 바랄 것이다. 판매 상담 과정 내내 갈등으로 악화되지 않은 채 이러한 관계를 유지하고 싶어 한다.

어떤 방향으로 가야 하는지 정확히 알고 있는데도 판매 상담은 뭔가 구조화되지 않은 것처럼 보인다. 구조적이지 않기 때문에 가망고객은 긴장을 풀 수 있고 좀 더 편안할 수 있고 상담을 좀 더 개인적인 일로 여길 수 있다.

현재 상황에서 가망고객의 니즈를 완전하게 개발할 수 있도록 노력하라. 그들의 니즈를 극적으로 표현해서 아무것도 안 했을 때의 결과를 알게 하라. 가망고객을 어느 정도 혼란스럽게 만들어 자신의 삶에서 균형을 다시 찾기 위해서는 뭔가를 하도록 할 수도 있다. 상담의 대부분을 문제 해결 과정에 소비하는 경향이 높다. 그 다음에 가망고객의 "구매 조언자"로서 문제 해결을 위해 취해야 할 최선의 행동을 찾는 데 도움을 준다. 이들이 주저하거나 반대의견을 내놓으면,

도망가지 못하게 문제로 다시 돌아가라. 그러면 이들이 당신과 논쟁하는 것이 아니라 문제와 씨름하게 된다. 각각의 행동경로별로 발생할 수 있는 모든 대안을 고려하는 데 도움을 줄 수 있다.

모든 가능한 반대의견을 예상하도록 노력하라. 제안이나 문제 설정 단계 동안 일부 반대의견을 제시해서 답변하기도 해라. 다른 반대의견이 불거지면 추가 정보나 예를 통해 다룰 수 있도록 준비하라. 스스로 반대의견을 제시하면 가망고객이 다루기 가장 쉬운 형태로 표현할 수 있는 이점을 가질 수 있다. 가망고객에게 모든 대안을 확인하고 고려했다는 사실을 보여줄 수 있다.

가망고객의 입장에 서서 마치 자기 자신을 위해 일하는 것과 똑같이 늘 가망고객에게 해주겠다는 것을 자신의 영업 신조로 삼아야 한다. 이러한 철학을 모든 사업적 거래에 적용하게 되면, 확신의 무게가 제안에 실릴 수 있다. 올바르고 적절하다고 믿는 것만을 제안해야 한다. 한번 이렇게 하고 있는 것을 확신하면, 최선의 행동 과정인지에 대해 가망고객을 진정으로 이해시키려 노력하게 된다. "<가망고객의 이름>님! 제가 이 상품을 판매하는 것보다 고객님이 구입하시는 것이 더 중요합니다. 이런 종류의 상품을 누구에게 사시든 상관없습니다. 그러나 고객님의 이익을 위해 이 상품을 꼭 구입하셔야 합니다!"

제 5 장

마무리에 도움이
되는 표현

백만 불 원탁회의 영업전문가는 중요한 아이디어가 응축되고 구매하는 데 긍정적 의사결정을 내릴 수 있도록 촉진시키는 문장이나 구절과 같은 소위 "강력한 표현"이라고 일컫는 것을 사용한다. 이 장의 후반부에 열거된 강력한 표현은 어떤 업계의 어떤 판매 상황에서도 완벽하게 적용될 수 있다.

강력한 대화: 말하는 대로 거둔다

1. 힘없는 서두. 세미나를 진행하기 위해 회의장으로 걸어 들어온 영업전문가는 엉거주춤한 자세로 초조해하면서 어눌하고 힘없이 말했다.

에 그리고, 많은 사람 앞에 서니 약간 초조하고 그렇습니다만. 제가 에 앞으로 드릴 말에 실망하지 않기를 희망하기도 합니다. 에 그리고 또, 대부분 이미 전에 들었던 그냥 뭐 상식적인 이야기라 지루해하지 않았으면 합니다. 에, 그럼 시작하려는데.

2. 거짓 흥분한 서두. 영업전문가는 관객 앞에서 몸을 한 바퀴 돈 다음 열정적인 표정과 과장된 몸짓을 보이면서 다시 한번 관객을 바라본다.

와, 여러분과 함께해서 정말 대단히 기쁩니다! 오늘 오후 죽여주는 이 강좌를 선택하신 것은 진짜 탁월한 결정입니다. 앞으로 30분간 여러분의 경력과 삶이 완전히 바뀌는 경험을 하실 것입니다. 진짜 한 치의 거짓도 없이 오늘 여기에서 설명드릴 상품과 서비스처럼 중요한 것은 이제까지 한 번도 들어본 적이 없을 것입니다. 제가 흥분돼 더이상 시작을 미루기가 힘들군요. 자! 출발하죠!

3. 진지한 서두. 영업전문가는 관객을 바라보며 자료를 뒤적거리는 소리나 대화가 그치길 기다린 다음, 진지한 몸짓과 평온한 말투로 시작한다.

여러분과 함께할 수 있어 커다란 영예로 생각합니다. 여기 계신 분은 모두 각자의 분야에서 최고를 목표로 정진하는 리더이십니다. 오늘 이 자리를 찾아주신 걸 보니 제가 파는 상품과 서비스에 관심이 많다는 사실을 알겠습니다. 이번 세미나의 목표는 이 상품의 특징과 최고의 결과를 산출하기 위해 이 상품을 사용하는 법을 알려드리는 것입니다. 시작하도록 하겠습니다.

이 세 개의 서두를 읽었을 때 각각에 아주 뚜렷하게 다른 반응을 보였을 것이다. 첫 번째 서두에서 세미나를 선택한 것이 커다란 실수라고 느끼지 않았는가?

두 번째 서두를 읽었을 때 감언이설에 빠지는 게 아닌가 하는 느낌을 받지 않았는가?

몇 개의 문장만으로 강사가 어떤 사람인지 신속하고 유효한 결론을 내릴 수 있었다. 당신과 유력한 고객이 대화할 때 고객도 바로 똑같은 일을 한다. 당신 자신을 어떻게 소개하는가에 따라 평가를 받게 된다. 이 장을 통해 자기 자신을 좀 더 긍정적으로 소개할 수 있는 최선의 방법을 살펴볼 것이다.

세 가지 기본적 원칙이 강력한 대화의 핵심을 구성한다.

1. 가망고객과 약속 일정을 잡기 위해 전화하거나, 집으로 가는 비행기 안에서 다른 승객 옆에 앉아 있거나, 새로운 이웃을 만나고 있건 간에 상관없이 당신이 말할 때마다 당신이 만나고 함께 일하고 구매하려는 사람은 당신을 재빨리 평가한다. 단지 문구나 단어를 바꾸기만 하면 현재 투영되는 이미지를 극적으로 변화시키고 개선시킬 수 있다.

2. 당신이 희망하는 대로 당신과 협력하고 당신을 돕고 당신에게서 구매하려는 가망고객은 당신의 말에서 단서를 얻는다. 그런 다음 당신과 함께 하든가 또는 당신과 헤어지든가를 결정한다. 그들과 대화하는 방식을 통해 협력하려는 자발성을 얻고 높일 수 있다.

3. 자기 자신의 말을 들어라. 다른 사람과 대화할 때 사용하는 언어와 단어는 자기 자신의 이미지 형태를 잡는 데 도움이 되고 궁극적으로 자신의 목표를 성공적으로 추진할 수 있는 방법과 여부를 결정짓는다. 당신이 선택한 단어로 성공하거나 실패한다. 당신의 말과 사고 그리고 행동은 모두 상호 연관된다. 이 모든 것이 당신이 추구하는 목표를 달성하는 데 역할을 한다. 당신의 말은 바꾸기 쉽고 또 가장 빠르게 효과가 나타난다. 당신의 말을 변경하고자 의식적으로 시도하면 모든 것이 바뀐다.

다른 사람에게 투영시킬 이미지를 가다듬는 것부터 시작하자. 몇 개의 평범한 말투만 바꿔도 다른 사람에게 주는 인상이 극적으로 바뀔 수 있다.

"꼭 하겠습니다"라는 표현을 "기꺼이 하겠습니다"로 바꿔라. 켄터키 주 루이스빌에 있는 지이(GE) 사의 최신 "전화 응답 센터"가 최근 "60분"이라는 방송 프로그램에 반영되었다. 이 센터는 기업의 긍정적이고 친근하고 도움이 되는 이미지를 형성하기 위해 개관되었다. 매일 각 전화응답자는 평균 96통화를 처리하며 각 통화마다 평균 3개의 정보 요청이 있다. 예를 들면 "세척기 모델별로 어떤 색이 있습니까?" "펌프 모델별로 사용 전력이 어떻게 됩니까?" "백랍 접시를 예열할 때마다 불꽃이 생기는 이유가 뭡니까?"

지이 사가 응답자 교육을 외부 컨설턴트에게 요청했을 때 컨설턴트는 전화건 고객에게 응대할 때 "꼭 하겠습니다"라는 표현을 "기꺼이 하겠습니다"와 같은 표현으로 바꿀 필요성을 강조했다. 고객은 이 차이를 알아차려 지이 사에 전화할 때 얻게 되는 긍정적 경험에 대해 지속적으로 이야기했다. 다음과 같이 이야기할 때 고객이나 가망고객이 어떻게 느낄지 생각해보자. "선생님의 계좌 상태를 점검하기 위해 선생님의 파일을 꼭 꺼내야만 하며, 그런 다음 본사 판매 부서에 연락을 꼭 취해야야만 합니다. 오늘 오후 답변을 받으면 전화를 꼭 드리도록 하겠습니다." 다음과 같이 이야기할 때 고객은 차이를 느낄 수 있을까? "선생님의 계좌 상태를 점검하기 위해 선생님의 파일을 꺼내는 것이 좋겠습니다. 그런 다음 명확히 하기 위해 본사 부서와 연락을 취하면 좋을 것 같습니다. 오늘 오후 답변을 받으면 기꺼이 전화를 드리겠습니다."

고객뿐만 아니라 자기 자신도 차이점을 알 수 있다. 지이 사의 전화응답자라면 하루 종일 세 가지 요청 사항이 있는 96번의 전화를 처리하면서 실제로는 288번 "꼭 하겠습니다" "꼭 하겠습니다" "꼭 하겠습니다"라는 소리를 들으면, 하루 일과가 끝날 때쯤엔 녹초가 되고 비참해질 것이다.

똑같은 조언을 고객이나 가망고객, 동료, 그리고 판매부서의 직원과 매일 대화할 때 적용할 수 있다. 좀 더 긍정적이고 우호적인 이미지를 투영하고 하루 종일 좀 더 긍정적으로 자신을 느끼는 데 도움이 될 수 있도록 "꼭 하겠습니다"를 "기꺼이 하겠습니다"로 바꿔라.

"성실성을 담보하는 말투"를 없애라. "그럼 선생님께 정직하게 대하도록 하겠습니다"라는 말을 들으면 처음 떠오르는 생각이 무엇이겠는가? 지금까지는 덜 정직한 게 아니었는가 의구심이 생기지 않을까? 가망고객을 만나 "선생님께서 갖고 계신 상품을 살펴보았습니다. 그럼 진실을 말씀드리면……"라고 말하면, 당신이 항상 진실하지는 않았다고 말하는 게 된다. 아주 성실한 이미지를 투영하기 위해서는 "사실 그대로 말씀드리도록 하겠습니다"나 "완전히 솔직하게 말씀드리면"과 같은 습관적인 표현을 없애라. 정직한 것이 당신에게는 일상적인 행동이 아니기 때문에 정직해지기 위해서는 특별한 주의를 필요로 한다는 느낌을 고객에게 준다! 영업직에서 중요한 것은 장기적 평판이다. 늘 정직하라. 그리고 그렇지 않게 보일 만한 습관적인 말투는 없애라.

자기 비하 표현을 없애라. "겨우", "오직", "어쨌든"과 같은 아주 사소한 단어가 당신이 전달하려는 것과는 정반대의 이미지를 투영시킬 수 있다. 대형 전화 회사의 중요한 마케팅 자리에 최종적으로 두

명의 후보가 면접을 보고 있다. 두 명 모두 최종 면접 이틀 전에 똑같은 면접 질문이 주어졌다.

한 사람은 이렇게 시작했다. "질문을 검토할 시간이 겨우 이틀밖에 안 되어, 귀사가 원하는 것에 대한 어쨌든 최초 반응에 불과하고 틀릴지도 모릅니다. 불행히도 이 업계에 대한 경험이 어쨌든 정말로 없습니다만 그래도 어쨌든 최선을 다하겠습니다."

다른 후보자는 다음과 같이 말했다. "질문을 검토할 시간이 완전한 이틀이나 되어, 질문하신 상황을 처리할 수 있는 저의 최선의 생각을 말씀드릴 수 있어 기쁩니다. 다행스럽게도 저는 완전히 다른 업계에 종사해서 새로운 경험을 갖고 있기 때문에 이 업계에 신선하고 혁신적인 접근법을 소개할 수 있습니다."

두 번째 후보가 일자리를 얻게 된 것은 당연하다. 그녀의 실제 답변이 다른 사람에 비해 좋지는 않았지만 "저는 어쨌든"이나 "저는 겨우"라는 자기 비하 표현을 없앰으로써 면접관뿐만 아니라 자기 자신도 좀 더 우호적으로 만들었다.

자신의 경험이나 능력을 더럽힐 수 있는 사소한 말을 하지 않으면 지속적으로 긍정적이고 자신감 넘치는 이미지를 투영시킬 수 있다. 가망고객과의 만남은 구직 면담과 아주 비슷하다. 가망고객은 당신을 새로운 보험 컨설턴트나 재무설계 컨설턴트로 채용하기 위해 평가를 한다.

갈등을 없앰으로써 협력과 판매를 증진시켜라. 모든 영업전문가는 특히 판매 상황에서 다른 사람의 협력을 좀 더 많이 얻어낼 수 있다. 영업전문가에게 신뢰할 만한 제안을 얻으려고 의존하는 고객은 이들이 고객의 최선의 이익을 위해 일하는 역량 있는 상담가로 느끼길 원한다. 불행히도 영업전문가에게 필요한 협력 분위기는 언어 패턴을 통해 만들어지고 지속된다. 말 가운데 "그러나"를 빼라. "프랭크 씨는 백만 불 원탁회의 회원이자 훌륭한 설계사입니다. 그러나 턱수염을 기르고 있습니다." "프랭크 씨는 백만 불 원탁회의 회원이자 훌륭한 설계사입니다. 그리고 턱수염을 기르고 있습니다." 이 두 문장의 차이는 무엇인가? '그러나'라는 단어 하나가 완전히 다르게 만들었다. '그러나'는 지우개이다. '그러나'라는 말을 들으면 이제까지 무엇을 들었든지 상관없이 다 지워진다. 누군가 당신에게 "당신의 전문분야를 개발하는 데 훌륭한 일을 하고 계십니다. 그러나……"라고 말하면 다가오는 힘든 예선전에 대비하기 위해 방어적이 된다. 당신과 대화하는 사람이 마음을 계속 열고 그리고 지속적으로 경청하고 당신과 늘 일하게 하려면 '그러나'를 '그리고'로 바꾸는 것이 좋다.

'다르다'를 "이해합니다"로 바꿔라. '그러나'와 밀접한 관계가 있고 가끔 함께 사용되는 또 다른 갈등 단어가 '다르다'이다. 이 교묘한 말은 당신 입에서 나와 상대방의 귀에 들어갈 때 의미가 바뀐다. '다르다'라는 말을 하면 상대방은 "당신이 틀렸어!"라고 말한 것을 들었다고 생각한다. "오십만 불의 보험증권으로 충분한 보장이 된다고 생각하신 걸 이해합니다. 그러나 저는 다르게……" 상대방이 들은 것은 "당신이 틀렸어! 잘 모르니까 그렇게 믿지! 당신 바보 아냐!"

"다르다"라고 말하는 대신 다음과 같이 말하라. "이해합니다. 우리가 고려해야 할 다른 관점이 있습니다." 이렇게 함으로써 선택의 여지를 남긴 채 꼭 극복해야 할 갈등 상황을 없앨 수 있다. 결국 최선의 보장 계획이 될 수 있도록 동반자로서 함께 일하려고 하면 이렇게 해라. 협력적인 분위기를 만들어 그 전에 고려했던 것보다 더 낫고 다른 제3의 접근법을 함께 만들어내게 된다.

대안을 선택할 수 있게 하라. 당신의 가장 첫 번째 판매 세미나나 녹음 테이프 프로그램을 통해 대안적 선택 마무리 기법을 배웠을 것이다. 판매를 마무리하는 데 늘 좋은 수단으로 자리매김하고 있다. 그러나 언제나 대안적 선택 접근이 좋다는 것은 아니다. 상대방에게 협력을 원할 때는 언제나 대안 중에 선택권을 갖고 있을 때 당신과 더 많이 일하려고 할 것이다.

고객과 가망고객에게 항상 선택할 수 있는 권한을 제공하라. 선택하는 과정 속에 개인적인 소유감을 갖기 때문에 자신의 선택에 더 애착을 갖고 더 협력적이 된다.

부정적 생각을 하게 하거나 성공의 발목을 잡는 표현을 제거해서 자신의 이미지를 강화시켜라. 당신의 표현을 듣고 주의를 집중하는 것은 고객이나 가망고객만 아니다. 자가 자신도 들으며, 단어나 표현을 어떻게 선택하느냐가 자신에 대해 어떻게 생각하는가에 영향을 미친다. 실제로 심리치료사는 "인지 재구축"이라는 기법을 사용하여 말 표현을 바꿔 환자가 자신을 바라보는 시각을 바꾸게 한다. 언어를 바꿔 자신의 이미지를 끊임없이 강화시키기 위해 이런 치료를 받을 필요까지는 없다.

"실패"를 "교훈"으로 바꿔라. 영업전문가가 끊임없이 성공해야만 백만 불 원탁회의 회원이 되는 게 아니라는 사실을 직시하자. 그렇게 썩 작동하지 않는 수많은 접근법을 시도하고 검증과 심사를 했는데도 결국 가망고객이 아닌 것으로 판명되는 수많은 가망고객을 만난다. 그리곤 꼭 획득했어야 할 수많은 사업기회를 놓치기도 한다. 성공의 가도엔 수많은 실패가 있었다. 실제로 실패 없이는 현재와 같이 성취자로서 승자가 되지 못했을 것이다.

헨리 포드의 '실패' 정의가 수많은 영업전문가의 급소를 찌를 수 있다.

> "실패란 좀 더 현명하게 다시 시작할 수 있는 기회이다. 성공의 가도를 달리다 보면 수많은 실패를 하게 될 것이다. 개선하고 탁월해지도록 도움이 되는 경험으로 확실히 하려면 '난 실패했어!'라는 표현을 '난 배웠어!'라고 바꿀 필요가 있다."

"상담이 제대로 진행되지 않았어. 초기에 충분한 분위기를 조성하는 데 실패했기 때문에 내 제안을 검토할 생각을 전혀 갖지 않았어"라고 말하는 대신 좀 더 건설적으로 요약하라. "다음 번 상담은 훨씬 잘 진행될 거야. 내 제안을 고려하도록 가망고객이 열린 마음을 갖기 위해서는 초기에 분위기를 확실히 조성하는 게 아주 중요한 요소라는 걸 다시 한번 배웠어."

모든 실패에는 교훈이 있다. 실패에서 배울 수 있는 것에 초점을 맞추고 앞으로 나아가라. 실패에 연연하면 부정적인 생각을 떨칠 수 없어 두 번 다시 똑같은 좌절을 겪지 않을 수 있는 긍정적 교육을 부정하게 된다.

"내가 만약 했더라면"을 "지금부터 해야 할 일"로 바꿔라. 실패자는 과거에 잘못된 것이나 잘되지 않은 것에 초점을 맞춘다. 승자는 늘 자신의 시선을 미래에 초점을 맞춘다. 40대 중반의 남자가 심장 발작에서 회복되면서 침대 옆에서 자녀와 대화한 내용을 소개했다. "그렇게 스트레스에 시달리지만 않았어도"라고 말하자, 앞으로 어떻게 제대로 다르게 행동할 것인지에 집중하지 않는 한 회복은 되지 않을 것이라는 사실을 자녀가 상기시켜주었다. 자녀의 말에 자신에 대한 명령을 즉시 바꾸게 되었다. "병원에서 나가는 즉시 식생활에 좀 더 많은 관심을 가질 것이며 그리고 적당한 운동 프로그램을 시작할 것이다. 지금 당장부터 스트레스를 관리하고 좀 더 현실적인 전망 속에서 우선순위를 정하기 시작하겠다." 바로 이때부터 이 남자의 회복은 시작되었다.

우리 모두는 직업적이든 개인적이든 실수를 한다. 어쩔 수 없는 일이다. 그러나 실수에 어떻게 대응하느냐에 따라 미래가 달라진다. 후회를 없애고 미래에 무언가 다르게 행동할 것을 생각하면 개인적이고 직업적으로 더 높은 성공을 향해 계속 달려갈 수 있다. "내가 만약 했더라면"과 같은 과거 지향적인 표현을 없애고 "지금부터 해야 할 일"과 같은 변화 지향적인 표현으로 교체하라.

"해보도록 할게"라고 말하지 말고 "할 것이다"라고 말하라. 이제까지 일하면서 "해보도록 할게"와 "할 것이다"의 차이점에 대해 많이 들었는데도 "해보도록 할게"와 같은 나약한 말을 당신의 용어에서 완전히 제거하지는 못했다. "오늘 그 가격이 될 수 있도록 해보겠습니다" "다음 주에 전화하도록 해보겠습니다"라고 가망고객이 들을 때, 이들은 당신의 후속 작업에 의존할 수 없을 것이다. 대신 당신의 헌신을 보여줄 수 있는 말을 사용하라. 당신 말을 듣는 것은 상대방뿐만 아니라 자기 자신도 해당된다는 것을 명심하라. "다음 주에 전화 드리겠습니다"라고 말하는 것을 자기 자신이 들으면 자기 자신의 약속을 지키도록 격려할 뿐만 아니라 신뢰성의 기록을 지속적으로 쌓아갈 수 있다.

덧붙여 말하자면 고객을 만족시키는 수준을 뛰어넘어 기쁘게 하는 핵심 요소는 고객의 기대를 항상 초과하는 것이다. 약속을 할 때는 항상 안전망을 설치할 정도로 현명해야 한다. 당신이 긍정적이고 지킬 수 있고 확실히 할 수 있다고 확신하는 것을 약속하라. 수요일까지 검토를 끝낼 수 있다고 생각하면 "아마 수요일까지 끝낼 수 있습니다"라고 말하지 마라. "이번 주말까지 상품 검토를 완료하겠습니다"라고 말하는 것이 훨씬 낫다. 그런 다음 수요일까지 끝낼 수 있도록 최선을 다해야 한다. 이런 식으로 고객의 기대를 초과할 수 있으며, 예기치 않은 돌발사태로 수요일까지 끝내지 못해 실망시키기 보다는 최소한 고객의 기대에 미치지 못하는 일은 생기지 않도록 만들 수 있다.

일상 대화를 나눌 때 "시도"라는 측면에서 이러한 강력한 대화 표현을 사용하려고 시도해보아야 하는가? 절대 그렇지 않다. 시도하지 말고 즉시 하라. 그리고 지금 이 시점이 시작할 가장 좋은 때이다.

특정 표현이 약속을 잡는 데 유용할 수 있다. 다음과 같은 표현이 효과가 높을 것이다. "<가망고객의 이름>님! 모든 사람에게 이 상품이 필요한 것은 아닙니다." 전형적인 반응은 이렇다. "왜 일부 사람에겐 이 상품이 필요하지 않나요?" 아하! 흥미가 생겼다. 일부 사람이 당신 상품을 필요로 하지 않는 이유를 찾아낼수록 가망고객에게 더 필요하다는 사실을 강화시킬 수 있다.

좋은 반응이나 침묵을 얻어낼 수 있는 또 다른 표현이 있다. "저는 이 일을 꽤 오랫동안 했습니다. 그러나 지금부터 20년간 고객님과 함께 일하기를 바랍니다." 진부하다고? 그럴지도 모른다. 솔직한가? 맞다. 고객이 이 말을 듣고 침묵하면 최고의 반응을 얻어낸 것이다.

또 다른 것이 있다. "먼저 최고의 상품을 소개해드리겠습니다. 그 상품이 마음에 들지 않으시면 다른 상품을 살펴보도록 하겠습니다." 가망고객은 아마 다음과 같이 생각할 것이다. "열등 상품이라고! 아니지! 난 최고의 상품이 필요해!"

마무리할 때 수정해서 사용할 수 있는 강력한 표현이 이 장 후반부에 있다.

강력한 표현

가망고객과 어떤 주제로 논의하든 강력한 표현으로 당신의 요점을 효과적으로 전달할 수 있다. 정확한 의미를 갖는 간결한 표현으로 아이디어를 전달할 수 있는 점이 강력한 표현의 장점이다. 쉽게 이해되며 기억하기 쉽다.

사용하기 편하고 자신의 스타일에 맞게 강력한 표현을 수정하는 것이 좋다. 단어란 적절하게 사용되면 판매의 동반자가 되고 판매 자체가 될 수 있다. 적절한 단어가 엮여 강력한 표현이 되면 초강력 판매 도구가 된다. 이 점을 입증하기 위해 효과적인 강력한 표현을 예로 들어보겠다. 첫 번째 표현은 "저절로 생기는 이익"이다. 가망고객이 상품을 구입할 때 다음과 같이 말하면 얼마나 근사한가? "이 상품을 구매하면 저절로 이익이 생깁니다." "돈을 번다"도 좋은 표현이다. 이 단순한 말로 강력한 표현을 만들어낼 수 있다. "제 상품을 구입하면 돈을 낭비하는 게 아니라 돈을 버는 게 됩니다." "이번 달에 얼마를 벌기를 원하십니까?" "1불, 25센트, 10센트, 5센트, 10불, 100불 모두 선생님에게 달려 있습니다."

다음에 있는 강력한 표현의 긴 목록은 백만 불 원탁회의 회원 중 가장 성공한 영업전문가가 수년간 사용해온 것이다. 각 표현은 단순하지만, 적절한 상황에 사용되면 판매를 마무리하는 데 도움이 되는 가장 좋은 도구가 될 수 있다.

- 이 업계는 진정한 영업전문가와 단순한 모방자로 나뉘어 있다. 끈기를 가진 사람은 성공하고, 쉽게 실망하는 사람은 실패한다.

- 사건에 영향을 받는 조연이 아니라 행동의 주연이 되라.

- 점수를 기록하지 않으면 승리 여부를 알 수 없다.

- 수년간 씨를 뿌려야만 기회가 찾아온다.

- 판매는 논리와 동기부여가 결합해서 이루어진다.

- 성실과 신뢰의 명성을 쌓아라.

- 성공은 자신이 하고 있는 일이 가치가 있어야 하고 이보다 더 중요한 것은 그 일을 잘하는 것이라 믿는 것이다.

- 필요를 느끼는 고객을 방문하는 영업전문가에게는 늘 기회가 있다.

- 처음 5년간은 매일 12시간에서 14시간 일할 각오를 하라.

- 나는 이제까지 사회에 쌓은 신뢰로 살아간다.

- 급한 일보다 중요한 일을 먼저 하라. 고객에게 아주 중요한 상품을 판매해야지 매우 급하게 보이는 것을 판매해서는 안 된다.

- 결국 재무적 성공은 수익으로 측정되는 것이지 양으로 측정되는 것은 아니다.

- 당신은 회사와 고객을 연결하는 핵심이다.

- 뇌에 이상이 있을 때 파트 타임으로 일하는 외과의사에게 수술을 맡기는 사람은 아무도 없다.

- 훌륭한 사업가라는 명성에 가치를 두고 있는가?

- 10년간 10년의 경험을 할 수도 있고, 1년간 10년의 경험을 할 수도 있다.

- 우리 업계와 같이 급속하게 변하는 환경에서는 늘 열린 마음을 유지할 필요가 있다.

- 돈이 아니라 자부심과 성취 때문에 일을 한다.

- 일진이 나쁠 때 어떻게 일하느냐가 이 업계에서 성공 여부를 가늠한다.

- 문제 해결사로서 대가를 받고 있다는 사실을 항상 명심하라.

- 세상엔 오래갈 수 없는 것이 두 개 있다. 하나는 차를 뒤쫓는 개고, 다른 하나는 약속이 없는 영업전문가이다.

- 성공 수준은 당신의 돌봄과 나눔 그리고 공유의 수준에 좌우된다.

- 하고 있는 이 일이 재미가 없어지면 바로 그만둘 것이다.

- 좋은 일이란 고객을 제일 먼저 생각하면서 다른 어떤 일보다 보수가 좋아야 한다.

- 고객님의 성공이 바로 저의 성공입니다.

- 저는 독단적이지만 성공했습니다. 고객이 친구이기 때문입니다.

- 오늘과 같이 춥고 비가 오는 겨울밤에 제 경쟁자가 고객님을 방문하겠습니까?

- 저는 오랫동안 이 일을 해왔습니다. 그러나 고객님과 지금부터 20년간 함께 일하길 기원합니다.

- 우리의 일이 교육의 일종이 아니라 고객을 행동하도록 감동시키는 일이라는 사실을 깨달아야 한다.

- 제가 알고 있는 최고의 영업전문가는 가장 힘든 것을 추구합니다. 왜냐하면 판매가 자신의 의무라는 사실을 알고 있기 때문입니다.

- 성공한 영업전문가는 "타인을 중심에 두는" 능력을 타고났다.

- 고객은 자신이 뭘 모르는지를 모른다. 우리 일은 알도록 도움을 주는 것이다.

- 모든 사람은 청취될 권리를 갖고 있다. 그러나 당신은 심각하게 경청될 수 있는 권리를 확보해야만 한다.

- 전문가가 돼라. 당신이 편하게 대할 수 있는 고객의 집단을 확인하라.

- 처음부터 과감하게 그리고 차별적으로 일하라.

- 전문가답게 행동하지 못하면 이 일을 할 자격이 없다.

- 고객에게 판매를 시작하기 전에 먼저 전문성을 쌓고 신뢰 수준을 높여야 한다.

- 저는 고객과 고객의 가족 그리고 고객의 사업을 돌보기 때문에 알아두면 좋은 사람입니다.

- 열심히 일하는 데는 늘 한 가지 이상의 방법이 있다. 성공한 영업전문가는 그 방법을 알게 될 것이다.

- 성공적인 마무리율에 판매 시도 횟수를 곱하고 여기에 건당 평균 금액을 곱하면 생산성이 산출된다.

- 우리는 철거 일을 한다. 즉 가망고객을 드러내기 위해 허식을 벗겨버리고 소통의 장벽을 뚫어버린다.

- 영업전문가는 판매를 성사시킬 자격을 갖고 있어야만 한다.

- 1,000명의 성공한 영업전문가에게 성공 비결을 물어보면 1,000개의 다른 해답을 얻을 것이다.

- 매년 몰입을 많이 할수록 생산성은 매년 올라간다.

- 우리는 전문적인 미래주의자이다. 왜냐하면 우리의 상품과 서비스가 없으면 수많은 사람의 미래가 없기 때문이다.

- 변화는 불가피하게 보인다. 변화에 어떻게 대응하느냐에 따라 생존과 성공이 결정된다.

- 갑자기 상품을 판매하는 것이 범죄행위가 된다면, 지방 검사가 당신을 기소하는 데 필요한 충분한 증거를 확보할 수 있을까?

- 멋진 사람은 일을 빨리 끝내면서도 가장 오래 생존한다!

- 저는 늘 고객의 충실한 조언자로 남아 있습니다.

- 성공은 좋은 결과이다.

- 저는 80건의 계약을 관리할 때나 200건의 계약을 관리할 때나 똑같이 정성을 쏟는 영업전문가입니다.

- 영업전문가가 시도하는 것을 멈추지 않는 한 실패란 없다.

- 연속적인 주별 생산성으로 자신만의 고유한 행동을 만들어갈 수 있다.

- 고객에게 당신이 얼마나 좋은 사람인지 말하지 마라. 고객이 그 사실을 알 수 있도록 하라.

- 이 일을 하는 동안 거절의 고통뿐만 아니라 수용의 환희도 경험했다.

- 성실성은 당신의 첫 번째 자산이다. 결코 성실성을 훼손시키지 마라.

- 좋은 강연의 비법에는 대개 단축이 있다.

- 저축하기는 어렵고 쓰기는 쉽다.

- 다음에 은행에 저축하러 가면 계좌 잔액이 줄어들겠습니까?

- 고객님이 스스로에게 해주는 것보다 회사에서 효과적으로 선생님에게 해 줄 수 있는 일을 논의하러 왔습니다.

- 사업가가 가장 잘 아는 단어 3개는 "이익", "도매", "소매"이다.

- 기업의 가치를 판단할 때 예시된 예측보다는 과거 실적을 살펴보는 것이 더 중요하다.

- 수수료를 손에 넣기 전에 써버리는 바보짓을 하지 마라.

- 가망고객이 상품의 필요성을 느끼는 것보다 영업전문가가 수수료의 필요 성을 더 느끼게 되면 둘 다 곤란한 지경에 빠진다.

- 어떤 고객에게 처음 판매했을 때 큰 건인 경우는 매우 드물다. 나중에 보 상을 받게 되는 경향이 있다.

- 저가의 달콤함은 금방 잊혀지지만, 저질품의 쓰라림은 오래 지속된다.

- 고객을 유지하는 최고의 방법은 고객을 배신하지 않는 것이다.

- 자신이 무엇을 알고 있는지 알 때 어떤 고객도 두렵지 않게 된다.

- 사실로 여기기에 너무나 좋은 것은 대개 사실이 아니라는 것을 명심하라!

- 비난과 경쟁 상황을 무시하고 우리 일에 매진해야 할 때이다.

- 저와 동시대 사람이 65세에 일을 접는다는 사실에 놀랐습니다.

- 이웃집 잔디가 더 짙게 보이면 이웃집 수도요금이 많이 지출됐을 것이다.

- 품질 좋은 상품을 판매하는 것이 고객을 경쟁자로부터 분리시킬 수 있는 효과적인 수단이다.

- 저가의 달콤함은 저품질의 신맛을 당해낼 수 없다.

- 우리 일이 쉽지 않다는 사실에 감사해야 한다. 그렇지 않다면 이 일을 하려는 사람이 훨씬 많아져 정말로 힘든 상황이 됐을지도 모른다.

- 결국 처음부터 최선을 다해야 보상이 뒤따른다.

- 경쟁자가 싸게 팔거나 파괴할 수 없는 유일한 자산은 신용이다.

- 다른 사람이 하고 있는 일을 찾아내라. 그런 다음 그 일을 하지 마라.

- 고객을 잃고 나서야 경쟁 상태에 있다는 사실을 깨닫는다.

- 최선을 다하기 전까지는 자신이 얼마나 훌륭한 사람인지 결코 알 수 없다.

- 상품이 가장 필요할 때에 구매하려는 것이 있기를 원하십니까?

- 영원한 문제는 영원한 해결책으로 풀어야 한다.

- 내가 아는 만큼 소비자가 내 상품을 알면 직접 가서 구입할 것이다.

- 컴퓨터 사용법을 배우는 데는 시간과 연습 그리고 인내심이 필요하지만, 충분한 시간을 투자할 만한 일이다.

- 미래는 항상 정보를 알고 있는 사람 편이다.

- 사람의 판단은 그가 갖고 있는 정보에 불과하다.

- 계속교육은 지속적 성공의 기초 요소이다.

- 영업전문가가 학습이나 연구를 중단할 수 있는 판매 경력 시점은 어디에도 없다.

- 아는 것이 힘이다. 마케팅 능력이 결합된 지식은 성공을 부른다.

- 시장의 크기는 영업전문가의 경청 범위에 좌우된다.

- 판매업에서 계속교육이란 벌목업에서 도끼날을 벼르는 것이다.

- 성공의 핵심 요소는 배우려는 의지이다.

- 계속교육과 인내는 모든 장애물을 극복한다.

- 어떤 개인도 지식을 독점할 수 없다.

- 성장할(expandable) 수 없으면 소모된다(expendable).

- 이번 경제 위기는 지난번과는 다르다. 가끔가다 재앙적인 경제 위기가 닥친다.

- 교육비용이 비싸다고 생각하면, 교육을 받지 말고 평생 그 대가를 치러라.

- 저로부터 두 번 구매하고 가장 먼저 저에게 조언을 구하지 않는 한 고객으로 간주하지 않습니다.

- 과거와 달리 영업전문가는 대부분의 고객 니즈를 만족시킬 수 있는 뛰어난 상품 목록을 갖고 있다.

- 고객님은 저를 만나기 전에 이 문제로 골머리 썩이고 있었습니다. 제 일은 이 문제를 해결하도록 돕는 것입니다.

- 저는 이 문제를 발생시킨 게 아니라 문제를 해결하는 데 도움이 되고자 할 뿐입니다.

- 우리는 영업 환경 변화를 인식하고 환영해야 한다. 변화 속에 늘 성장의 씨앗이 있다.

- 다른 사람을 위해 할 수 있는 가장 좋은 일은 당신이 갖고 있는 부를 나누어주는 것이 아니라 다른 사람이 갖고 있는 부를 드러내주는 것이다.

- 수입에 꼬리표를 붙이지 않으면 낭비될 것이다.

- 어떤 회사도 제품군 중 최고의 상품을 다 갖춘 곳은 없다. 우리의 의무는 최상의 상품을 찾는 것이다.

- 마케팅 의사결정을 내릴 때 필요한 시장 정보를 회사가 제공한다는 사실을 잊지 마라.

- 자신의 시장이 무엇인지를 알아야 한다.

- 법규나 규정으로 정해진 틀은 또한 창조의 기회가 된다.

- 영업직에 입문할 때 가장 중요한 세 가지는 첫째 서비스, 둘째 서비스, 셋째 서비스이다.

- 인플레이션 때문에 이것을 작년에 구입했어야만 했습니다.

- 인플레이션으로 무슨 일이 생길까요?

- 인플레이션을 아십니까? 그럼 제 상품이 실질적으로 인플레이션을 헤지(hedge)하는 상품이라는 것도 아십니까?

- 고객님! 제 상품을 사용하는 방법에는 세 가지가 있습니다. 슬플 때, 멍청할 때, 현명할 때입니다. 이야기를 해드리겠습니다.

- 판매의 핵심은 상담이다. 상담의 핵심은 가망고객을 혼란하게 만드는 질문이다.

- 애드리브는 아마추어나 하는 짓이다.

- 우리가 나눈 대화 중에서 망설이게 만드는 특별한 것이 있었습니까?

- 고객님, 고객님의 도움이 필요합니다.

- 대부분의 사람이 완벽에 가장 가까울 때는 어떤 일을 처음 시작했을 때이다.

- 올바른 질문을 하면 별도의 언급이나 제안 없이 판매할 수 있다.

- 가망고객이 원하고 필요한 것이 무엇인지 이야기하도록 만들어라. 올바른 질문을 하고 그 대답을 경청하면 이렇게 될 것이다.

- 상담하려고 고객 앞에 자리를 잡지 않는 한 아무런 일도 발생하지 않는다.

- 상담 중에 보일 수 있는 것은 신뢰뿐이다. 한 번만이라도 신뢰를 잃으면, 아무것도 남지 않는다.

- 처음 고객을 만나면 업무적인 것과는 동떨어진 일반적인 것만 이야기합니다. 서비스를 해드린 사람이 아니라, 도움을 드렸던 사람의 숫자와 서비스에 대해서만 이야기합니다.

- 기초적인 니즈 제안을 통해 판매 상담에서 슬램 덩크 슛을 꽂아라.

- 앞으로 나아가기 전에 다른 사람이 빠질 수 있는 함정을 파놓고 싶지 않습니다!

- 첫인상을 바꿀 기회는 없다.

- 모든 판매 상담이 끝나면 저는 늘 이렇게 말합니다. "아, 그런데."

- 영업전문가에게 상담은 곡식의 비료와 같다. 더 많이 수확할 수 있게 한다.

- 제가 돌아왔을 때 선생님이 이 자리에 계시지 않으면 어느 분에게 부탁할 수 있습니까?

- 상품의 좋고 나쁨은 우리 자신에 달려 있다. 상담 중 상품이나 가격에 초점이 맞춰져서는 안 된다.

- 지금 구매하실 수 없는 다른 이유라도 있습니까?

- 일의 마무리는 최초부터 시작된다. 첫만남부터 시작된다.

- 저는 판매를 마무리하기도 전에 판매를 끝냅니다.

- 당신은 소비자가 필요로 하고 원하는 지식과 아이디어를 갖고 있다. 당신 자신이 부가가치가 있는 사람이다.

- 사실 정보를 맨 먼저 확인하라.

- 모든 해답을 갖고 있는 사람은 대개 가장 적게 이야기하는 사람이다.

- 선생님께서는 결정된 사항을 배우자에게 말씀하시겠습니까 아니면 결정해달라고 요청하시겠습니까?

- 갖고 있는 돈을 쓸 수 있으면, 어떤 은행에 돈이 있더라도 차이가 없다.

- 고객님을 담당하는 은행원도 믿는데 왜 선생님은 믿질 못하십니까?

- 회계사님, 우리의 고객이 이 상품을 사고자 하십니다. 다른 방식으로 구매되기를 바라시면 그 방법대로 기꺼이 하겠습니다.

- 반대의견의 극복은 자신의 공포와 편견을 극복하는 데부터 시작된다.

- 반대의견에는 네 가지 종류가 있다. 이 상품을 믿을 수 없어, 이 상품을 살 형편이 안 돼, 이 상품이 필요하지 않아, 이 상품은 쓰레기야. 이외의 다른 것은 변형일 뿐이다.

- 반대의견에 해답을 내려 하지 말고 승리하도록 하라.

- 고객이 자신의 반대의견을 말하도록 하라.

- 반대의견은 마무리의 기회이다.

- 반대의견에 대답할 때는 언제나 "예, 그러나……"로 하라.

- 다른 사람과 함께 고객 일을 처리하게 되면 임시적인 동업자 관계로 보라. 어떤 동업자 관계에서도 규칙을 제일 먼저 정해야 한다.

- 두 사람이 함께 일하려면 두 사람은 관계를 강화시킬 서로 다른 장점이 있는 것이 중요하다.

- 대부분의 사람은 구매하길 좋아하지 않으나, 소유하는 건 아주 좋아한다.

- 당신만큼 당신 가족의 삶에 영향을 미칠 힘을 갖고 있는 사람은 없다.

- 우리 상품의 가치를 알기 위해 석간신문을 살 필요는 없습니다.

- 아직까진 필요하지 않았습니다. 고객님은 자동차 트렁크에 스페어 타이어를 갖고 다니십니까?

- 고객님이 가족과 사업에 대해 의무를 수행할 때 우리 상품이 도움이 되었습니까?

- 내일을 위해 최저한도의 저축과 투자금액을 정해두십시오.

- 우리 상품이나 서비스가 선생님께 어떤 도움이 되었으면 좋겠다고 생각하십니까?

- 가족을 위해 제 상품을 구매하시는 분은 인격이 있습니다. 그리고 제가 판매하지 않는 게 바로 인격입니다.

- 제가 판매하는 상품이나 서비스가 없기 때문에 여력이 없으신 것입니다.

- 제 상품을 구매하는 이유는 두 가지입니다. 바로 사랑과 의무입니다. 두 가지 또는 둘 중 하나 때문에 제 상품을 구매하려 하거나 또는 구매합니다. 나머진 잊으십시오.

- 에누리를 하지 말아야 할 것이 세 가지 있습니다. 첫째가 낙하산, 둘째가 뇌수술 전문의, 그리고 셋째가 제 상품입니다.

- 제 상품은 자동차의 에어컨과 같습니다. 비록 세금공제는 안 되지만 승차감을 훨씬 좋게 만듭니다.

- 제 상품을 구매하시는 분은 인격자입니다.

- 필요한 상황에서 없는 것보다 갖고 있어 필요하지 않는 게 낫습니다.

- 우리의 상품에 자부심을 갖고 있습니다. 어떤 것으로도 대체될 수 없습니다.

- 특정 유형의 상품을 선호하거나 혐오하는 편견이 있습니까?

- 우리 상품은 비용이 드는 것이 아니라 급부를 제공합니다.

- 고객에게 제공하고 싶어 하는 상품의 혜택을 설명했는가?

- 제 상품에 대한 선생님의 니즈는 변하지 않습니다. 변하는 것은 선생님에게 상품이 필요한 이유뿐입니다.

- 제 상품을 구입하면 의무가 추가되지 않습니다. 이미 갖고 있는 의무를 충족시킬 수 있는 최선의 수단일 뿐입니다.

- 제 상품을 구매하는 것은 트럭을 구매하는 것과 같습니다. 선생님은 트럭 자체를 좋아하거나 싫어하지 않습니다. 단지 사용할 뿐입니다.

- 제 상품을 구매하는 것이 선생님이 이제껏 하신 것 중 최고의 투자는 아닐지도 모릅니다. 그러나 최악은 확실히 아니다라는 것을 확신하실 수 있습니다.

- 지금 절약하면 나중에 절망하지 않습니다.

- 우리의 제일 첫 번째 목표는 다른 사람을 돕는 것입니다. 다른 사람을 돕지 못하더라도 최소한 상처는 주지 않습니다.

- 우리의 사업은 테니스 시합과 같다. 라켓과 공은 주어질 수 있지만, 시합 운영은 스스로 해야만 한다.

- 우리의 상품을 판매하는 것은 다른 사람이 자기 자신을 도울 수 있도록 진심으로 돕는 일이다.

- 다른 사람이 원하는 것을 얻을 수 있도록 열심히 도우면 당신은 당신의 삶에서 원하는 모든 것을 얻을 수 있다.

- 이 일이 쉽다면 아무나 다 이 일을 하고 있을 것이다.

- 구매자가 혜택을 받을 수 있는 곳에서 우리의 상품을 판매하는 것은 우리의 특권이다.

- 판매는 지적 훈련이 아니라 감성적 훈련이다.

- 영업은 자유기업 시스템의 축소판이며, 여기에 속할 수 있어 나는 자랑스럽다.

- 우리는 올바르게 일을 해야만 한다. 왜냐하면 세상의 다른 모든 사람이 이 일을 하려고 노력하기 때문이다.

- 우리는 만약에를 언제로 바꾼다.

- 저는 고객이 구매하려는 것만 판매합니다.

- 성공할수록 사회에 대한 채무는 늘어만 간다. 어떤 사람도 자신을 채무자로 만든 사회에 불손할 수 없다.

- 우리 일은 성공한 사람과 유력한 사람의 손을 꼭 잡는 것이다.

- 자신을 영업전문가라 말하는 걸 두려워 마라. 나는 자랑스럽게 여긴다.

- 자신의 경력에 헌신하면 성공의 열매와 일을 이룰 수 있는 지식이 생긴다.

- 당신이 판매하는 모든 것은 신뢰이다. 신뢰를 한 번이라도 잃으면, 아무것도 남지 않는다.

- 당신은 현재의 직업을 평생의 업으로 생각하고 있는가?

- 저는 제 상품을 목사와 비슷하다고 생각합니다.

- 이 일은 매년 정말 더 좋아질 수 있다. 최고가 되기 위해 기꺼이 대가를 치르려는 영업전문가에게 기회는 무한하게 펼쳐져 있다.

- 이 일은 늘 가장 거절 지향적인 사업이다.

- 진정한 장기 계획이 무의미한 환경에서 우리는 예측 가능성과 영원성이라는 아이디어를 판다.

- 저는 제 상품을 판매하지 않습니다. 고객이 필요하다고 이해한 것을 구입하도록 도울 뿐입니다.

- 우리는 미래에 지급될 돈이라는 아이디어만 판매할 뿐이다.

- 이 일을 하면 결코 거만해질 수 없다. 이 일을 하면 늘 도전이 있고 겸손해진다.

- 고객에게 자신이 진정으로 원하는 것이 무엇인지 알 수 있도록 가깝게 비추어주는 거울이 제 역할입니다.

- 저는 제가 판매하는 상품을 진정으로 믿으며 고객을 뒤쫓는 전율을 사랑합니다.

- 영업과 사랑에 빠질 수 없으면 그만두는 게 좋다.

- 이 업계에서 성공하길 원한다면 갖추어야 할 것은 인내뿐이다.

- 우리가 선택한 직업에는 봉사하는 기술과 희생할 수 있는 의지가 요구된다.

- 잠깐만 생각해봐라. 이 일을 그만두면 누가 우리 일을 대신할지를.

- 제 상품을 좋아하지 않으면 선생님께서는 돈을 좋아하지 않는 것이 되는데 맞습니까?

- 제 상품은 재산입니다. 그것도 귀중한 재산에 속합니다.

- 제가 정직하길 바라십니까 아니면 외교적이길 바라십니까?

- 제 상품을 심각하게 고민할 때는 제가 고객 앞에 있을 때라는 것을 경험 상 알게 되었습니다. 그럼 다시 한번 이 과정을 거쳐보겠습니다.

- 협상 가능하도록 하라.

- 이것으로 충분합니까?

- 저는 1불을 단돈 몇 센트로 할인해서 판매합니다. 매년 1불당 3센트가 듭니다. 보여드릴까요?

- 급여 명세표에 저를 올려주십시오.

- 어떤 사람도 표준하체(substandard)를 원하지 않는다. 특별 등급(special class)이 훨씬 덜 공격적이고 동시에 정확한 표현이다.

- 고객은 당신의 마음과 아이디어를 산다.

- 세 가지 알(R)을 사용하라. 반대의견을 고쳐서 말하고(restate), 안심시키 고(reassure) 다시 시작하라(resume).

- 제가 개략적으로 말씀드린 이러한 목표가 고객님께 얼마나 중요하십니까?

- 제가 좋은 아이디어를 드리면 저와 동업할 의무가 생깁니다.

- "아니오"를 "예"로 바꾸어라. 지금 당장 이렇게 하지 못할 이유는 없다.

- 제 일은 선생님의 돈으로 최선의 가치를 획득하도록 만드는 것입니다. 가장 싸지도 가장 비싸지도 않은 편안하게 받아들일 수 있는 중간 정도입니다.

- 목마른 노새를 물가로 인도할 수 있지만 물을 마시게 할 수는 없다.

- 사실이기엔 너무 좋은 것은 사실이 아니다.

- 판매 성공에는 지성이 아니라 감성이 필요하다.

- "이걸 이해하셨습니까?"라고 고객에게 물어본 적이 없다. 대신 "제가 명확히 말씀드렸습니까?"라고 묻는다.

- 이 일을 하다 보면 감성을 배우게 되고 이것이 도움이 된다. 많은 판매는 신뢰로 이루어지지 상품에 대한 환상으로 되지 않는다는 걸 알았다.

- 가망고객님, 여기 펜이 있습니다. 가족을 위해 필요하지 않은 것을 삭제할 수 있습니다.

- 선생님께서 이해하지 못하거나 또는 동의하지 않는 뭔가를 말씀드린 게 있습니까?

- 이 일을 한다고 제 삶이 바뀌진 않지만 선생님이나 선생님 가족의 삶은 바뀔 수 있을 것입니다.

- 성공적인 판매는 판매하는 사람에게 되돌아오지 않는 것을 판매하는 예술이다.

- 이번이 선생님의 목표를 현실로 바꿀 수 있는 마지막 기회가 될 것입니다.

- 우리는 한 번에 한 입씩 사과를 먹는다. 당신이 감당할 수 있는 만큼만 제 공하라.

- 밖으로 나가 고객과 이야기하는 것이 영업 침체를 극복할 수 있는 최선의 치료책이다.

- 판매를 조직화하는 데 첫 번째 가장 큰 요소는 다른 사람을 최고의 영업 전문가로 만든 것을 매일 생각하고 그들의 시스템을 따라하는 데 시간을 보내는 것이다.

- 고객으로서 선생님에 대한 제 책임은 지금 당장 미래를 보장하는 것입 니다.

- 더 나은 방법을 알면 그 방법대로 하십시오. 그렇지 않으면 제 방법을 따 르는 게 좋습니다.

- 가망고객이 채용할 만한 최소한 한 가지 이상 좋은 아이디어를 제공할 준 비가 되어 있지 않으면 방문하지 마라.

- 제안이나 추천을 한 다음 저는 묻습니다. "이것에 반대의견이 있으십니 까?"

- 적시에 적절한 의사결정을 내릴 수 있는 판단력을 갖고 계시기 때문에 이 계획을 수용하실 걸로 확신합니다.

- 제가 하려는 것은 이런 돌발상황에 대비할 수 있는 방법을 알려드리고 도 와드리려는 것뿐입니다.

- 선생님이 외과의사든 육체노동자든 상관없습니다. 오십만 불을 벌면 선생 님의 니즈는 근본적으로 똑같습니다.

- 앞으로 처남한테 이 상품을 얼마나 많이 구매하실 계획입니까? 전혀 없습 니까? 그럼 왜 처남에게 이야기해야 합니까?

- 선생님을 고객으로 모실 수 있는 권리를 가질 수 있는 기회를 주십시오.

- 어떤 상품을 더 좋아하십니까? 가 상품입니까 아니면 나 상품입니까?

- 모든 상담에서 판매는 이루어진다. 고객이 구매하지 않는 이유를 판매하 든가 아니면 영업전문가가 구매해야 할 이유를 판매한다.

- 고객은 자신이 이해한 것만 구매한다.

- 가장 큰 판매는 고객이 자신의 목표에 초점을 맞추도록 돕는 것이다.

- 중요한 것은 판매에 대한 지식이 아니라 판매를 위한 행동이다.

- 상품 자체가 아니라 상품을 통해 얻을 수 있는 혜택을 판매하라.

- 부동산 투자에서 중요한 것은 위치, 위치, 위치이다. 판매에서 중요한 것 은 타이밍, 타이밍, 타이밍이다.

- 새로운 판매 방법을 배울 필요가 없을 정도로 똑똑한 사람은 아무도 없다.

- 고객이 구매하는 것은 상품이나 서비스가 아니라 나의 신용이다.

- 판매란 매력적이고 확신에 차게 진실을 말하는 것이다.

- 고객님의 충성심을 얻을 수 있도록 서비스를 다하겠습니다.

- 이해하실 수 없으면 사지 마십시오.

- 필수품으로 생각하십니까 여유분으로 생각하십니까?

- 이 상품의 어떤 사항을 믿지 못하십니까?

- 고객과 함께 해결책을 찾아나갈 때 판매는 이미 진행되고 있다.

- 상품의 비용을 말하면 혜택도 말해야 한다는 사실을 명심하라.

- 1차적 욕구를 판매하지 말고 2차적 욕구를 판매하라.

- 모든 사람이 돈 이야기를 합니다. 제 상품이 무슨 이야기를 하는지 들어
  보십시오.

- 숫자가 아닌 개념을 팔아라. 숫자는 변할 수 있지만 개념은 변하지 않
  는다.

- 고객님, 형편이 좋을 때 문제를 해결하는 게 좋습니다.

- 가망고객이 결코 앉지 않을 곳에 나무를 심으려고 한다는 사실을 깨닫도록 도와라.

- 이 계획에 따라 바로 실천에 옮기는 것이 어떻겠습니까?

- 고객이 당신을 집이나 사무실에 초대해서 당신이 하는 일을 완벽하게 알면 다음과 같이 말한다. "당신 상품을 구매하고 싶습니다." 그러나 이렇게 되는 게 쉽지는 않다. 이유를 찾아 쉽게 하도록 하는 건 당신에게 달렸다.

- 저에게 시간을 주시겠다고 하지 마십시오. 제가 하는 모든 일은 선생님께 시간을 판매하는 것입니다.

- 좋은 아이디어라 느끼시면 지금이야말로 의사결정을 내릴 때입니다. 내일이면 늦습니다.

- 가격이나 상품이 아닌 니즈를 판매하는 것이 주요한 마케팅 핵심이다.

- 이 상품을 판매하지 않은 저의 실수라기보다는 이 상품을 구매하지 않은 고객님의 실수로 하고 싶습니다.

- 제가 고객님을 위해 일하면, 선생님은 평생 보장을 받을 수 있습니다.

- 고객이 원하는 것을 찾아라. 고객의 회계사나 변호사가 원하는 것이 아니라 고객 자신이 원하는 것을 찾아라.

- 고객님의 상품 니즈에 대해 저와 논의할 문제가 있습니까?

- 상품의 특징이 아니라 상품의 효능을 잘 설명하라.

- 큰 계약도 작은 계약과 똑같다.

- 대못을 팔려고 시도하기 전에 구멍의 모양을 설명하라.

- 제안하고 있는 상품이나 서비스에 추가해서 뭔가를 판매하려는 것을 습관으로 만들어라.

- 솔직히 가망고객님, 고객님으로 모시고 싶습니다.

- 성공한 사람은 만족스러운 결과를 추구하는 데 반해 성공하지 못하는 사람은 만족스러운 수단을 추구한다.

- 가족의 이익을 위해 최선을 다한 일을 나중에 후회한 적이 있습니까?

- 즉석에서 어떤 일을 하길 바라는 고객을 찾는 것보다 어떤 일을 하도록 고객을 설득하는 게 더 쉽다.

- 확실히 좋은 이유와 좋게 보이는 이유와는 커다란 차이가 있다.

- 고객님이 목표로 하는 것을 성취하도록 도울 수 있게 해주십시오.

- 이 상품에 가입하시면 이러한 모든 혜택은 저의 의무가 됩니다. 그러나 이 상품에 가입하지 않으면 고객님의 의무가 됩니다.

- 제가 고객님께 제공하는 것보다 더 많이 지불하시지는 않습니다.

- 상품이 아니라 아이디어를 판매하라.

- 이 일을 하고자 결심했으면 약간의 시간이 소요될 약속을 잡아야 한다.

- 개인적 접촉은 늘 매우 중요하다. 어떤 컴퓨터도 보험증권을 판매할 수 없다.

- 사실을 말하고 감성을 팔아라.

- 고객님께서 꼭 아셔야 할 아이디어가 있습니다.

- 고객님은 이 계획으로 최선의 이익을 얻을 수 있습니다. 오늘 당장 실천 하십시오!

- 고객님께서는 그 일을 힘든 방법으로 하시는 듯 보입니다.

- 판매를 하지 못한 경우에도 이것을 실패로부터 멀어지는 또 다른 단계라 고 늘 생각한다.

- 판매성공에는 두 가지 기본적인 규칙이 있다.
  1. 늘 전화기를 들고 있어라. 2. 늘 거리에 있어라.

- 열정이 이전될 때 판매가 일어난다.

- 약속을 크게 하고 실천은 더 크게 하라.

- 판매 제안에서 가장 중요한 글자는 고객에게 물어보아라(ASK)이다.

- 해결책을 판매하지 말고 문제를 구체화하는 데 집중하라.

- 제가 변호사나 회계사가 한 일을 검토할 수 있게 할 정도로 그들에 대한 믿음이 충분하십니까?

- 이것을 구매하시면 돈을 좀 더 낫게 사용하시는 게 됩니다.

- 판매 화법은 어색하고 되풀이되는 느낌이 있다. 어쨌든 배워라. 현재 내가 사용하는 것은 옛날의 나로서는 생각할 수 없었던 아이디어와 판매화법에서 빌려온 말로 이루어져 있다. 현재 나는 이 모든 것을 하나로 융합해서 나 자신의 판매 접근법으로 사용하고 있다.

- 사람은 회초리보다 다독거림에 더 잘 반응한다.

- 제 상품을 구매하는 고객만이 유일하게 더 나은 삶을 추구하는 분입니다.

- 우리의 접근법은 범위를 넓히고 초점을 흐리기보다 범위를 좁히고 초점을 명확히 해야 한다.

- 이해가 돼야 판매가 이루어진다.

- 고객님을 위해 제가 뭘 모르는지 알아보도록 하겠습니다.

- 제가 이해하지 못하는 것에 대해서는 어떠한 믿음도 없습니다. 이것이 어떻게 기능하는지 소개해드리겠습니다.

- 상품이나 서비스를 판매하는 것은 테니스 시합과 같다. 가망고객보다 한 번 더 공을 쳐 넘기면 된다.

- 고객님의 선택에 따라 선생님의 계획은 저절로 완성되거나 공중분해될 수 있습니다.

- 저는 고객이 이야기하도록 합니다. 고객은 우리와 고객이 모두 알 필요가 있는 사항을 이야기할 것입니다.

- 저에게 상품을 구매하셔도 저를 백만장자로 만드시지는 못합니다. 그러나 구매하지 않으셔도 제 일을 못하게 하실 순 없습니다.

- 동기부여된 머리를 대신할 수 있는 것은 없다.

- 당신의 힘은 헌신 정도에 달려 있다.

- 일, 사랑, 그리고 행복한 삶을 통해 성숙해지고 성공은 지속된다.

- 승자는 승리하고 패자는 변명을 한다.

- 중요한 것은 자신이 할 수 없는 것이 아니라 자신이 할 수 있는 일이다.

- 상상을 멈추고 행동을 하면 두려움은 사라진다.

- 도전을 받으면 더 열심히 일하는 집단에 속해 있다고 믿는다. 압박을 받으면 더 나은 성과를 거둔다.

- 자신이 할 수 있을 거라고 생각하는 것보다 훨씬 더 많은 일을 할 수 있다는 사실을 깨달을 필요가 있다.

- 사람이 소유할 수 있는 것으로 가장 값비싼 대가를 치르는 것은 닫힌 마음이다.

- 무엇을 심느냐에 따라 거둘 것이 결정된다. 빨리 심으면 빨리 수확할 수 있다.

- 얼마나 오래 사는 게 아니라 얼마나 참다운 삶을 오래 갖느냐가 중요하다.

- 큰 생각을 품는 것을 두려워 마라.

- 우리는 목표와 마감이 필요하다. 목표는 흥분할 만큼 커야 하며 마감은 우리를 달리게 만든다.

- 자신감은 성공의 가장 훌륭한 모습이다.

- 사람이 가장 많이 생각하는 일이야말로 그들이 가장 잘 할 수 있는 일이다.

- 대부분의 사람은 실패하려고 계획을 짜지 않지만, 계획을 짜는 데 실패한다.

- 마음으로 이해해야만 몸으로 이룰 수 있다.

- 할 수 있다고 말하든, 할 수 없다고 말하든 둘 다 옳다.

- 올바른 일을 하는 것은 결코 틀릴 수 없다.

- 싸구려치고 좋은 게 없고, 좋은 것치고 싼 것은 없다.

- 오늘 한 일에 만족하지 않으면 내일은 더 나은 미래가 될 수 있다.

- 좋은 행실은 꼭 보답을 받는다.

- 좋은 행실은 결코 처벌받지 않는다.

- 성공할 가능성이 거의 없는 일을 시도하면 실패할 위험이 있다. 그러나 시도하지 않으면 100% 실패가 된다.

- 당신의 한계와 당신이 한계 내에 있다는 사실에 대해 논쟁하라.

- 문제를 이해하기도 전에 해결책을 갖고 있는 사람을 조심하라.

- 성공을 기대하지도 않고 성공할 수 있는 규칙은 세상에 없다.

- 매일 네 가지씩 감사의 마음을 적을 수 있다면 더 좋은 사람이 될 수 있다.

- 삶은 살 만하고 사람은 사랑할 만하고 신은 믿을 만하다.

- 기대를 갖고 희망하라.

- 성공의 열쇠는 행동가이자 사색가가 되는 것이다.

- 해야 할 놀라운 일이 있으면 사람은 놀라운 일을 할 수 있다.

- 변화만큼 영원한 것은 없다.

- 모든 승자에겐 계획이 있다. 모든 패자에겐 변명이 있다.

- 성장하고 싶으면 목표에 영(0) 하나를 더하라.

- 성취 가능한 가장 높은 목표를 향해 싸워라. 그러나 쓸데없는 저항은 하지 마라.

- 많은 사람이 조언을 받지만 현명한 사람만이 거기에서 이익을 본다.

- 곤란한 문제는 오래가지 않지만 다루기 힘든 사람은 오래간다.

- 승자는 헌신을 하는데 패자는 약속을 한다.

- 자, 시작하자! 삶은 화살같이 지나간다. 죽기 전에 뭔가 가치 있는 일을 하자. 당신이 죽은 후 세월이 흘러도 남을 수 있는 훌륭한 작품을 남기자.

- 당신의 몸과 마음에서 노래가 흘러나오지 않으면 음악을 만들 수 없다.

- 절실히 원하면 원하는 것은 무엇이든지 얻을 수 있다.

- 내일은 오늘의 결과이듯이 오늘 우리가 무엇을 했느냐가 필연적으로 내일을 결정한다.

- 우리가 할 수 있는 것을 최선을 다해 하는 것이 중요하다.

- 통제란 결국 자기 자신을 조종하는 것이다. 우리가 어디로 가려 하고 왜 거기에 가려고 하는지를 아는 것이다.

- 당신의 미래를 예측할 수 있는 최선의 방법은 자신의 미래를 창조하는 것이다.

- 행운: 지식과 기회가 만나는 것

- 파산은 일시적인 상태이나, 가난은 마음의 상태이다.

- 올바르게 살면 세상도 올바르게 돌아간다.

- 더 열심히 일하면 좋은 일이 생기고 더 현명하게 일하면 위대한 일이 생긴다.

- 황금 같은 엄청난 기회는 종종 불가능한 상황으로 가장한다.

- 할 만한 일은 올바르게 해야만 한다.

- 미래의 가장 좋은 점은 한 번에 하루씩 받는다는 사실이다.

- 삶은 결국 우리가 사는 동안 세상에 무엇을 주었는가를 돌려받는다는 사실을 믿는다.

- 삶은 보상이 아니라 시련이다.

- 오늘은 당신이 산의 정상에 오르는 날이다.

- 당신의 위상을 결정짓는 것은 당신의 취향이 아니라 태도이다.

- 언제든지 도움을 요청하라! 그러면 문제는 반으로 줄고 기쁨은 두 배가 된다.

- 실패로 가는 길은 인내심이 거의 필요 없다.

- 성공은 지속적으로 성공하도록 자극하는 도전과 함께 온다.

- 모든 부정 속에는 긍정이 숨어 있다.

- 나의 태도를 바꾸는 데 일 분밖에 걸리지 않지만 그 짧은 시간에 하루 전체를 바꿀 수 있다.

- 목표를 높게 세워라. 달성할 여지가 많다.

- 큰 꿈은 산을 움직일 힘이 있다.

- 부서진 꿈에서 새로운 꿈이 탄생한다.

- 준비가 기회를 만났을 때 행운이 발생한다.

- 탁월함으로 가는 길은 늘 공사 중이다.

- 성공은 목적이 하나하나 점진적으로 실현된 결과이다.

- 윤리는 당신이 어둠 속에 있을 때 나타난다.

- 뒤돌아보며 주춤하지 마라. 다른 사람에게 추월당할 수 있다.

- 끈기와 결단은 전지전능하다.

- 믿음은 의심의 바다에 구명대이다.

- 승자는 승리하기 때문에 승자이다. 그 이상도 그 이하도 아니다.

- 영혼을 키우고 더 나은 삶을 살아가는 열한 가지 방법. 크게 기도하라. 크게 생각하라. 크게 믿어라. 크게 행동하라. 큰 꿈을 꿔라. 크게 일하라. 크게 주라. 크게 용서하라. 크게 사랑하라. 크게 살아가라. 크게 웃어라.

- 현재의 탁월함이 내일의 탁월함을 보장하진 않는다.

- 우리는 탁월함을 추구하며, 우리의 존재 이유 때문에 계속해서 탁월함을 추구한다.

- 목표 설정의 열쇠는 큰 꿈을 꾸는 것이다.

- 운명은 기회의 문제가 아니라 선택의 문제이다.

- 신에게 기도하라. 그러나 해변가로 갈 수 있도록 노를 젓는 것을 잊지 마라.

- 평범함(ordinary)과 비범함(extraordinary)의 차이는 약간의 "추가(extra)"이다.

- 전통은 닻을 의미하는 것이 아니라 방향타를 의미한다.

- 시간의 모래는 중요한 결정의 순간에 내일까지 기다리기로 선택한 사람의 뼈가 풍화된 것이다.

- 어떤 물고기도 하류로 내려갈 수 있다. 그러나 상류로 헤엄쳐 오를 수 있는 것은 싱싱하게 살아 있는 물고기뿐이다.

- 오래된 꿈을 꺼내 먼지를 털고 광택을 내어, 현재와 미래로 우리를 인도하도록 해야 할 때이다.

- 누가 영예를 얻을 건지가 문제가 되지 않는다면, 우리가 성취하는 것은 한계가 없다.

- 노아가 방주를 만든 때는 비가 오기 전이었다.

- 고객님과 함께 있을 수 있다는 사실 때문에 저 자신이 대단하다고 느껴집니다.

- 성공보다 실패를 더 많이 한다는 사실을 예상하고 받아들이자.

- 배짱이 없으면 영광도 없다.

- 산 정상에 먼저 오르지 않고는 타인을 산 정상으로 끌어올릴 수 없다.

- 문제란 목표에서 한눈을 팔았을 때 나타나는 우리가 두려워하는 무시무시한 현실이다.

- 실패가 치명적이지 않듯이 성공이 끝이 아니다.

- 실패에 대한 공포로 성공에 대한 자극이 방해받아서는 안 된다.

- 실패에 대한 공포는 당신의 성공에 가장 치명적인 도전으로 나타난다.

- 발굴할 수 있는 최고의 부는 당신 내부에 있다.

- 과거의 사치품이 현재의 필수품이 된다.

- 진정으로 성공한 모든 사람에게 공통점이 하나 있다. 그들은 삶에서 나쁜 일보다 좋은 일을 더 많이 기대한다. 그들은 실패보다는 성공하기를 더 많이 기대한다.

- 백금률: 다른 사람이 당신에게 해주고 말해주길 원하는 대로 다른 사람에게 해주고 말하라.

- 승리할 수 없을 거라 생각하면 당신 앞에 있는 사람이 기록을 깼는지 확인하라.

- 거짓말은 바닥이 드러난다. 진실만이 도움이 된다.

- 제가 원하는 일을 원하는 때에 선택한 사람과 하는 것이 제 오랜 꿈입니다.

- 오늘은 영원의 한 부분이다.

- 마음을 일관성 있게 정리한 다음 생각한 대로 하나씩 하라.

- 삽의 뒷면을 깊이 박으면 앞면엔 흙이 저절로 채워진다.

- 누구나 자기 자신의 생각 공장을 소유하고 통제한다. 매일 긍정적인 사고를 생산할 수 있고 부정적인 사고도 생산할 수 있다.

- 새로운 아이디어로 도전하는 걸 두려워 마라.

- 성공은 여정이지 목적지가 아니다.

- 자기 자신을 믿지 못하면 다른 사람도 모두 그렇게 생각할 것이다.

- 세상에서 성공한 사람은 스스로 자신이 원하는 환경을 찾은 사람이다. 만약 자신이 원하는 환경을 찾지 못하면 그런 환경을 만든다.

- 정직하고 지적인 노력은 보상을 받는다.

- 우리의 업적은 우리의 신념만큼만 커질 수 있다.

- 아무것도 안 하고 성공하기보다는 무언가 거대한 일을 시도하다 실패하기를 선택하겠다.

- 남과 다르게 되고 목표를 달성할 수 있는 새로운 길을 선택하는 데 주저하지 마라.

- 위대한 사냥꾼과 서툰 사냥꾼의 차이는 위대한 사냥꾼이 서툰 사냥꾼이었을 때 사격 연습을 멈춘 적이 없었다는 사실이다.

- 다른 사람을 위해 열심히 일하듯 자신을 위해서도 그렇게 하라.

- 오래된 아이디어를 새롭게 바라볼 수 있는 방법이 많다.

- 승자는 시합을 하고 그 시합에 매달린다. 패자는 결코 시도하지 않는다.

- 위대한 사람의 마음에는 목적이 있지만, 그렇지 않은 사람은 바람만 있다.

- 부정적인 사람에게 긍정적 사고를 입력할 때마다 자기 연민을 단절시킬 수 있다.

- 성공이 영원히 지속되지 않듯이 실패 또한 그렇다.

- 삶의 비밀은 커브 볼을 치는 법을 배우는 것이지 커브 볼이 없기를 기다리는 것이 아니다.

- 목적지를 모르면 아무데나 가게 된다.

- 삶을 풍요롭게 살려면 어디에서 와서 어디고 가고 싶은지 그리고 그 이유는 무엇인지 알 필요가 있다.

- 어떤 일의 발생 여부를 통제할 수 없지만 발생된 일에 어떻게 반응할까는 통제할 수 있다.

- 성공이든 실패이든 모든 경험을 통해 배운 것을 믿는다.

- 위험 감수는 모든 발전 단계에 있는 정상적인 상황이다.

- 어떤 종류의 위험한 활동을 하는 동안 직면하는 스트레스는 새로운 출발을 의미한다.

- 가난해서 슬픈 것보다는 부자여서 슬픈 것이 더 낫다.

- 돈으로 내 문제가 풀릴 거라고 믿기 전까지 돈은 문제가 안 된다.

- 당신의 현재 모습은 신의 선물이며, 앞으로 되고자 하는 당신의 모습은 신에게 바치는 당신의 선물이다.

- 엘레노어 루스벨트는 말했다. "당신의 동의 없이는 어느 누구도 당신에게 열등감을 느끼게 할 수 없다."

- 당신의 자녀가 당신을 생각하는 것처럼 훌륭한 사람이 되기 위해 최선을 다하라.

- 무릎을 꿇고 기도를 드린 후 일어나 밀고 나아가라.

- 이제까지 지도받은 것보다 더 멀리 자신을 지도할 수 없다.

- 부정적인 생각에 일 분도 허비할 여유가 없다. 왜냐하면 일 분의 긍정적 생각을 앗아가기 때문이다.

- 돼지에게 노래를 가르치려고 하지 마라. 당신의 시간이 낭비될 뿐만 아니라 돼지를 괴롭히는 일이다.

- 자신을 동기부여하는 요소가 무엇인지 알고 그것을 위해 열심히 일하라.

- 최악을 대비해 계획하고 최선을 기대하라.

- 목표란 마감 일정이 있는 꿈이다.

- 매일 아침 일어날 때 점수는 0대 0이다. 자, 점수를 일 점씩 획득하도록 하자.

- 승리는 끝이 아니고 패배는 치명적이지 않다.

- 다른 사람과 다르게 되도록 하라.

- 씨를 뿌려야 할 때가 있고 수확을 거둘 때가 있지만, 나는 지금 수확을 거두는 때에 있다.

- 노새가 눈이 멀 것을 걱정하지 말고 마차에 짐을 실어라.

- 일이 잘못되면 더 열심히 하라.

- 마치 당신의 마지막 날처럼 매일매일 꼼꼼히 계획하라. 마치 최선을 다한 날처럼 매일매일 열심히 일하라. 마치 세상에 처음 태어난 날처럼 매일매일 기쁘게 살아라.

- 리더가 되려면 따르는 사람이 있어야 한다. 따르는 사람이 자발적이어야 하며, 리더는 따르는 사람이 원하는 것을 얻을 수 있는 최선의 방법을 알려줄 수 있어야 한다.

- 당신은 꿈을 성취하는 사람입니까?

- 어디로 가야 할지 모르면, 아무데도 갈 수 없다.

- 우리의 성공은 타인에게 달려 있지 않다. 따라서 결단을 내려 성공에 필요한 일을 스스로 해야 한다.

- 매일 당신의 목표는 자신이 가장 잘하는 일만 할 수 있도록 되어 있어야 한다.

- 조언을 듣고 가르침을 수용하면 나중엔 현명해진다.

- 목표에서 눈을 떼면 장애물이 보인다.

- 성공을 계획하려면 자동으로 성공할 수 있는 습관을 만들어야 한다.

- 오늘 무언가를 만들어낼 것이다. 그 일은 재미있을 것이다.

- 너무나 많은 사람이 성공의 사다리를 에스컬레이터로 착각해서 첫 번째 계단에 오른 다음엔 가만히 있다.

- 신속한 반응은 신속한 성공으로 이어진다.

- 인격에는 휴가가 없다.

- 잠재력이 모든 것을 의미하지 않는다. 잠재력을 개발하는 게 열쇠이다. 대부분의 실패자는 대단한 잠재력을 갖고 있지만 개발하지 않은 채 썩혀 둔다.

- 밑바닥에 빠지면 이제 바닥이니까 올라갈 일만 있다는 것을 깨달을 수 있다.

- 하루를 마감하면서 하지 않고 남겨둔 일이 아니라 성취한 일을 갖고 성과를 판단하라.

- 열정은 세상에서 가장 전염이 잘 되는 상품이다.

- 열정 없이 이루어질 수 있는 것은 없다.

- 부정적이 되면 실패에 계약금을 걸게 된다.

- 상식이 늘 평범한 것은 아니다.

- 자신의 과거를 불만족스럽게 생각하는 한 밝은 미래가 눈앞에 있다.

- 저는 늘 최고가 될 수는 없지만, 언제나 최선을 다합니다.

- 인생은 우리가 요청한 만큼의 수입을 제공한다.

- 시도를 멈출 때 당신은 실패자가 된다.

- 고난의 시기가 닥칠 때 맞설 용기를 자기 자신에게 주어라.

- 불행은 불행을 위해 열어둔 문을 통해 들어온다.

- 무사안일의 대가는 후회의 쓰디쓴 유해이다.

- 성취한 것이 아니라 자신의 능력에 비추어 성취했어야만 했던 것으로 자신을 평가하라.

- 피곤할 때는 패배했을 때이다. 승리했을 때는 피곤하지 않다.

- 어떤 일을 그 자체뿐만 아니라 다른 것과 연관해서 볼 수 있어야 한다.

- 실패가 불가능한 것처럼 행동하라. 그리고 시도를 멈추지 않는 한 실패는 없다는 사실을 명심하라.

- 성공은 최고가 되어야 달성되는 것이 아니라, 자신의 최선을 다할 때 달성되는 것이다.

- 내가 계속 일할 수 있는 것은 어제보다 더 낫게 오늘 할 수 있다는 느낌이다.

- 어디로 가야 할지 모르면, 기적이 일어나지 않고는 도달할 수 없다.

- 자신이 요구하는 것에 주의할 필요가 있다. 왜냐하면 바로 그것을 얻을 수 있기 때문이다.

- 당신의 성공 기회는 변함없다.

- 위대한 시도를 하면 실패를 해도 영광이 따른다. 7미터 높이를 시도해서 실패한 장대높이뛰기 선수를 비난하는 사람은 아무도 없다.

- 늘 당신의 이상을 염두에 두어라.

- 표적의 중앙을 맞추고 싶으면 표적이 어디에 있는지 알 필요가 있다.

- 가망고객에게는 판매하고 고객은 교육시켜라.

- 탁월함은 훈련과 습관으로 만들어지는 예술이다.

- 실패는 실제로 열심히 일하지 않은 채 생각만으로 열심히 일했다고 자위하는 사람에게 일어난다.

- 실패는 인내가 거의 필요 없는 길이다.

- 실패자가 하기 싫어하는 일을 하는 것을 습관으로 만드는 것이 성공의 공통분모이다.

- 사적인 일과 업무적인 일을 확실히 구분해 통제하라. 가장 조직적인 사람이 리더가 될 가능성이 높다.

- 신은 우리에게 두 가지 자리를 주었다. 하나는 그 위에 깔고 앉는 것이고 다른 하나는 생각하라는 것이다. 성공은 가장 많이 사용하는 자리에 달려 있다.

- 준비와 기회가 만날 때 행운이 생긴다.

- 현명해지려면 먼저 자신이 알지 못하는 것이 무엇인지 알아야 한다.

- 힘든 일과 스트레스로 사람이 죽진 않는다. 그러나 공포와 걱정은 사람을 파괴시킬 수 있다.

- 정직한 노력은 결코 낭비되지 않는다.

- 도전이 있으면 더 열심히 일하는 집단에 속한다. 이 집단의 구성원은 압박감이 있으면 더 나은 성과를 거둔다.

- 열심히 일하면 결과를 쉽게 얻을 수 있다. 그러나 쉽게 일하면 결과를 얻기 어렵다.

- 저는 언제나 큰 거래는 가망고객 앞이 아니라 제 책상에서 이루어진다고 주장해왔습니다.

- 저는 매일 해야 할 일의 목록을 갖고 가장 중요한 항목부터 일을 시작하면서 하루를 시작합니다.

- 행동으로 옮기지 않는 한 아이디어는 소용이 없다.

- 이제까지 늘 해왔던 일을 똑같이 하면, 이제까지 늘 얻었던 것을 똑같이 얻을 것이다.

- 뭔가 힘든 장애물을 만나기 시작하면 기뻐하라. 최소한 틀에서 벗어날 수 있다.

- 오늘 판 것이 아무것도 없으면 실직 상태와 마찬가지다. 집에서 하루 종일 잠잔 것과 똑같다.

- 어떤 일을 37일간 쭉 해왔다면 습관이 된다. 38일째는 안하는 것보다 하는 게 쉽다. 한번 이런 습관을 만들어보아라.

- 변화를 준비하지 않으면 미래를 결코 대비할 수 없을 것이다.

- 시간의 모래밭에 발자국을 남기고 싶다면 일이라는 신발을 신어라.

- 사업가로서 효율성을 개선하라.

- 우리 업계에서는 번만큼 대우를 받는다.

- 적은 돈으로 사는 법을 배우기보다 돈 많이 버는 법을 배우는 것이 쉽다.

- 꼭 해야 한다면 내 손에 달려 있다.

- 생계에 필요한 돈을 벌지 못하면 웃고 사랑하는 게 힘들다.

- 하루 밤 사이에 유명인이 되기 위해서는 오랜 시간이 걸린다.

- 2주 전에 미리 예약한 다음 그때 해야 할 일이 내가 가장 잘 하는 일 즉 내 이야기를 하는 것이라는 사실을 알았을 때 이 일을 사랑하지 않을 수 없었다.

- 성공을 원하는 것만으로 성공할 수 없다.

- 사무실 문을 닫아라. 한 시간 동안 방해를 받지 않으면 정말 많은 일을 처리할 수 있다.

- 책상 위를 본 다음 잠깐 멈춰 생각하라. 책상 위에 있는 것 중 당신이 할 수 있는 가장 생산적인 항목은 무엇인가를 생각하라.

- 행운은 준비가 기회를 만나는 것이다.

- 행운이란 계획, 준비, 조직적인 활동, 상품 지식, 그리고 힘든 일이다.

- 수많은 일이 내 통제 범위를 벗어난다. 그러나 그 일에 어떻게 반응할 것인지는 내가 통제할 수 있다.

- 많은 위대한 일이 완수되지 않은 채 남아 있다. 누군가 그 일을 하기보다는 생각만 했기 때문이다.

- 대부분의 우리는 부정적인 생각을 수용하거나 관대하게 봐주기 때문에 생산성에 한계가 생긴다.

- 대부분의 우리는 생산성을 두 배로 올릴 필요가 있다.

- 타고난 능력은 천연자원과 똑같다. 생산하기 위해서는 반드시 개발되어야 한다.

- 조직화된 행동은 아무리 작아도 과소평가하지 마라.

- 아홉 가지 마법적인 단어: 하라, 하라, 하라, 언제, 언제, 언제, 지금, 지금, 지금.

- 아무도 땀에 빠져 익사하지는 않는다.

- 고객이나 가망고객을 지속적으로 적시에 접촉시켜주는 시스템을 대신할 수 있는 것은 없다.

- 다른 무언가를 하지 않는 한 어떤 일도 이루어지지 않는다.

- 생산성 = 시도 횟수 × 성공률 × 평균 판매 금액

- 불만 대신 해결책을 제시하라.

- 일주일에 하루는 평소에 하던 것을 벗어나 추진해보지 않았던 영역에 들어가라.

- 당신만이 할 수 있고 해야만 하는 일만 하라.

- 조직화(organize)하지 않으면 괴로움(agonize)만 남는다.

- 연습을 통해 모든 것을 개선할 수 있다. 다만 기존의 업무관행대로 연습하는 것은 제외하고.

- 판매 슬럼프의 처방: 두 시간의 조용한 시간을 확보해 목표와 목적을 검토하라.

- 자제력과 평범한 능력이 결합되면 성공을 낳는다. 자제력과 뛰어난 재능이 결합되면 거장이 탄생한다.

- 성공과 실패의 차이는 단지 인내심이다.

- 출발이 느린 사람은 성공하기 어렵다.

- 어떤 사람은 잘못된 일을 전혀 하지 않는다. 문제는 아무것도 하지 않는 것이 잘못이라는 것이다.

- 성공은 준비가 기회를 만날 때 생긴다. 이런 사실을 아는 사람이 아주 소수인 까닭은 종종 힘든 일로 가장해서 오기 때문이다.

- 성공은 기다리는 동안 열심히 노력하는 사람에게 찾아온다.

- 성공은 오랜 세월 동안 측정될 수 있지만, 어느 날 하루아침에 성취된다.

- 성공한 사람은 문제가 없는 사람이 아니다. 그들은 단지 자신의 문제를 해결하는 방법을 아는 사람이다.

- 천재의 최고 대체물은 인내심이다.

- 핵심은 실천이다.

- 서류를 처음 만지면 돈을 번다. 두 번째로 만지면 돈을 잃는다. 서류 작업을 최소화하라.

- 당신이 들어야 할 가장 중요한 말은 "참 대단한 일을 했습니다"이다.

- 어떤 분야든 하루 일곱 시간 일해서 대가가 될 수 없다. 과거에도 없었고 미래에도 없을 것이다.

- 열심히 일할수록 행운이 많이 따라온다.

- 사람은 일한 만큼 비례해서 보상받는다. 뿌린 대로 거둘 뿐이다.

- 이 업계에서 중요한 것은 일하는 습관을 정하고 그것을 유지하는 것이다.

- 서둘러 행동하다 저지른 실수는 생각만 하다가 놓친 기회보다 심각하지 않다.

- 일을 많이 할수록 할 수 있는 일이 넓어진다!

- 일(work)보다 성공(success)이 먼저 있는 곳은 사전뿐이다.

- 타고난 재능에다 일을 하는 거대한 능력을 결합시키는 사람이 대개 승리한다.

- 할 수 없다고 말하는 사람은 그 일을 하고 있는 사람을 방해해서는 안 된다.

- 성공을 하려면 힘들고 지적인 일이 필요하다. 실패하면 걱정, 불만족, 자존심 상실, 그리고 부족한 수입이 뒤따른다. 성공을 하든 실패를 하든 그 비용은 클 것이다.

- 일보다 걱정 때문에 더 많은 사람이 죽는 이유는 많은 사람이 일을 하기 보다 걱정만 하기 때문이다.

- 모든 서류 작업의 뿌리는 혐오증이다.

- 성공의 비결을 알아도 실천하지 않으면 소용이 없다.

- 성공한 사람은 점수를 계속 쌓는다. 결과뿐만 아니라 더 중요한 활동을 기록한다.

- 세상에 쉬운 해결책은 없다. 먹고살기 위해서는 일을 해야만 한다.

- 운이 좋았다라는 것은 없다. 스스로 자신의 행운을 만들어야 한다.

- 미완의 과업처럼 끝없이 미루는 것보다 피곤한 일은 세상에 없다.

- 오늘의 준비가 내일의 성취를 결정한다.

- 매일 반복적으로 하고 있는 것이 우리 자신이 된다. 따라서 탁월함은 행동이 아니라 습관이다.

- 처음엔 사람이 습관을 만드나, 나중엔 습관이 사람을 만든다.

- 전화 벨이 울리면 언제, 어떻게 "아니오"라고 말해야 하는지 알아야 한다.

- 계약이 파기되거나 일이 잘못되었을 때 거울을 보면 그 일에 책임질 사람이 거울 속에 비칠 것이다.

- 화를 내면 진다.

- 이 사람 중 누가 더 신뢰할 만한가? 왜 그 사람이 일을 잘하는가?

- 푸념적인 바람은 도움이 되지 않지만 일을 하면 효과가 있다.

- 걱정한다고 생산성이 오르지 않는다.

- 걱정하는 것은 애만 태우는 것이지 일을 하는 건 아니다.

- 종이 위에 써라. 명확해지면 혼란이 사라진다.

- 올바른 의사결정을 내릴 순 없다. 의사결정을 한 다음 그것을 올바르게 되도록 만들어라.

- 먼지를 일으키면서 앞서든지 또는 뒤떨어져 먼지를 마시든지 둘 중의 하나이다.

- 일을 관리해야 사람을 이끌 수 있다.

- 오늘 무엇을 했느냐에 따라 하루를 마무리할 수 있다.

- 단지 시간을 죽이는 것이 아니라 성공을 살해하는 것이다.

- 우리는 새로운 프로젝트를 맡을 때마다 자신에게 물어봐야 한다. "나의 우선순위와 목표에 비추어 볼 때 이 일을 하면 내 시간을 가장 효율적으로 사용하는 걸까?"

- 계획은 중요하다. 어디로 가는지를 모르면 절대 거기에 갈 수 없다.

- 설계사의 유일하고 실제적인 경쟁은 매주 첫 번째 40시간이다.

- 시간이 스트레스에서 가장 큰 문제이다.

- 시간을 조정하는 일정은 배의 방향타와 같다.

- 시간관리란 투하된 시간 대비 최대의 결과를 산출할 수 있는 과업을 확인하고 위양하고 수행하는 예술이다.

- 지연은 태만과 동의어이다.

- 나는 어떤 일이라도 할 수 있지만, 한 번에 하나씩만 가능하다.

- 살아가면서 우리가 하는 일을 분류하면 85%는 일상적인 일이고 15%는 혁신적인 일이다. 일상적인 일에 85%의 시간을 소비해야 한다고 정한 규칙은 없다.

- 당신이 통제할 수 있는 순간 즉 지금이야말로 당신이 최선을 다해 일할 때이다.

- 너무나 자주 시기적절한 때를 지연과 혼동한다.

- 일주일에 세 시간에서 네 시간을 계획 짜는 데 소비한다. 이 과정은 영원히 지속되지만, 크게 보상받는다.

- 어떤 위대한 일도 계획 없이 성취된 적은 없다.

- 두 번 잰 다음 한 번에 자르라.

- 시간의 수익성을 염두에 두라. 시간 자원을 금전 자원과 같이 투자하라. 매일 시간배분 수익률(ROTA: Return on Time Allocation)을 검토 하라.

- 고객과의 대면 상담에 자신의 시간 중 20% 이하를 소비하는가?

- 행동이 없는 계획은 건축업자 없는 설계자와 같다.

- 미래만이 의미를 갖는다.

- 시간은 누구도 기다려주지 않기 때문에 지금 당장 하라.

- 당신의 일을 계획하고, 계획대로 일하라.

- 가장 중요한 일을 맨 먼저 하고, 두 번째 일은 절대 하지 마라.

- 오늘은 어제 당신이 걱정한 내일이다.

- 시간관리는 핵심적인 성공의 외부 기능이다.

- 대부분의 사람은 실패하기 위해 계획을 짜지 않는다. 다만 계획하는 데 실패할 뿐이다.

- 당신은 실행자인가, 아니면 실행하려고 계획만 짜는 사람인가?

- 매일 우리에게는 24시간의 시간이 잔에 부어진다. 주어진 시간을 알차게 다 사용할 수도 있고 바닥에 엎어버릴 수도 있다.

- 위대한 계획은 위대한 설계에서 나온다.

- 모든 사람에게 하루에 24시간이 주어진다. 자신의 시간을 어떻게 사용하느냐에 따라 성공할 수 있다.

- 저는 매주 일요일 저녁에 한두 시간 계획을 짜는 데 투자합니다. 다음 주에 하고 싶은 일을 모두 종이에 적습니다.

- 소비자는 여전히 이야기를 하고 싶어 하고 개인으로서 자신을 돌봐줄 수 있는 사람과 일하고 싶어 한다.

- 얼마나 오랫동안 지속하는지에 상관없이 가망고객으로부터 저축 약속을 받아내라.

- 가망고객을 해야 할 일 목록에서 빼서 약속 일정에 포함시켜라.

- 오늘 한 건이라도 판매를 했는가? 못했다면 이유는?

- 타인에게 전화를 걸어 상대방의 목소리를 들으면 판매를 할 수 있을지 여부를 알 수 있어야 한다.

- 5년 내 추가계약이 없으면 그 고객은 내 사후관리 시스템에서 삭제된다.

- 고객이 긴급성을 느끼면 구매할 것이다.

- 고객이 상품을 사야 할 이유를 알면 상품을 구매하기 위해 뭐든지 지불할 수 있다.

- 고객에게 어떤 혜택을 줄까가 관심 사항이면 수수료는 쉽게 뒤따라온다.

- 지식과 방문은 사업 성공의 열쇠다.

- 가망고객님, 모든 것을 말하고 행하면 결국 행한 것보다 말한 것이 더 많아집니다.

- 가망고객님! 소유한 자산을 통해 소유자를 90% 이상 알 수 있다는 사실을 알고 계십니까?

- 가망고객님, 우리가 정말 이야기를 해야 하는지 알기 위해 잠깐 대화를 나누어볼까요?

- 고객에 대한 저의 개략적인 정의는 대부분의 경우 저에게서만 구매하는 사람입니다.

- 고객발굴과 서비스는 성공적인 영업 경력의 핵심이다.

- 고객이 의사결정을 내리지 못할 정도로 장점과 단점을 비교하는 경우를 가끔가다 봅니다.

- 성공이나 위대함도 아주 작은 숫자에 불과하다. 한 번 더 전화하기, 한 번 더 약속하기, 한 번 더 제안하기.

- 고객이 문제가 있다고 전화하면, 해결하고 싶은 새로운 기회를 제공하기 위해 전화하는 것이다.

- 가망고객이 자기 자신에게 요구하는 것보다 더 많이 가망고객에게 요구할 수는 없다.

- 니즈가 인지되지 않으면 상품을 공짜로도 줄 수 없다.

- 대부분의 내 고객은 전통적 가치를 지니고 있고 나 또한 그렇다. 그리고 이 사실로 그들의 문제를 해결하는 데 도움을 받는다.

- 가망고객에게 구매하도록 요청하라!

- 많이 알려지기보다는 좋게 알려지는 것이 낫다.

- 정직은 최선의 방책이 아니다. 유일한 방책이다.

- 제가 이 일을 하고 있는 것을 고객이 알고 있으면, 언제가 그들이 준비가 되면 저를 찾을 것입니다.

- 우리가 늘 진실만 말하면 기억력을 걱정할 필요가 없다.

- 몇 마디 친절한 말이 얼마나 소중한가는 놀라울 정도이다.

- 고객을 사랑하면 그들도 당신을 사랑할 것이다.

- 약속을 함부로 하지 말고 약속을 하면 충실하게 지켜라.

- 자멸하지 마라. 강점을 약화시켜 약점을 강화시킬 수 없다.

- 칭찬하라.

- 당신이 얼마나 고객을 배려하는지 고객이 알기 전까지 고객은 당신의 지식수준에 전혀 신경 안 쓴다.

- 홍보는 성과에 인정이 더해진 것이다.

- 진실만 말하라. 그러면 걱정할 것이 하나도 없다.

- 진실만 말하면 기록할 필요가 없다.

- 성공한 영업전문가는 홍보의 대가이다.

- 사람이 다른 사람과 일을 같이하는 유일한 이유는 신뢰이다.

- 미소를 지어라. 미소는 당신 얼굴의 가치를 높이고 모든 것에 통한다.

- 소개받은 가망고객으로부터 엄청난 성공을 거두려면 얼마나 잘 그리고 얼마나 빨리 후속 조치를 하는가에 달려 있다.

- 오늘의 "아니오"가 영원한 "아니오"는 아니다.

- 전문가는 소개를 받을 수 있다. 소개자에게 의존하기보다 소개받을 수 있도록 처신하라.

- 가망고객은 아직 당신으로부터 구입하지 않은 고객이다.

- 과거와 현재의 아무리 좋은 아이디어라도 얘기해줄 고객이 없으면 아무 소용이 없다.

- 매일 한 장씩 신청서를 작성하면 채권자를 쫓아버릴 수 있다.

- 10%의 가능성에 대비하라.

- 매일 새로운 사람에게 전화해라.

- 최근 판매에서 고객이 당신에게 해준 것보다 더 많이 고객에게 해주었다고 느끼는가?

- 가망고객을 찾지 말고 문제를 찾아라.

- 사무실에 있는 모든 사람은 약속을 잡는 데 도움을 준다.

- 모든 사람은 가망고객이다.

- 잠재고객에 초점을 맞춘 다음 그 사람을 소개해줄 사람이 누구인지를 확인하라.

- 소개를 받기 위해서는 영어에서 가장 아름다운 네 마디 말을 잊지 마라: 고객님의 도움이 절실히 필요합니다(I need your help).

- 고객에게 다가가라. 고객이 당신을 모르는데 어떻게 당신에게 다가올 수 있단 말인가?

- "확실한 사실": 당신이 구매 요청을 하지 않은 사람은 100% 당신에게서 구매하지 않는다.

- 저는 고객을 제 친구로 생각합니다.

- 가망고객님, 저는 두 가지 보상을 받습니다. 제가 일을 훌륭하게 했다면 두 번째 보상 즉 소개를 해주십시오.

- 신참 영업전문가는 가망고객이 개인적으로 그들을 거절하지 않는다는 사실을 깨달으면, 실패율이 훨씬 줄어든다.

- 충분히 많은 사람을 만나면 상품을 판매하게 된다.

- 경영자에게 소개를 받고 싶으면 그들의 주요 공급자가 누군지를 물어보라.

- 한 번의 "예"를 받기 위해 열 번의 "아니오"가 필요하다.

- 당신의 수입을 결정하는 것은 보유고객 수이다.

- 소개받은 가망고객으로부터 나온 성과와 비슷한 일을 결코 할 수 없다.

- 자연스럽게 고객에게 요청하라. 결코 고객이 당신을 물어뜯지는 않을 것이다.

- 사자는 사냥의 80%를 실패한다. 그럼에도 불구하고 또다시 사냥하러 간다.

- 전화를 걸어라!

- 저에게 만족한 고객과 그들의 소개가 매년 제 실적의 68%를 차지합니다.

- 약속이 너무 많아서 실패한 영업전문가는 이제까지 한 명도 없다.

- 질문을 하지 않으면 그 대답은 늘 "아니오"이다.

- 당신이나 당신 상품이 아무리 훌륭해도 이야기해줄 가망고객이 없으면 이 일을 할 수가 없다.

- 세상이 어떻게 변하든 누군가는 늘 돈을 번다. 그런 사람이 누구인지 알아내어 방문하라.

- 전화기를 들기 전까지 아무 일도 안 생긴다.

- 나이 든 가망고객은 자신의 문제를 더 쉽게 이해한다. 그들은 자신의 니즈를 더 쉽게 알 수 있다.

- 판매는 100% 기존고객에서 나온다. 많은 경우 다른 사람의 기존고객이다.

- 당신의 일은 돈을 갖고 있는 사람을 발견해 그들과 함께 성장하는 것이다.

- 사람은 자신이 알고 있거나 소개받은 사람과 일하길 좋아한다. 소개를 요청하는 데 이보다 더 좋은 이유가 있을까?

- 고객 발굴을 잘 하면 판매를 할 필요가 없어진다.

- 판매의 심장이자 영혼인 가망고객을 발굴하려면 마음의 안식처에서 벗어나 행동할 필요가 있다.

- 가망고객 발굴과 판매는 면도와 같다. 매일 하지 않으면 부랑자가 된다.

- 우리 업계에서 성공을 결정짓는 데는 마무리보다 가망고객 발굴이 더 중요하다.

- 가망고객 발굴은 감자 깎기와 같다. 큰 것뿐만 아니라 작은 것도 손에 들고 계속 깎아야 한다.

- 가망고객 발굴은 단지 사람에 좋은 아이디어를 더한 것이다.

- 당신의 헌신과 상관없이 매일 최소한 한 사람 이상에게 당신의 상품이나 서비스를 구매하도록 요청하라.

- 일을 훌륭하게 했다는 사실을 기억하라. 추천받을 권리가 있다.

- 고객을 만나라! 고객을 만나라! 고객을 만나라!

- 앞으로 한 달간의 목표를 세워라. 그것을 세분화하라. 첫 주에 만날 열 사람의 명단을 작성하라. 이게 당신이 해야 할 일이다.

- 스트레스는 충분한 가망고객이 없어서 생긴다. 압박은 보유하고 있는 가망고객을 만나는 데 충분한 시간을 할애하지 않아 생긴다.

- 성공적인 판매는 구매자 발굴의 예술이다.

- 체계적으로 고객을 업그레이드하라 – 상위 50명의 고객에게 단 한 사람씩 소개를 요청하라.

- 세상에서 가장 많은 정보를 갖고 있고 가장 강력한 영업전문가라도 형편없는 가망고객에게는 판매할 수 없다. 반면에 최악의 영업전문가라도 종종 훌륭한 가망고객에겐 판매할 수 있다.

- 고객과 가망고객의 차이는 하나이다. 고객은 지불하지만 가망고객은 지불하지 않는다.

- 당신과 함께 일하는 고객은 당신 이외에는 필요한 게 아무것도 없다고 큰소리로 말할 수 있어야 한다.

- 당신이 방문하지 않은 고객은 다른 사람에게서 구매한다.

- 맨 처음 이름을 알아내는 것이 힘든 일이다. 처음에 가망고객이 "아니오"라고 말했다고 해서 그 고객을 포기해서는 안 된다.

- 최고의 훈련을 받은 영업전문가가 가망고객이 없으면 연료가 없는 콩코드 비행기와 같다. 활주로를 이륙할 수 있는 에너지가 없다.

- 가장 훌륭한 영업전문가는 "아니오"를 가장 많이 들은 사람이다.

- 전화기 무게가 140킬로그램이나 되지는 않는다. 전화기를 들고 가망고객에게 전화하라.

- 가망고객을 찾는 게 진정한 문제는 아니다. 우리 주위에 가망고객은 많다. 그들에게 접근하는 게 문제이다.

- 가망고객 명단이 이 업계의 원동력이다. 고객이 "아니오"라고 말했다고 해서 당신으로부터 앞으로 구매를 하지 않겠다는 것을 의미하지는 않는다. 고객이 의미하는 것은 "아니오, 지금 당장은 아니에요"이다.

- 판매에는 두 가지뿐이 없다. 쉬운 것과 성사시키지 못한 것.

- 세상엔 너무나 훌륭한 가망고객이 많기 때문에 형편없는 가망고객에게 낭비할 시간이 없다.

- 가망고객 발굴을 문제가 되지 않는 과정으로 전환하라.

- 우리가 쉽게 고객 세계의 일부가 되기 위해서는 고객의 환경을 의식해야 한다.

- 소개를 부탁할 때 부탁하는 것은 "저를 도와주시지 않겠습니까?"이다.

- 당신이 알고 있는 사람이 중요하다는 말이 있다. 그러나 내가 말하고자 하는 것은 당신을 아는 사람이 중요하다는 것입니다.

- 사고가 발생하는 곳에 갈 수만 있으면 우연히 많은 일을 할 수 있다.

- 고객을 위해 하는 일이 광범위하고 시간이 무척 많이 소요되는 일이라는 것을 알 수 있다. 고객에게 더 훌륭한 서비스를 제공하려면 고객에게 이러한 완벽한 서비스가 도움이 될 만한 친구를 소개해달라고 할 수밖에 없다.

- 마음속으로 쟁기질을 아무리 많이 해도 밭은 갈아지지 않는다.

결론

이제 마무리의 정의는 명확해졌을 것이다. 가망고객이 구매 의사 결정을 내릴 수 있도록 영업전문가가 판매에 투입하는 모든 것이다. "모든 것"이 마무리에 더 적절한 표현이다. 왜냐하면 마무리란 영업전문가가 판매를 완결짓기 위해 밟아야 할 모든 단계의 결과이기 때문에 판매 과정과 분리될 수 없다.

성공한 영업전문가와 실패한 영업전문가를 구분짓는 중요한 차이가 그들의 상품이나 서비스를 적용시키려는 노력이나 지식이 아님을 알 수 있었다. 차이는 바로 영업전문가 자신의 태도에 있었다. 확신의 깊이와 강도는 판매하는 상품과 서비스의 소유권과 유사하며, 가망고객의 특정 문제에 최선의 그리고 종종 유일한 해결책을 제시한다. 이러한 확신을 획득하고 유지하려면 영업전문가는 가망고객이 지금 당장 구매하는 것이 왜 그렇게 중요한지 확실하게, 논쟁의 여지

없이, 정확하게 알아야만 한다.

　이러한 지식이 영업전문가의 태도에 내재하고, 가망고객의 실제 상황을 정확히 이해하는 데 이러한 확신이 굳건하게 뿌리를 내렸을 때 그리고 성실하고 흔들림이 없을 때, 마무리는 더 이상 극복할 수 없는 장애물이 아니다. 그러나 가장 성공한 백만 불 원탁회의 영업전문가에게조차 마무리는 항상 쉬울 것이라는 인상을 가지면 곤란하다. 결코 그렇지 않다. 가망고객은 사람이고 대부분의 사람은 어쩔 수 없이 결정을 내린다. 당신의 상품과 서비스를 구매하는 의사결정 그것도 지금 당장 구매하는 의사결정은 많은 가망고객에게 평범하지 않은 어려움을 초래하기 쉽다. 영업전문가도 사람이다. 그리고 대부분의 영업전문가는 가망고객이 의사결정을 내리는 데 꺼리듯이 가망고객이 결정을 내리도록 몰고 가는 걸 꺼린다.

　일부 영업전문가에게 마무리는 어려운 일이다. 마무리를 시도하는 걸 꺼리는 몇 가지 중요한 이유가 아래에 있다. 영업전문가는,

- 가망고객이 거절할까봐 두려워한다.
- 자신의 상품이 가망고객에게 맞는지 확신하지 못한다.
- 마무리를 판매 과정의 통합되고 연속된 부분으로 보는 것이 아니라 분리된 단계로 생각한다.
- 가망고객의 반대의견을 처리할 수 없다.

영업전문가와 가망고객이 만나는 순간부터 마무리를 시작해야 하며 전체 판매 제안 과정 속에 쉽게 흘러가야 한다. 훌륭한 마무리꾼은 가망고객이 판매에 쉽게 동의하도록 만든다. 가망고객에게 구매할 기회를 제공한다. 판매의 핵심을 놓치지 않는다. 진정한 마무리 기회를 잘 인식한다. 훌륭한 마무리꾼은 인내심이 있다. 자기의 역할이 무엇인지 안다. 더욱이 가망고객이 의사결정하도록 몰고 가는 것에 대한 책임도 떠맡는다. 즉 의사결정하는 것이 중요하다는 것을 알고 몰고 가는 것만으로는 마무리하기 어렵기 때문에 의사결정을 내리도록 할 정도까지 한다.

이 책을 통해 훌륭한 마무리꾼이 되는 데 필요한 다양한 마무리 방법론과 기법을 소개했다. 훌륭한 마무리꾼 수준에 도달하면 당신의 영업 성공은 무한한 잠재력을 얻게 될 것이며, 최소한 백만 불 원탁회의 회원이 될 수 있는 수준으로 영업에서 성공할 것이다.

완전한 인간을 목표로

세계 최고 수준인 영업인의 경험을 토대로 이 책을 엮었다. 그들이 공개한 비밀과 기법을 통해 좀 더 효율적이고 효과적으로 가망고객을 발굴하고 마무리하고 판매할 수 있으며 이러한 기술을 향상시킴으로써 영업력을 높일 수 있고 경력 개발을 촉진시킬 수 있다. 성공하고 싶기 때문에 이 책을 구매했겠지만 판매량이 는다고 성공하는 것은 아니다. 이 책에 기여한 모든 영업전문가는 판매량이 성공으로 가는 길이지만 판매량만으로는 성공할 수 없다고 말했다. 사실 백만 불 원탁회의 회원 중 가장 성공한 영업인은 모두 협회의 완전한 인간 철학을 굳게 신봉하고 있다. 전문가로서 최고 수준의 잠재력을 발휘하려면 삶의 다른 부분에서도 최고의 잠재력을 발휘할 수 있도록 노력해야 한다.

완전한 인간은 삶의 의미나 행복 그리고 완성을 위해 헌신하며 이러한 삶을 살기 위해서는 지속적인 성장 과정이 필요하다는 것을 이해하고 있다. 삶의 어떤 영역 예를 들어 가족, 건강, 교육, 경력, 봉사, 재무, 정신적인 부분에서의 성공은 다른 부분의 성공이나 조화에 달려 있다. 왜냐하면 삶의 모든 영역은 서로 복잡하게 얽혀 있기 때문이다.

판매란 특별한 헌신이 요구되는 일이다. 업무 시간은 힘들고 가망고객의 반응은 적대적이거나 모욕적이고 금전적 보상은 불안정하다. 오랜 시간 동안 비협조적인 가망고객과 개척전화를 하거나 상담을 가진 다음에는 가족이나 자신의 몸을 돌보거나 추가적인 교육을 추구하는 데 시간과 노력을 쏟는 게 어려울 수 있다. 건강, 행복한 가족관계, 교육에 대한 헌신이 판매 경력을 강화시켜준다는 사실을 이해하는 게 늘 쉽지만은 않지만, 수천 명의 백만 불 원탁회의 회원의 경험에 의하면 이것은 진실이다. 확신이 있고, 건강하고, 확실한 가치관에 입각해 살고, 변화에 적응할 수 있으면, 가망고객의 존경과 신뢰를 불러올 수 있고 판매가 뒤따를 것이다.

처음 시작할 때부터 성공한 영업인은 책임감을 보여줄 수 있어야 한다. 높은 생산성을 지닌 영업인은 가망고객의 니즈와 예산에 맞는 상품을 제공해서 가망고객에게 책임감을 실천한다. 성공한 영업인은 약속을 잡고 성공하는 데 도움이 되도록 시간과 노력을 발휘해야 할 뿐만 아니라, 자기 자신에게도 책임감을 갖고 있어야만 한다. 전문영업인은 업계에 대한 책임도 있기 때문에 영업인에 대한 대중의 선입관을 개선하기 위해 자신을 교육하고 좋은 도덕적 판단을 사용해야 한다. 지역에 대한 책임을 수행하기 위해 고객이나 자신이 살고 있는 지역에 시간과 힘 그리고 돈을 돌려주도록 해야 한다.

어떤 사람에게는 판매의 책임이 수용하기에는 너무나 클 수도 있다. 그렇기 때문에 많은 영업인의 판매 경력이 짧다. 다른 사람에게는 고객기반을 모으고 유지하는 책임에 너무 지쳐 다른 부분의 책임이 부수적인 것으로 전락한다. 영업인이 진정한 성공으로 이어지지 않는 경력 부분에만 초점을 맞추면 판매의 인내는 포기와 똑같이 위험하다. 최고의 영업인은 상담을 얻기 위해 분투하는 사람보다 더 적은 시간을 일에 투여하는 경우가 많다. 판매 훈련 중 종종 신참 영업인에게 일중독은 성공과 동의어라고 확신시킨 것을 어느 백만 불 원탁회의 회원이 지적했듯이, 인내심 있는 사람과 일중독자를 구분하기는 어렵다. 그는 다음과 같이 말했다.

> 영업은 독특하고 호기심이 있는 사업입니다. 기회와 무한한 가능성 때문에 우리는 이 위대한 일에 매력을 느끼고 있습니다. 그리고 사실 영업인으로 성장 또한 무한합니다. 욕구와 동기 그리고 규율이 있는 평균적인 사람이 다른 사람을 도우면서 상위의 생활수준을 달성할 수 있는 다른 직업이 있는지 알지 못합니다. 이 업계에서의 성공은 역설적입니다. 이 위대한 업계에서 성공하기 위해 요구되는 개인적 희생과 불굴의 자기 규율은 일중독으로 빠지는 특징을 띕니다.
>
> 영업에서 우리의 경력이나 일을 하는 사람으로서의 인간적 척도는 얼마나 돈을 벌 수 있느냐에 달려 있습니다. 사실 이 업계에서 개인으로서 우리의 순위는 매달매달 그리고 매년 우리의 판매량에 의해 결정됩니다. 초창기 시절 이런 식으로 세뇌받아 결국 제 삶의 최우선 순위는 돈 또는 돈과 관련된 목표가 되었습니다. 진정으로 행복하고 성공한 개인 그리고 영업인이 되려면 개인의 목표를 종이 위에 적어야만 하고 다른 사람을 사랑하고 봉사하면서 일을 해야 한다는 사실을 이제야 알았습니다.

일중독으로 고립되면 장기적으로 판매가 늘지 않는다. 대신 자신에 대한 인식을 바꾸는 데 초점을 맞추고 삶의 모든 부분을 개발하고 성장시키면 판매 능력을 영원히 증진시킬 수 있다. 너무 오랫동안 영업전문가는 성공을 금전적 목표로만 정의해왔다. 완전한 인간 철학은 한 해 성공적으로 판매를 하는 게 아니라 성공적인 삶을 개발하는 데 초점을 맞추면서 인생의 목표를 달성하는 데 도움이 되도록 개발되었다.

경력

성공적인 경력은 네 가지 요소 즉 규율, 비전, 목표, 그리고 윤리로 구성된다. 위대한 영업인이 되려면 이 네 가지 요소 모두에 집중해야만 한다. 한 백만 불 원탁회의 회원이 주장했듯이 이렇게 하려면 비범한 사람이 될 것을 굳게 결심할 필요가 있다. 대부분의 사람은 자신의 지역이나 사무실, 친구와 잘 어울릴 수 있는 평범한 삶을 살기 위해 대부분의 시간을 보낸다. 다른 사람과 다르게 되거나 동료와는 다르게 되거나 비범하게 될 특별한 이유가 있는가? 대다수인 평범한 사람은 일상적인 일에 허우적거리면서 현재의 상황을 있는 그대로 받아들이고 있다. 성공한 사람이 되려면 틀 밖에서 생각할 능력이 필요하고 "다른 사람도 그렇게 하기 때문에"와 같이 늘 따르던 일상적인 일이나 절차에 문제를 제기할 수 있어야 하고 더 나은 방법으로 일할 수 있도록 바꿀 수 있어야 한다. 당신의 삶과 일에서 뛰어나고자 헌신하지 않으면 평범한 80%에 속하게 될 것이다. 평범하다는 것은 잘해야 평균이고 나쁘면 보통이라는 의미가 된다. 성공한 사람이 되려면 관례와 일상의 편안함을 떨쳐버리고 비범한 사람 쪽에 합류해야 한다. 비범한 사람은 인구의 20%밖에 안 되는 소수로 진보를 창출하기 위해 탐구하고 실험하는 사람이다.

다수를 떨쳐버리기 위해서는 엄청난 규율이 필요하다. 먼저 자동으로 되는 일보다 하기 어려운 일을 할 수 있는 규율이 필요하다. 자신의 행동을 분석한 다음 일반적으로 받아들여진 과정을 따르지 말고 효과적인 방법을 정하라. 두 번째로 이미 성공한 사람이라면 새로운 수준의 성공을 하기 위해 자신의 마음의 안식처를 밀어버릴 규율이 필요하다. 세 번째로 자신의 능력을 마음껏 발휘하는 데 일의 크기와 상관없다는 사실을 깨닫는 규율이 필요하다. 간단히 말해 규율이란 성공과 보통의 차이이다. 백만 불 원탁회의 회원 중 최고의 영업전문가가 이와 관련되어 다음과 같이 말했다. "성공한 사람은 덜 성공한 사람이 하길 싫어하는 일을 스스로 할 수 있도록 자신을 규율합니다." 그는 계속해서 말했다.

> 성공한 사람은 성공하기 위해 큰 일이 필요하지 않다는 사실을 이해합니다. 오히려 우리가 매일 해야 할 작은 일이 성공을 좌우합니다. 특별한 사람이란 세상에 없다는 사실이 우리를 놀라게 할지 모르지만, 어떤 사람은 특별한 목표를 달성하도록 자기를 단련시켰습니다. 다음 일주일의 일정이 다 차기 전에는 금요일 날 집에 가지 않도록 규율하는 것입니다. 목표를 매일 할 과업으로 세분화하도록 규율하는 것입니다. 지금 당장 매일매일 반복해서 해야 할 일을 한다면 내 목표가 달성될까? 매일 하는 일이 우리의 성공과 실패를 가릅니다. 성공이란 매일같이 실천해야 하는 중요한 일입니다.

성공하기 위한 규율은 무언가로 보상받을 수 있으며, 이제까지 해 왔던 일을 더 단순하게 계속할 수가 있다. 모든 규율은 비전에서 나온다. 한 번에 조금씩 성공을 만들어내도록 규율이 있는 영업인은 자기 자신을 성공한 사람으로 보는 규율에서 출발한다. 대부분의 사람은 자신의 삶과 경력을 개선시키고 싶어 한다. 즉 대부분의 사람은 성공하길 바란다. 그럼에도 불구하고 대부분의 사람은 자기 자신을 성공한 사람으로 상상할 수가 없기 때문에 다르게 생각하고 행동하도록 규율하질 못한다. 존경받는 백만 불 원탁회의 회원이 비전의 중요성을 이런 식으로 설명했다.

위대한 사람은 우연히 된 게 아닙니다. 산 정상에 오른 사람은 어느 날 갑자기 거기에 떨어진 것이 아닙니다! 그들은 자신이 달성하고자 하는 것이 무엇인지 정확히 선택하고 결정하는 데 능숙한 사람입니다. 우리가 살고 있는 세상이 모두 만들어진 것이라는 사실을 깨달으면, 원하는 대로 세상을 마음껏 창조할 수 있게 됩니다. 목표에 따라 우리 삶을 조각하고 형상화한다는 사실을 우리 모두는 알고 있습니다. 우리 모두는 목표의 중요성을 충분히 많이 들었습니다. 그러나 목표 자체만으로 우리의 삶을 명품으로 전환시킬 순 없습니다.

많은 사람이 살아갈 목적으로 좀 더 위대한 무언가로 정하지 못하거나 또는 자기 존재의 핵심에 있는 목적을 충분히 느끼지 못한 채 목표를 정하는 실수를 저지릅니다. 조지 버나드 쇼가 썼듯이 "스스로 인식한 목적이야말로 가장 강력한 것이다". 목표 설정은 그 자체로 한계가 있기 때문에 목표 설정을 초월할 필요가 있습니다.

큰 건물은 작은 재료로 만들어집니다. 거대한 도약은 수많은 작은 도약의 축적입니다. 비전을 깨닫는 것은 대개 한 번에 이루어지지 않고 한 번에 한 걸음씩 이루어집니다. 전체는 부분의 합입니다. 중요한 것은 매번의 작은 단계가 큰 그림의 한 부분이라는 것입니다. 그렇지 않으면 목표 달성자는 될 수 있어도 성공한 사람은 될 수 없습니다.

비전을 조각그림 맞추기로 생각하십시오 한 번에 맞출 수 없고 한 곳에 쏟아부어놓아도 안 됩니다. 유일한 방법은 완성된 이미지를 형상화한 다음 한 조각 한 조각 매일 맞춰나가는 것입니다. 이렇게 맞춰나가면 완성하는 게 쉽고 빠르게 됩니다. 이 과정 중 추진력이 생기기 때문입니다. 조금씩 조금씩 그리고 자주 할수록 빨리 크게 완성됩니다. 목표에 대한 비전 없이는 전체 모습이 완성되지 않을 것입니다.

당신의 매일 활동과 행동은 목표뿐만 아니라 비전에서도 도출되어야 합니다. 이렇게 해야만 매일 활동이 좀 더 의미가 있고 목적성을 띠게 됩니다.

자신의 비전을 통해 성공한 영업인이 되는 데 필요한 일상적인 과업을 완성할 수 있도록 동기부여가 된다. 비전을 달성하는 정도를 측정할 수 있으며 현재의 위치에서 상상한 곳으로 직접 이끌도록 규율하는 데 초점을 맞출 수 있는 것이 목표이다. 백만 불 원탁회의 회의에서 한 동기부여 전문가는 다음과 같이 말했다. "목표가 전진하도록 만든다." 비전의 성취는 비전이 몸에 체화되도록 규율을 실제 적용하는 데 달려 있고, 목표는 이러한 규율을 적용할 수 있도록 만든다.

목표는 비전으로 구성된 조각 맞추기의 한 조각이다. 각각의 목표를 달성하면 스스로 원한 성공에 가까이 다가갈 수 있고, 달성된 각각의 목표는 목표 달성할 때마다 생긴 자신감으로 좀 더 쉽게 다음 목표를 달성하게 만든다. 비전을 실현하는 데 도움이 되는 목표는 현실적이어야 한다. "다음 주에 매일 20명의 새로운 가망고객에게 전화를 하겠다"와 같은 좀 더 작은 목표로 시작하거나, "올해를 최고의 실적을 올리는 한 해로 만들겠다"와 같은 목표를 세우는 것이 좋다. 그렇지 않으면 시스템이 역효과를 낼 수 있다. 비현실적인 목표를 설정하면 비전 달성을 자꾸만 미루게 된다. 왜냐하면 각각의 목표를 달성하는 데 실패했기 때문에 앞으로 나아가는 것이 쉽지 않다. 그렇다고 할 수 있다고 생각하는 것만으로 목표를 세우라고 말하는 것은 아니다. 유명한 동기부여 연구자가 언급했듯이 50%의 실패 확률이 있을 때 목표는 가장 효과적이다.

성공할 가능성이 50%가 될 때까지 목표 달성의 동기부여가 점점 높아진다는 사실은 연구를 통해 밝혀졌으며, 영업전문가가 이 사실을 적용할 수 있으면 황금률이 될 수 있습니다. 다른 말로 하면 목표를 달성할 기회가 50 대 50이거나 성공 확률이 50%일 때 목표는 동기부여가 가장 잘 되고 가장 강력한 자신의 내부 자원을 활용할 수 있게 됩니다. 목표가 확실히 달성 가능하거나 또는 불가능하다고 인식되면 동기부여는 일어나지 않습니다. 성취동기를 잃어버린 듯한 많은 영업전문가에 대한 해답이 여기에 있습니다. 이들은 내부의 열정을 태우는 연료나 적절하게 자신을 동기부여하는 것으로 목표를 활용하는 데 실패했습니다.

목표는 비전을 현실로 바꿀 연료로 사용될 규율을 유지할 수 있는 동기이다. 하나의 목표를 달성할 때마다 더 많은 것을 성취할 수 있도록 재촉할 수 있다. 왜냐하면 성취에 대한 확신이 있고 성공을 위한 새로운 습관이 몸에 배었기 때문이다. 최근 연구에 의하면 새로운 습관이 몸에 배는 데 21일이 필요하다고 한다. 목표를 달성하는 한계를 높이고 성공을 다지기 위해 매일 무언가를 하면 21일 후에는 두 번째 천성 즉 습관화된 일상이 되어버린다. 목표가 달성되어도 성공에 도움이 될 무언가를 하는 습관을 지니게 된다. 많은 사람은 중요한 성과로서 목표 달성이라는 끝에 초점을 맞추지만 목표를 달성하게 만드는 습관을 익히는 것도 아주 중요하다. 많은 백만 불 원탁회의 회원이 지적했듯이 성공은 과정이지 결과가 아니다. 목표를 추구하도록 개발한 습관은 이러한 습관을 실행하면서 개발된 태도와 함께 좀 더 성공하도록 만들 것이다. 최고의 회원이자 동기부여 전문가는 다음과 같이 말했다.

> 지속적인 활동이 목표를 지탱합니다. 목표를 향해 활동할 때 늘 자신에 대해 더 좋게 느끼고 우리의 에너지는 커지고 우리의 확신과 자신감은 장점이 됩니다. 우리가 타성에 젖어 성취동기가 낮아지면 우리의 자신감도 떨어지고 자신의 마음의 안식처로 피난하고 삶에 대한 열정을 많이 잃게 됩니다. 우리의 태도도 고약하게 됩니다.

목표는 우리의 습관을 개선시키고 태도를 바꿔주기 때문에 중요하다. 우리가 효율적이고 에너지가 넘쳐나면 성공할 가능성이 높아지게 되고, 목표를 달성하는 데 성공하면 더 많은 목표를 세우는 것이 용이해진다.

비전을 정하고 목표를 세우고 이러한 것을 달성하도록 규율할 때 성공의 비전은 강력한 윤리적 원칙에 입각해야만 한다는 사실을 확실히 염두에 두어야 한다. 성공할수록 일과 에너지가 더 많이 들게 되며, 고된 일과 노력이 필요하지 않는 성공의 길은 불완전할 수밖에 없다. 백만 불 원탁회의 회원 중 한 사람이 말했다. "올바른 일을 하나하나 잘 해야 한다. 시간이나 에너지를 크게 투자하지 않고 성공하는 법이 있지만, 이러한 방법으로 성취한 성공은 깊이가 없고 일시적이다." 성공할 수 있는 유일한 길은 가망고객이 당신을 믿을 수 있도록 고무하는 것이고, 이러한 일은 가망고객이 당신으로부터 성공적인 습관을 형성하고 목표를 달성하는 것을 볼 때 발생할 것이다. 가장 비윤리적인 방법을 통해 만들어진 순간의 성공은 처음엔 다른 사람에게 피해를 주나 결국에는 그 짓을 한 사람에게 피해를 준다.

영업은 윤리의식이 낮다고 자주 비난을 받는 직업이다. 사기꾼으로 천박하게 가장한 파렴치한 중고차 매매꾼이나 판매자가 등장하는 영화나 농담을 많이 보거나 듣곤 했다. 이러한 부정적인 전형으로 판매 업무를 솔직하고 정직하게 하는 것이 더욱 더 중요하게 되었다. 필요한 고객을 발견하고 유지하기 위해서는 자신이 어떤 사람이고 무슨 일을 하는지에 개인적인 책임감을 갖추어야 한다. 가망고객이 당신을 성공에 초점을 맞추고 성공하려고 열심히 일하는 사람으로 알게 되면, 당신과 일을 하는 것에 대해 편안해할 것이다. 그들이 당신의 목표 지향적 습관과 규율이 그들의 최선의 이익을 위해 효과가 있음을 알게 되면, 그들은 고객이 되어 더 많은 일거리를 주고 친구를 소개하면서 당신의 성공에 기여할 것이다.

이러한 과정은 느리기 때문에 가끔 정직, 성실, 공평보다 즉각적인 성공에 유혹을 받을 수 있다. 영업에서 성공한 사람이 되려면 인내심이 있어야 하며, 수상한 거래를 통해 개인적 이득을 획득하기보다는 시간과 노력을 쏟아부어야 한다. 백만 불 원탁회의 전임 회장은 성공하는 데 윤리가 얼마나 중요한지 강조하기 위해 다음 이야기를 했다.

> 가끔 훌륭한 사람이 꼴등이 되는 경우가 있지만, 다른 선수와는 전혀 다른 경기를 하고 있기 때문이 아닐까 생각해봅니다. 예를 들어 호주 골프 선수인 그렉 노먼은 프로 시합에서 가장 큰 드로를 치는 선수입니다. 1996년 그레이터 하트포드 오픈에서 선두 그룹에 속했지만, 처음 두 라운드에서 부주의하게 부적절한 공을 사용해 시합을 했다고 주최 측에 통보함으로써 자신을 실격처리했습니다. 이게 바로 윤리입니다. 깨끗한 양심이야말로 가장 부드럽고 편안한 베개입니다.

의심스러운 윤리로 단기간 영업에서 성공할 수 있을지 모르지만 장기적 성공은 노먼과 같이, 자신의 잘못을 인정하고 윤리적으로 업무를 하겠다는 헌신을 입증했을 때 다가오는 충성스러운 고객에 달려 있다.

성공적인 영업 경력을 갖기 위해서는 자기 자신을 성공한 사람으로 상상할 수 있어야 한다. 그런 다음 비전을 작은 목표로 쪼개고 이 목표를 달성할 습관과 규율을 개발해야 한다. 정직, 공평, 동정심 그리고 근면이라는 윤리규정에 맞게 살면, 판매는 자연스럽게 따라온다.

교육

교육은 영업 성공에 밀접하게 관련된다. 영업 성공의 비전은 전문적 훈련과정이나 자격과정 이수와 같은 여러 개의 목표로 세분화될 수 있으며, 고객의 확신을 증진시키고 이에 따라 판매를 증진시킬 수 있다. 그러나 교육은 일과 놀이와는 다른 영역이다.

완전한 인간 철학의 제창자로서 모티머 제이 애들러 박사는 여가라고 하는 삶의 중요 부분의 한 측면이 교육이라고 설명한다. 여가 활동은 외부적인 이익이나 보상이 따르지 않지만 내적인 보상이 있는 활동이다. 이러한 활동은 극도로 힘들 수 있지만 일의 어려움에도 불구하고 할 만한 가치가 있다. 살기 위해 일을 해야 하듯이, 잘살기 위해 여가 생활을 해야 한다. 애들러 박사는 설명한다.

여가활동을 통해 한 사람의 인간으로서 성장이나 자아를 개발할 수 있으며, 문명의 진보나 예술과 과학의 발전이 이루어집니다. 어떤 형태의 배움이나 창조적인 일 그리고 정치적으로나 사회적으로 유용한 활동은 여가활동입니다. 사회의 진보에 기여하는 모든 것은 여가활동입니다. 따라서 여가활동은 도덕적인 의무로 수행하여야 할 일입니다.

영업전문가로서 우리는 신뢰받은 조언자로서 대중에게 봉사하여야 하며, 가능한 최선의 방법으로 고객에게 봉사하려면 자기 분야의 최신 지식과 발전 상황을 업데이트하는 데 책임이 있다.

교육을 계속 받으면 가망고객에게 좀 더 자신 있게 다가갈 수 있고 이로 인해 판매가 증가한다. 자신감은 대중에게 아첨해서 나오는 게 아니다. 대신 자신감은 대개 역량에서 나올 수 있고 역량은 지식에서 나온다. 지식과 자신감을 증대시키면 자신의 가치를 더 잘 알 수 있게 되고, 좀 더 창조적인 방식으로 행동하고, 자신의 믿음을 타인에게 더 낫게 소통하고, 열심히 일해 아이디어를 행동으로 바꿀 수 있게 할 수 있다. 방향성 없이 열심히 일하기만 하면 좌절감에 빠지게 되나, 교육을 통해 일의 초점을 맞추면, 자신감을 증대시킬 수 있어 전문기술을 분석하고 개선시키는 데 도움이 될 수 있다. 백만 불원탁회의 한 회원의 주장대로 전문가가 되려는 우리의 성공은 우리자신이 전문성을 유지하기 위해 자기 학습과 개발을 중요하게 생각하고 지속적으로 추진하는 노력에 많이 달려 있다.

우리가 태어난 세상과 똑같은 세상에서 죽는 사치는 이제 기대할 수 없게 되었다. 우리는 지속적으로 변화를 겪고 있다. 소니 사의 개발위원회에서는 현재와 같은 기술발달 속도에 따르면 신제품이 18일만에 구닥다리가 된다고 결론을 내렸다. 이와 같은 환경에서 성공하기 위해서는 18일이 되기 전에 그 상품에서 벗어나 대체할 수 있는 방법을 생각해낼 수 있어야만 다른 회사에 뒤지지 않을 수 있다. 많은 사람이 개인단말기(PDA)를 가지고 다닌다. 상의 주머니에 들어갈 정도로 작은 이 컴퓨터는 1985년도에 이용 가능한 컴퓨터 기술보다 더 많은 기술이 압축되어 있다. 우리가 살고 있는 이 세상은 지속적인 변화의 요구를 맞추기 위해 지속적인 교육을 요구하고 있다. 아주 존경받는 백만 불 원탁회의 회원이 이것을 잘 요약했다.

> 우리의 지식과 기술이 경쟁력을 가지려면 우리 자신을 지속적으로 교육하고 재교육할 필요가 있습니다. 유명한 앨빈 토플러 박사는 이렇게 말했습니다. "미래의 문맹은 읽거나 쓰지 못하는 사람이 아니라, 배우지 못하거나 지식을 버리지 못하거나 재교육을 받지 못하는 사람이다."

생물 종의 성공은 그 종의 크기나 힘과는 상관없는 변화하는 환경에 적응할 수 있는 능력이라고 찰스 다윈은 말했다. 똑같은 말을 영업인의 성공에도 적용할 수 있다. 한 동기부여 전문가가 다음과 같이 말했다. "후기 산업경제시대에서 사람은 더 이상 생산 요소가 아니라 경쟁력입니다. 배우지 못하면 사회에서 중요하지 않은 사람이 될 것입니다. 배우지 못하면 사회에 부적절한 사람이 될 것입니다. 배우지 못하면 일을 할 수 없을 것입니다." 그는 계속해서 말했다.

> 후기 산업사회에서 학교, 기업훈련과정, 세미나는 미래의 농장입니다. 사람은 새로운 상품입니다. 우리는 새로운 농작물입니다. 교육은 지식의 추구라고 믿도록 배웠습니다. 바라는 것은 시험에서 "A"를 받거나 제때 졸업하거나 다른 과목을 듣기 위해 학점을 얻는 것뿐이었습니다. 그러나 교육은 지식의 추구가 아니라 의미의 추구입니다. 우

리 삶에 차이를 만드는 것입니다. 우리 일이나 우리를 둘러싼 것에 가치를 부가하는 것입니다. 우리의 재능을 줄 수 있는 만큼 나누어 극대화하는 것입니다. 지식은 이 과정에서 부수적으로 얻는 것에 불과합니다.

교육과 지식은 다른 사람 특히 가망고객을 좀 더 낫게 다룰 수 있도록 변화시킬 수 있기 때문에 중요하며, 자기 자신을 다르게 볼 수 있도록 만들기 때문에 근본적이다. 영업에서 자신의 성공과 의미를 순전히 금전적인 목표로 보는 경향이 있는데, 이와 같이 항상 변화하는 시대에서는 점점 더 달성하기 어렵게 되고 있다. 이런 상황에서는 더 높은 교육을 추구하는 것이 편하다. 왜냐하면 돈과 성공을 동일시하는 데 내재된 압박을 덜 수 있기 때문이다. 성공의 비전을 확대하는 데 도움이 되는 교육은 공식적인 교육일 필요가 없다. 실제 한 백만 불 원탁회의 회원은 자기 자신만의 교육을 수료한 것이 어떤 교육 강좌에 등록한 것보다 도움이 되었다고 느꼈다. 그는 조언한다.

매월 한 개의 메시지를 암기합니다. 긍정적인 문장, 시, 일을 기억하면 자신의 마음뿐 아니라 세상을 보는 눈에도 도움이 되어 더 많이 외울 필요가 있을 정도입니다. 우리가 암기한 것이 우리가 되려는 한 부분이자 하나의 성과입니다.

교육을 통해 성공이나 세상 그리고 자신이 처한 상황에 대한 사고를 넓힐 수 있다. 배우는 한 성장하고 성장을 통해 지속적으로 변화하는 세상에서 성공하는 데 필요한 자신감과 역량을 습득할 수 있다. 오랫동안 백만 불 원탁회의 회원인 사람이 이렇게 말한다.

> 성장은 삶의 유일한 핵심입니다. 살아 있다는 표시입니다. 자연을 돌아보십시오 사물은 성장하든지 사멸하든지 둘 중의 하나입니다. 중간이 없습니다. 자연에서는 은퇴가 없습니다. 대가는 자신의 성장에 한계가 없음을 알고 있습니다. 하늘이 절대적인 한계도 아닙니다. 지속적으로 자신의 기술을 증진시켜 다른 사람에게 부가가치를 주는 능력을 향상시킵니다. 변화는 과정이지 목적지가 아닙니다.

교육을 통해 역량을 높일 수 있으며, 오늘날 세계와 같이 우리에게 닥친 지속적인 변화 속에서 가망고객을 도울 필요가 있을 때에 자신감을 보일 수 있다. 성공의 정의가 얼마나 넓은지 깨닫거나 성공적인 사람이 되기 위한 탐색 여정을 지속하는 데 도움이 될 것이다. 더 많은 교육을 추구하면 영업인으로서 지역사회의 일원으로서 가족의 일원으로서 그리고 인간으로서 더 많은 것을 성취할 것이다.

건강

건강하지 않으면 경력개발의 노력이나 자신의 마음을 개선하려는 노력이 다 헛일이 된다. 지난 이십 년간 가장 큰 이슈가 된 의학전문 용어는 스트레스이다. 현대 생활이 복잡하고 기기묘묘해짐에 따라 삶의 모든 영역에서 스트레스가 두드러진 현상이 되었다. 영업인에 게 스트레스는 특히 해롭다. 정해진 수입도 없고 장시간 일과 감성적 으로 무거운 짐을 지는 매일의 의무가 있는 직업에서 수많은 영업인 이 건강에 제대로 신경 쓰지 못하는 것은 이상한 일이 아니다. 하루 일과가 끝나면 맥이 다 빠져 파김치가 될 수 있지만 대부분 스트레 스는 인위적으로 만들어진다. 스트레스 전문가가 백만 불 원탁회의 회원에게 다음과 같이 말했다.

당신의 삶이 평범한 스트레스에서 얼마나 많이 벗어났는지 생각해 보십시오 평범한 스트레스는 다음과 같습니다. 태양이 떠오른다! 우리는 해가 지기 전까지 살기 위해 토끼를 잡거나 옥수수나 뭔가를 주워야 한다. 자, 가족이여 함께 이 일을 하자! 가족이 토끼를 쫓고 옥수수를 줍다가 일광욕을 하고 운동도 하고 클로버 잎에서 구르기도 하고 연못에 빠지기도 합니다. 하루가 끝나면 집에 돌아가 잡은 것이나 수확한 것으로 요리하고 불가 앞에 앉아 함께 시간을 보내다 잠이 들고 다음날 일어나 또다시 반복합니다. 이것이 바로 평범한 스트레스 입니다.

우리 대부분이 매일매일 부딪히는 스트레스는 이것과 비교해 아무 것도 아니다. 우리는 먹을 것도 입을 것도 많고 잘 수 있는 따뜻한 곳이 있음에도 불구하고 진짜 아무 문제되지 않는 것 때문에 우리 스스로를 흥분시킨다. 예를 들어 오늘 충분히 많은 가망고객에게 전화했는가? 이번 주에 충분히 많은 약속을 잡았는가? 내가 원하는 휴가를 가기 위해 이번 분기 충분히 팔았는가? 이러한 스트레스로 편안히 쉬지 못하고 휴식과 여유가 없으면 스트레스가 더 심해지게 된다. 우리 중 많은 사람은 실제로는 더 많은 스트레스를 야기시킨 일을 한 것에 대한 변명으로 스트레스를 사용한다. 이런 말을 들은 적이 있는가? "어젯밤 저녁을 먹을 틈이 없었어. 중요한 보험증권 때문에 일하기 바빠서" 또는 "금연해야 하는 걸 알아. 지금 당장 그렇게 하기에는 너무 스트레스가 많아". 대부분의 미국인은 스트레스 많은 삶을 지속시키는 건강하지 못한 습관을 갖고 있으나, 변화가 더 많은 스트레스를 야기할 거라는 공포 때문에 이러한 습관을 고치려 하지 않는다. 33%의 미국인이 흡연하고 있다. 10%의 미국인이 과음하고 있다. 67%의 미국인이 육체적으로 비활동적이며, 88%의 미국인이 건강에 도움이 되지 않는 식사습관을 갖고 있다. 이러한 구체적 통계치가 충격적이지 않으면, 스트레스의 재무적이고 감성적인 결과를 한번 보라. 1997년에 스트레스 전문가가 백만 불 원탁회의 회원에게 이렇게 말했다.

이러한 거품이 있는 삶은 업계의 한 개인으로서 그리고 친밀한 관계를 유지하는 우리로서는 엄청난 것입니다. 개인으로서 스트레스 관련 질병의 발병률은 지난 10년간 800%나 증가했고 국가 전체로 일 년에 3억 불이나 됐습니다. 머크 가족 재단(Merck Family Fund)의 조사에 의하면 산업계 전체로 볼 때 일과 가족의 균형을 찾기 위해 지난 5년간 은퇴자를 제외하고 28%의 미국 근로자가 자발적으로 돈을 적게 버는 일로 전환하였습니다. 그럼에도 불구하고 어제 처음으로 결혼한 사람의 40~60%가 칠 년 이내 이혼하게 될 것입니다. 스트레스는 불가피하나 노력은 할 수 있습니다.

스트레스와의 싸움에서 부정적 효과를 최소화하길 원한다면 몸을 잘 돌보아야 하고 자신의 동료, 지역사회, 가깝고 사랑하는 사람과 배려 관계를 유지해야 합니다.

비록 스트레스로 하루에 시간이 충분하지 않다고 느끼지만, 치료할 수 있는 유일하게 입증된 방법은 하루 중 더 많은 시간을 자신과 가족 그리고 지역사회를 돌보는 데 사용해야 한다는 것이다. 역설적으로 보이지만, 당신 자신이 적게 노력할수록 해결될 수 있는 문제이다. 필요한 모든 것은 자신이 지켜나갈 일정이다. 우리 삶이 아무리 복잡해도 매주 일곱 번의 24시간이 있으며 결국 일주일에 168시간이 주어진다. 168시간에서 일하고 잠자는 시간을 빼면 우리가 좋아하는 일을 할 수 있는 엄청난 시간이 남는다. 이 시간에서 하루 세 끼 식사시간과 일주일에 세 번 운동할 시간을 빼더라도 가족이나 교육, 휴식을 위해 보낼 시간이 많이 남아 있다. 비록 이런 추가된 일정으로 일상적인 일에 스트레스가 더해질 수 있는 것처럼 보이지만, 일정을 지키면 실제로 걱정이 줄어든다. 이렇게 건강을 유지하기 위해 시간을 배정하면, 매일 일상적으로 피할 수 없는 스트레스를 좀 더 건강하고 효율적으로 처리할 수 있게 되며 가장 정력적인 전문가가 활용하는 스트레스 대처법을 사용할 수 있다. 건강한 스트레스인 3C이다.

3C방법은 세 가지 간단한 단계가 있다.

1. 스트레스가 있는 상황은 문제가 아닌 도전(Challeges)으로 본다.

2. 도전을 받아들이려고(Commiting to facing) 한다.

3. 이러한 과정을 통제력(Control)을 갖고 실행한다.

스트레스가 인위적이고 불필요하다는 사실을 인식하고, 시간을 사용하는 법을 통제할 수 있다고 이해함으로써 가능한 스트레스가 없도록 하겠다고 헌신하는 것이 좀 더 건강한 삶을 살아가는 3C방법을 사용하는 완벽한 본보기가 된다. 좋은 느낌을 갖게 되면 스트레스로 발전할 작은 문제가 커지기도 전에 해결될 수 있다. 시간을 짜임새 있게 사용하면 더 많은 것을 성취하고 일, 교육, 지역사회, 가족에게 더 많은 존경을 받으면서 자신의 건강에 쓸 시간을 갖게 된다.

봉사

유명한 인도주의자이자 노벨 평화상을 수상한 앨버트 슈바이처는 마지막 연설에서 이렇게 말했다. "저는 여러분을 모릅니다. 그러나 여러분 중 행복한 사람은 봉사하는 법을 찾고 배운 사람이라는 사실은 말할 수 있습니다." 성공하기 위해서는 직업이 아니라 삶에서 성공해야 한다는 사실을 배웠다. 교육 추구의 약속과 건강하고 행복하기 위한 의식적인 시도를 보여주어야 한다. 모든 성공한 영업전문가가 갖춘 또 하나의 자질은 자신의 지역에 봉사하는 도덕적 의무이다. 다른 사람에게 봉사하는 행동은 다른 모든 성공 습관을 강화시킨다. 자원봉사활동을 하면서 다른 자원봉사자에게 자기를 소개하면 직업적으로 더 성공할 것이다. 왜냐하면 그 자원봉사자는 고객이 될지도 모르고 다른 사람에게 당신의 이름을 알려줘서 더 많은 고객이 올 수 있다. 교육면에서도 더 나아질 것이다. 다른 사람의 삶을 더 낫게 만드는 데 이제까지 배운 기술과 아이디어를 어떻게 적용하는지 배울 것이다. 또한 자발적으로 도움을 준 사람에게서 많은 중요한 교훈을 틀림없이 배우게 될 것이다. 다른 사람을 도우면 자신을 더 좋게 느끼게 되기 때문에 건강도 좋아질 것이다. 당신이 모범이 되어 자녀에게 다른 사람에게 봉사하는 가치를 가르칠 수 있기 때문에 가족생활을 더 잘 할 수 있을 것이다.

지역사회를 구성하는 사람이 우리 수입의 원천이기 때문에 영업인은 자신의 지역사회에 큰 부채가 있다. 그럼에도 불구하고 지역사회에 대한 의무의 중요성을 잊기 쉽다. 유명한 백만 불 원탁회의 회원이 이렇게 말했다.

> 삶에는 영업 이상의 것이 있습니다. 모든 사람이 대개 규칙적으로 운동하고 식단을 조정하고 몸무게를 통제하려는 이유가 무엇이겠습니까? 자신의 마음을 넓히거나 배우자와 지속적으로 친밀한 관계를 유지하도록 더 많은 시간을 할애하기 위해서입니다. 자신의 자녀를

개별적으로 더 깊이 알거나 가족을 위해 더 많은 시간을 투자하기 위해서입니다. 자신이 선택한 종교에 활동적으로 참여를 하거나 해결할 가치 있는 지역 문제에 대응하거나 업계 조직에 더 많이 몰입하기 위해서입니다. 우리가 하는 판매가 사회적으로 모든 사람에게 도움이 되는 일이기 때문에 업계의 다른 일이나 삶의 다른 측면에 몰입할 시간이 없다고 느끼는 함정에 빠지는 사람이 많습니다. 그러나 종교나 지역사회 그리고 업계 활동에 더 많이 몰입할수록 자기완성의 느낌을 더 많이 성취할 수 있습니다.

영업인으로서 일을 하면서 타인의 삶을 매일 개선하도록 돕고 있지만, 백만 불 원탁회의 회원이 인식했듯이 이것만으로는 충분하지 않다. 진정 균형 있고 성공적이려면 자신의 일과 직접 관련이 없는 방법으로 자신의 지역사회에 시간을 투자해야 한다.

평생 자원봉사활동을 한 사람이 자원봉사활동의 이점을 백만 불 원탁회의 회원에게 다음과 같이 말해주었다. "우리는 동지를 발견할 수 있습니다. 우리의 진정한 친구가 소중한 것을 이루기 위해 힘을 합칩니다. 우리의 신념을 발견하며, 우리의 삶과 우리 주위 사람의 삶을 바꿀 수 있는 힘을 발견합니다. 그러나 최종적으로 진정한 영웅은 석양 속으로 말 타고 떠나가지 않는다는 것을 알게 됩니다. 영웅은 자신의 이웃이나 지역사회로 항상 돌아와 세상을 바꿔야 합니다."

자신의 지역사회를 발전시키기 위해 자원봉사활동을 하는 것은 아주 단순한 일이다. 건강하고 행복한 사람이 살 수 있도록 모든 지역사회에는 수행해야 할 과제가 엄청나게 많으며, 이 일을 완수하는 데 결코 사람이 충분한 적은 없다. 교회, 학교, 병원, 도서관, 정치단체 그리고 어린이 운동 클럽은 항상 자원봉사자가 필요하다. 이런 일이 마음에 들지 않으면 지역신문에 자원봉사자가 필요한 곳이 없는지 살펴보든지, 전국 자원봉사자 관리 협회를 접촉해보라(우편 사서함 32092, 리치몬드, 버지니아 주 23294). 지역사회의 다양한 자원봉사 기회를 찾아봐라. 사람의 도움이 항상 필요한 조직이 늘 있다.

> 민주당 전국위원회: 430S. 캐피털 가. S. E. 워싱턴, DC, 20003, 202-863-8000, www.democrats.org
>
> 공화당 전국위원회: 310 퍼스트 가. S. E. 워싱턴, DC, 20003, 202-863-8500, www.rnc.org
>
> 전국 사친회: 330 N. 와바시 가. 슈트 2100 시카고, 일리노이 주 60611, 800-307-4PTA, www.pta.org
>
> 국제적십자사: 문의처: 11층 1621 N. 켄트 가. 알링턴, 버지니아 주 22209, 703-248-4222, www.redcross.org
>
> 미국결연회: 230N. 13 가. 필라델피아, 펜실베이니아 주 19107, 215-567-7000, www.bbbsa.org

이러한 단체의 본부와 접촉하면 지역의 자원봉사 기회에 대한 정보를 얻을 수 있다. 지역사회에 봉사한 적이 없다면 자원봉사활동을 즉시 하라. 성공은 틀림없이 따라온다. 랄프 왈도 에머슨이 말했듯이 "당신이 살았기 때문에 하나의 생명이라도 더 나은 삶을 살면 이것만으로 성공한 것이다".

가족

살아가면서 진짜 성공해야 할 영역은 가족관계이다. 존경받는 백만 불 원탁회의 회원은 이렇게 말했다. "집에서 실패하는 것에 필적할 만한 성공은 어떤 영역에도 없다." 가족과 건강한 관계를 갖고 있으면, 가족이야말로 가장 강력한 동기부여 힘이자 지원군이라는 것을 알게 된다. 역으로 가족을 동기부여하고 지원하는 것이 우리의 책임이다. 성공적인 가족 일원이 되려면 다른 사람이나 조직의 어떤 요구보다 가족을 맨 위에 두어야 한다. 사업, 교육 그리고 놀이에 대한 헌신은 가족의 유대를 강화하는 것에 비해 부차적인 일이다. 최소한 하루에 한 끼는 가족이 함께 식사하면서 서로 나눔과 배움을 공유하여야 한다. 가족소통전문가가 백만 불 원탁회의 회원에게 다음과 같이 말했다.

전에는 가족의 기능이었던 것이 하나씩 외부 기관으로 이전되어갔습니다. 자녀 교육, 신앙생활, 건강관리와 생애 직업을 위한 훈련은 모두 가족의 책임이었습니다. 오늘날 이러한 일을 가정 밖의 기관에서 제공하고 있습니다. 가족은 점차 상호 감성적 만족과 공유된 기쁨을 나누는 것이 주요 목적이 된 사람의 집단으로 근본적으로 바뀌게 되었습니다.

가족 모두가 매일 많은 시간을 가정 밖에서 보내는 시대에 가정 안에서 일어나는 조그마한 소통이 상호 간 감성적 만족과 기쁨을 제공하는 것은 아주 중요하다. 전통적인 가정의 기능이 다른 기관으로 이전되었기 때문에 가족이 이러한 상호 만족과 기쁨을 제공하지 못하면 존재할 이유가 없다.

가족을 상호 지원하고 사랑하는 집단으로 만드는 데 엄청난 노력이 필요하지 않고 시간만 필요하다. 자녀의 야구시합 결과를 듣기 위해서나, 자전거를 탈 수 있도록 도와주거나, 숙제를 하는 데 도움을 주는 등 자녀가 필요할 때 거기 있으면 된다. 이렇게 하면 우리가 가족의 사랑과 지원이 필요할 때 그들도 우리 곁에 있을 것이다. 배우자가 출장에 지쳐 집에 돌아오거나 힘든 하루를 보냈을 때 배우자를 안심시키기 위해 곁에 있을 필요가 있다. 그러면 우리가 감성적 후원이 필요할 때 배우자가 지원할 것이고, 사무실에서 스트레스를 받고 돌아왔을 때 배우자가 참을 수 있을 것이다. 가족과 보낸 시간의 양에 따라 우리가 사랑받고 있다는 사실을 알고 있기 때문에 생기는 자신감뿐만 아니라 삶의 다른 영역을 개선하는 데 필요한 동기와 에너지를 제공받을 수 있다. 유명한 동기부여 연설가가 백만 불 원탁회의 회원에게 말했다.

> 매일매일 첫 번째 우선순위, 삶에서 첫 번째 우선순위, 모든 것이 세워지는 기초는 늘 자던 침대에서 일어나는 것을 확실히 지키는 것입니다. 끝! 이것이 제 최고의 우선순위입니다. 머리가 아프거나 독감에 앓아누울 때도 그 침대 위에 꼭 있습니다. 이렇게 하면 자녀와 관

계가 좋아집니다(사실대로 말하면 아직까지 서로 다른 점이 있지만 점점 좋아지고 있습니다). 아내와도 더 좋은 관계를 유지하게 되고, 글을 쓸 때도 좀 더 창의적이 되고, 사람 앞에서 강의할 때도 더 편해집니다. 제가 하는 모든 일의 원동력이 됩니다.

연설가가 예를 통해 증명했듯이 사려 깊고 진실한 가족사랑은 태도로 변형시킬 필요가 있고 경력을 높일 수 있는 추진력이 되며, 우리가 할 수 있는 가장 자연스럽고 단순한 일이다. 백만 불 원탁회의의 최고 판매자가 말했다.

다른 사람에게 친절을 베푸는 데는 촛불을 끄기 위해 숨을 내쉬는 정도의 힘도 필요하지 않습니다. 아내에게 "당신의 지금 헤어스타일이 마음에 들어!" 또는 자녀에게 "이렇게 도와줘 고마워, 정말 고맙다!"라고 말할 때 놀라운 일이 벌어집니다. 우리는 다른 사람의 감정을 고양시킬 수 있는 독특한 자리에 있습니다. 그렇게 하면 주는 것의 모든 원천은 사랑이라는 것을 배웠기 때문에 우리의 감정도 더 고양될 것입니다.

가족에게 사랑과 지원을 제공하려면, 긍정적인 방식으로 가족과 상호작용하는 법을 배울 필요가 있다. 가족에게 사랑을 표현하는 가장 좋은 방법은 유머감각을 통해 할 수 있다. 저명한 작가가 백만 불 원탁회의 회원에게 유머감각은 농담을 말하거나 웃기는 것 이상으로 자신의 삶에서 발생한 좋은 것의 영향을 최대화하고 부정적인 영향을 최소화하는 것을 의미한다고 설명했다. 친하게 지내는 사람 사이에서도 고의적이거나 또는 부주의하게 서로 상처를 줄 때가 있다. 가족과 사랑스럽고 건강한 관계를 가지려면 모든 가족 구성원 간 친밀한 관계에서 나오는 긍정적인 측면과 부정적인 측면을 수용할 필요가 있다. 사회와 마찬가지로 가족도 항상 변화하고 있다. 우리는 자녀와 가정에서 함께 지낼 시간이 겨우 18년밖에 안 된다. 한 동기부여 연설가가 말했듯이 가족관계를 고려할 때 다음과 같은 것을 명심하는 것이 아주 중요하다. "현재는 생애 두 번 다시 올 수 없는 기회이다. 이런 식으로 사람과 느낌과 사건이 만화경처럼 함께 다가오는 것은 딱 한 번이고 두 번 다시 결코 일어나지 않는다."

돌봄의 연결이 성공의 정의라는 유명한 백만 불 원탁회의 회원의 조언을 명심하라. 남자와 여자, 일과 가정은 결코 분리된 실체가 아니고 통합되어 있다. 가족을 우선하는 의사결정을 내리면 즉 가족을 당신 삶의 첫 번째 초점으로 삼으면 삶의 다른 영역에서 깜짝 놀랄 만한 보상을 받게 될 것이다. 경력이나 일에서 도전을 받아들이는 데좀 더 편안해지고, 가족에 대한 자신감과 진정한 사랑을 가망고객에게 강조할 수 있고, 가망고객이 갖고 있는 가족을 위한 꿈을 이해한다는 것을 가망고객에게 확인시켜줄 수 있다. 사랑스러운 가족의 힘은 가능할 것이라 상상할 수 없었던 더 위대한 일을 하도록 하는 추진력이 될 수 있다.

완전한 인간의 성공

　완전한 인간의 성공 개념은 세계에서 놀라운 실적을 거둔 영업인에게 효과가 있다는 사실이 입증되었다. 모든 영업인은 아니 모든 사람은 개선을 원한다. 판매를 더 잘 하고 싶고, 더 나은 삶을 살고 싶고, 가능한 최상의 삶의 질을 누리고 싶어 한다. 성공할 수 있도록 일상을 바꾸려고 하지 않는 사람이 그렇게 많이 있는 이유는 무엇일까? 많은 사람이 진정한 성공을 이루려면 삶의 특정 부분이 아니라 전체를 바꿀 필요가 있다는 사실을 알지 못한다. 우리가 판매에서 성공하기 위해 필요한 것은 직접 자신에 대한 비전 즉 교육적 역량과 전문적 역량, 건강, 자부심과 지역사회에 기여, 가족과의 긍정적이고 사랑이 넘치는 관계와 관련되어 있다. 영업인으로서 자신과 가망고객에 무거운 책임을 안고 있다. 우리는 세상에서 가장 핵심적인 직업을 맡고 있다. 최고의 백만 불 원탁회의 회원은 다음과 같이 말했다.

　누군가 판매 과정을 시작하지 않는 한 이 세상엔 의미 있는 일이 발생하지 않습니다. 누군가 다른 사람에게 상품, 서비스 또는 아이디어를 팔려고 신경 쓰지 않는 한 아무 일도 일어나지 않습니다. 우리 모두는 영업인입니다. 우리 모두는 항상 판매를 하고 있습니다. 우리는 아이디어, 문제에 대한 해답, 부가할 수 있는 모든 가치를 판매하고 있습니다. 우리는 관리하고 움직이게 하고 동기부여하는 우리의 능력을 팔고 있습니다. 우리는 항상 판매하고 있습니다. 그러나 중요한 것은 누구나 영업에서 성공을 거두는 것은 아니다라는 사실입니다.

영업에서 성공하려면 삶에서 성공해야만 한다. 성공한 인간으로서 가져야 할 비전을 개발하도록 자신을 밀어붙여야 한다. 자신의 마음을 넓히도록 노력하고, 가족과의 관계에서 감사하고 가치를 두어야 하며, 건강을 유지하는 데 필요한 관심을 몸에 기울여야 하고, 지역 사회에서 받았던 일과 소속감을 보답해야 한다. 이러한 것을 성취했을 때 직업적 성공은 확실히 뒤따라온다.

조그만 것을 성취한 다음 만족해하는 함정을 조심하라. 백만 불 원탁회의 회원 중 한 달변가는 다음과 같이 말했다.

> 모든 사람에게 적용되는 말이 있는데 그것은 우리 중 아무도 자신의 잠재력을 100% 발휘한 사람이 없다는 것입니다. 사실이지 않습니까? 우리가 지금 어떤 상황에 있든 개선할 여지는 많습니다. 우리는 사랑하는 사람과의 관계를 개선시킬 수 있습니다. 우리는 지금 하고 있는 일을 개선시킬 수 있습니다. 우리는 우리의 건강과 활력을 개선시킬 수 있습니다. 우리는 신과의 관계도 개선시킬 수 있습니다. 우리는 좀 더 높은 수준의 성취와 마음의 평화를 얻을 수 있습니다. 우리는 세상에 더 많은 가치와 봉사를 공헌할 수 있습니다.

성공하려면 지속적으로 자기를 평가하고 개선을 하여야 한다. 성공한 영업인으로서 우리의 삶은 완전한 인간 즉 의미 있고 행복하고 성취하면서 살아가겠다고 약속함으로써 시작된다. 지금 당장 교육, 가족관계, 건강 그리고 지역사회에 대한 봉사를 개선하겠다고 약속하라. 우리의 판매는 개선될 것이고 더 중요한 것은 우리가 공헌했기 때문에 세상은 더 밝은 곳이 될 것이다.

　1927년 32명의 영업전문가로 출발한 백만 불 원탁회의는 80년이 흐른 2007년도 현재 79개국 35,662명의 회원을 둔 세계적 조직으로 성장했다. 2007년도 현재 국가별 회원 분포를 보면 미국이 39%로 1위다. 미국에서 시작된 조직이기 때문에 당연하게 여길 수 있다. 그럼 두 번째로 회원이 많은 국가는? 바로 우리나라다. 미국과 차이는 크지만 전 세계 회원의 16%에 해당하는 백만 불 원탁회의 회원이 이 작은 땅에서 활동 중이다. 백만 불 원탁회의 회원을 가장 많이 보유한 금융회사를 전 세계적으로 살펴보면 상위 10개 금융회사 중 미국 회사가 4개 있다. 그럼 두 번째로 금융회사가 많이 선정된 나라는? 맞다! 우리나라다. 3개의 금융회사가 들어가 있다. 더 놀라운 것은 전 세계적으로 가장 많은 백만 불 원탁회의 회원을 보유한 금융회사가 우리나라에 있다는 사실이다. 삼성생명이다. 4위에 아이엔지생명, 9위에 메트라이프가 각각 자리하고 있다.

　2004년도 기준으로 우리나라 생명보험료는 미국 대비 7.8%에 불과하다. 2004년도 주식시장 시가 총액 기준으로 보면 격차는 더 벌어져 미국 대비 2.4% 수준이다. 우리나라 백만 불 원탁회의 회원 규모는 금융시장이나 자본시장의 규모를 비교하거나, 백만 불 원탁회의 회원 가입이 쉽지 않다는 사실을 고려할 때 경이로운 일이다. 2008년도에 백만 불 원탁회의 회원에 가입하려면 생산성 측면에서 미국 화폐(불) 기준으로 수수료로 81,800불(COT: 245,400불, TOT: 490,800불)이거나 수입 보험료로 163,600불(COT: 490,800불, TOT: 981,600불)이어야 한다. 원화로 환산하면 연간 수수료로 72,264,100원(COT: 216,792,300원, TOT: 433,584, 600원)을 벌거나 수입보험료로 180,660,250원(COT: 541,980,750원, TOT: 1,083,961,500원)을 거두어야 한다. 결코 낮지 않은 문턱이다.

우리나라 영업전문가의 생산성이 이와 같이 세계적 수준인데도, 1997년도에 국제통화기금의 구제금융을 받은 적이 있고 아직도 금융 산업의 경쟁력이 취약하다는 의견이 많다. 금융 산업 전체 그리고 그 구성원의 전문성과 윤리성이 아직 취약하다는 반증이 아닐까 생각한 다. 전문성과 윤리성은 하루아침에 만들어지지 않는다. 전문성은 전 문지식과 전문기술을 통해 갈고 닦아야 하며, 윤리성은 고객의 이익을 최우선하는 태도와 열정으로 가다듬어야 한다. 전문성은 단기적 성과뿐만 아니라 장기적 성과로도 직접 연결되기 때문에 동기부여가 쉽다. 윤리성은 단기적 성과보다 장기적 성과가 나올 수 있는 기반을 창출하기 때문에 소홀하기 쉽다. 전문성을 높이는 노력보다 더 많은 노력이 윤리성을 높이려는 데 집중되어야 한다. 히포크라테스가 말했듯이 의사가 환자를 진료하는 과정에서 "낫게 하라, 아니면 악화시키지는 마라"와 같이 윤리성을 상징하는 지침을 지닐 필요가 있다. 이러한 지침의 하나로 백만 불 원탁회의에서 채택한 아래의 윤리강령(한국 MDRT협회 윤리강령)을 마음에 새겨 두어도 좋다.

- 항상 자신의 직·간접 이익보다 고객의 이익을 최우선으로 두어야 합니다.
- 높은 수준의 전문적인 지식과 능력을 지속적으로 유지·향상시킴으로써 고객에게 최선의 조언을 제공할 수 있어야 합니다.
- 고객의 모든 사업과 사적인 정보에 대하여 사명감을 가지고 철저히 비밀로 유지하여야 합니다.

- 고객이 합리적인 의사결정을 내릴 수 있도록 모든 관련된 사실을 정확히 알려야만 합니다.
- 생명보험 업계와 백만 불 원탁회의에 긍정적으로 평가될 개인행동을 유지하여야 합니다.
- 생명보험이나 금융상품의 계약 대체가 있을 경우에는 항시 고객에게 이익이 가도록 의사결정이 되어야 합니다.
- 백만 불 원탁회의 회원은 사업을 영위하는 국가와 지역의 모든 법과 규정의 조항을 준수하여야 합니다.

논어에 "자기가 하고 싶지 않은 것은 남에게 시키지 마라(己所不欲 勿施於人)"는 말이 있다. 아주 간단한 말이지만 영업전문가가 갖추어야 할 윤리정신을 응축한 말이다. 윤리성이 있어야만 전문성이 빛을 발한다. 옮긴 이 책이 미흡한 점이 있더라도 우리나라 영업전문가가 윤리의식을 높이고 전문성을 높일 수 있는 조그만 계기가 되길 비손한다. 3년간 기다려준 도서출판 한울 가족에게도 미안함과 고마움을 함께 전한다.

옮긴이 헌정사

이 책을 독자와
독자를 통해 도움을 받을 독자의 현재와 미래 고객
그리고 옮긴이가 주중 저녁은 물론 주말과 휴일에
아들 노릇, 남편 노릇, 아빠 노릇을 못했는데도
늘 함께하고 앞으로도 영원히 함께할
노문자,
약수, 미르, 버미에게 바칩니다.

지은이

백만 불 원탁회의(MDRT) 생산성향상센터

미국에서 가장 성공한 재무설계사가 모여 1927년에 창설된 백만 불 원탁회의는 현재 국제적 조직이 되어 전 세계적으로 2만 명 이상의 회원을 보유하고 있다. 백만 불 원탁회의는 배타적 조직으로 금융업계에서 상위 6%의 실적을 올리는 영업인만 회원이 될 수 있다. 가족과의 시간, 시간관리, 교육, 전문적 행위, 그리고 동기부여 등을 포함한 완전한 인간에 대한 추구는 매년 백만 불 원탁회의 연례 총회에서 회원 간 공유된다. 서로 배우고 세계적으로 유명한 업계 전문가로부터 배우려고 모이는 회원은 총회에 참가하기 위해 연 수입의 10%까지 지출한다. 이는 협회에 대한 충성심이나 총회에서 얻을 수 있는 지식에 대한 가치를 얼마나 높게 평가하고 있는지 보여준다.

생산성향상센터(Center for Productivity)는 백만 불 원탁회의의 출판 사업부로 풍부한 백만 불 원탁회의 자료를 토대로 질 높은 동기부여, 교육, 훈련 상품을 개발하여 보험과 재무설계 전문가가 생산성의 최고 수준이 될 수 있도록 돕고자 만들어졌다. 1996년에 설립되어 출판과 녹음 테이프, 비디오테이프, 시디롬 등을 발간하고 있다. 지난 3년간 시의적절하고 유용한 주제, 즉 기술, 사무관리, 훈련, 자기학습, 장기간병에 이어 가망고객 발굴, 마무리와 판매 기법을 담아낸 결과물을 만들어냈다.

백만 불 원탁회의(MDRT) 시리즈는 존 와일리 앤 선스 출판사와 공동 출판에 따라 백만 불 원탁회의 자료 중 일반 독자가 이용할 수 있는 첫 번째 정보로 기록되었다. 원탁회의나 생산성향상센터에 대한 더 많은 정보는 1-800-TRY-MDRT로 전화하거나 누리집 www.mdrtcfp.org에 접속하길 바란다.

PFM연구소(Personal Financial Management Institute)는
'돈과 삶'을 화두로 삼아 지혜를 깨치려는
물 한 방울(一滴)의 작고 작은 공방입니다.

옮긴이

김선호 CFP®
서울대학교 경영대학 경영학과 졸업
동아생명, 대신생명, 한일생명, 한독약품, 영풍생명 근무
현재 PFM연구소 소장
저서 및 역서
  『재무계산기』(김선호·조영삼·이형종 공저, 2002. 11)
  『AFPK 위험관리와 보험설계』(2판: 안용운 외 공저, 2004. 2)
  『CFP 위험관리와 보험설계』(1판: 이준승 외 공저, 2002. 2. 2판: 이준승 외
  공저, 2004. 3)
  『개인재무설계 사례집』(1판: 임계희 외 공저, 2002. 8. 2판: 강용각 외 공저,
  2004. 9)
  『모기지 컨설팅』(이성제 외 공저, 2005. 7)
  『재무상담사를 위한 스토리셀링』(김선호·조영삼·이형종 공역, 2003. 8)
  『금융전문가를 위한 고객설득전략』(김선호·조영삼·이형종 공역, 2004. 4)
  『재무상담사를 위한 고객 재무설계』(김선호·조영삼·이형종 공역, 2005. 4)
  『재무설계사를 위한 개인재무설계 컨설팅 I』(김선호·이형종·김사헌 공역,
  2005. 8)
  『재무설계사를 위한 개인재무설계 컨설팅 II』(김선호·이형종·강성호 공역,
  2005. 12)
이메일 yahogoma@unitel.co.kr

백만 불의 마무리 기법

ⓒ 김선호, 2007

지은이 | 백만 불 원탁회의 생산성향상센터
옮긴이 | 김선호
펴낸이 | 김종수
펴낸곳 | 서울출판미디어

편집책임 | 안광은

초판 1쇄 인쇄 | 2007년 11월 23일
초판 1쇄 발행 | 2007년 12월 5일

주소 | 413-832 파주시 교하읍 문발리 507-2(본사)
　　　 121-801 서울시 마포구 공덕동 105-90 서울빌딩 3층(서울 사무소)
전화 | 영업 02-326-0095, 편집 02-336-6183
팩스 | 02-333-7543
홈페이지 | www.hanulbooks.co.kr
등록 | 1980년 3월 13일, 제406-2003-051호

Printed in Korea.
ISBN 978-89-7308-145-5 03320

　* 책값은 겉표지에 있습니다.